PESCADORES DE HOMENS

FUNDAÇÃO EDITORA DA UNESP

Presidente do Conselho Curador
Herman Jacobus Cornelis Voorwald

Diretor-Presidente
José Castilho Marques Neto

Editor-Executivo
Jézio Hernani Bomfim Gutierre

Conselho Editorial Acadêmico
Alberto Tsuyoshi Ikeda
Áureo Busetto
Célia Aparecida Ferreira Tolentino
Eda Maria Góes
Elisabete Maniglia
Elisabeth Criscuolo Urbinati
Ildeberto Muniz de Almeida
Maria de Lourdes Ortiz Gandini Baldan
Nilson Ghirardello
Vicente Pleitez

Editores-Assistentes
Anderson Nobara
Henrique Zanardi
Jorge Pereira Filho

SÍLVIO JOSÉ BENELLI

Pescadores de homens
Estudo psicossocial de um seminário católico

© 2005 Editora UNESP

Direitos de publicação reservados à:

Fundação Editora da UNESP (FEU)
Praça da Sé, 108
01001-900 – São Paulo – SP
Tel.: (0xx11) 3242-7171
Fax: (0xx11) 3242-7172
www.editoraunesp.com.br
www.livrariaunesp.com.br
feu@editora.unesp.br

CIP – Brasil. Catalogação na fonte
Sindicato Nacional dos Editores de Livros, RJ

R411p
Benelli, Sílvio José
  Pescadores de homens: estudo psicossocial de um seminário católico / Sílvio José Benelli. – São Paulo: Editora UNESP, 2006.

  330p.
  Inclui bibliografia
  ISBN 85-7139-642-6

  1. Seminários teológicos católicos. 2. Igreja Católica – Clero – Formação. 3. Seminaristas. 4. Igreja Católica – Clero – Psicologia.

06-0768   CDD 207.11
                                                           CDU 262.14

Este livro é publicado pelo *Programa de Publicação de Melhores Teses ou Dissertações na Área de Humanas* – Pró-Reitoria de Pós-Graduação da UNESP (PROPG) / Fundação Editora da UNESP (FEU)

Editora afiliada:

Asociación de Editoriales Universitarias
de América Latina y el Caribe

Associação Brasileira de
Editoras Universitárias

Sumário

Prólogo   7

Introdução   13

1 Problematização das teorias relativas às instituições   19

2 Investigando o seminário católico: problematização
das práticas e dos saberes   75

3 Dados e análises para a construção de cartografias
de um seminário católico   91

4 Cartografias do seminário católico   251

5 A produção da subjetividade no contexto
institucional do seminário católico   289

Conclusões e perspectivas   307

Referências bibliográficas   319

Prólogo

Que formador não quer saber como ele faz parte de uma "fábrica" que forma o futuro sacerdote ou religioso? Que seminarista não gostaria de ter ideia do processo a que ele está submetido no tempo de formação num seminário ou num convento? São perguntas existenciais, práticas, mas que envolvem uma teia de relações sutis que escapam ao olhar ingênuo e imediato das pessoas. Aproximar-se dessa realidade com instrumentos teóricos permite desvelar mecanismos que estavam ocultos ou que se manifestam sob luz diferente. A realidade humana permite muitos ângulos de leitura. Nenhum a esgota, nenhum merece a confiança total. Cada um se acerca do real e desvenda-lhe o rincão, lança luz nas sombras que o envolvem.

Diante do leitor está um seminário concreto com alunos que estudam Filosofia em regime de internato. Tem nome, tem lugar, tem data, embora o livro não o nomeie, por ética profissional. Mas a vantagem das análises teóricas consiste em ir tão fundo que arrancam desse dado bem concreto e limitado elementos universais que iluminam outras situações. O leitor, ao confrontar as análises com sua vida de formador ou de formando, em outro momento e em outra situação, perceberá aspectos que lhe escaparam até hoje.

O foco principal concentra-se na instituição seminário, composta fundamentalmente pela equipe de formadores, funcionários e seminaristas, enquanto ela configura, com seu sistema de regras, um tipo de subjetividade seminarística em vista de ser o padre de amanhã com papel de relevância na Igreja e no âmbito social de sua atividade.

Aproximar-se-ia equivocadamente da leitura quem tivesse as posturas extremas de querer encontrar no texto quer uma diatribe contra o seminário, quer um discurso laudatório. No primeiro caso, confirmaria críticas preconceituosas ou se poria na atitude defensiva de quem enfrenta um inimigo. E quem quisesse um texto de glorificação paradisíaca do seminário, em geral produzida em festas comemorativas, decepcionar-se-ia enormemente. Trata-se de um texto que se policia continuamente em vista da objetividade possível de uma pesquisa que envolve instituições humanas. E, se os resultados finais carregam a tinta nos aspectos deficitários do seminário, não nascem de nenhum *a priori* nem de um desejo de difamá-lo. Há o pressuposto de que a verdade tem força de libertação quando assumida na sua transparência. Assim se faz possível que um corpo social se lance para um futuro mais auspicioso que o presente carregado de deficiências.

O livro orquestra três movimentos em bela polifonia. O primeiro tem a gravidade e a solenidade acadêmicas da elaboração do instrumental teórico. O texto situa-se no mundo acadêmico das dissertações de mestrado que ressudam cientificidade, rigor de fontes compulsadas, limpidez epistemológica, metodologia exata. Dois autores principais compõem a melodia fundamental: E. Goffman e M. Foucault. Acompanha-os com substanciosa contribuição A. Costa-Rosa. Acordes menores vieram de outros compositores.

E. Goffman compôs a linha musical que faz soar ao ouvido os sons pesados da instituição total. Esquadrinha-a rigorosamente. Oferece excelente instrumental de análise para o seminário, que é incluído, sem negar-lhe especificidade própria, entre as instituições totais. Permite perceber o entrecruzamento dos planos macro e micro dos fenômenos que ocorrem em instituições de natureza fechada onde as diversas atividades se vivem em espaço único. Há um jogo sutil nas instituições totais entre forças que se medem conflituosamente no plano macro e microfísico, assumindo estratégias diversificadas. O olhar clínico de Goffman vai habilitar o estudo monográfico a captar sob essa ótica a trama vivida no interior de determinado seminário.

Completando e, sob certo aspecto, corrigindo os limites ainda funcionalistas de Goffman, o trabalho se apoia em escritos de M. Foucault que oferece elementos importantes para o estudo microfísico de uma instituição disciplinar, como o seminário. Detecta-se uma "microfísica do poder" que se constitui por "técnicas sempre minuciosas, muitas vezes íntimas, importantes porque definem certo modo de investimento político e detalhado do corpo". O olhar arguto de Foucault permite perceber a disciplina "em anatomia política do detalhe", e identificá-la em atuação no seminário.

O leitor não deve se sentir oprimido pelo peso teórico e metodológico dos inícios do livro, necessários num texto acadêmico, porque o aguardam dois outros movimentos que lhe trarão nem sempre melodias agradáveis. Os sons são feitos também para revelar a verdade do compositor e não simplesmente para afagar ouvidos.

O segundo movimento construiu-se com a pauta da pesquisa desenvolvida no seminário, descrevendo-lhe os sujeitos, os seus instrumentos, com predomínio da observação participante qualitativa, rigorosa, sistemática e vivencial com entrevistas de tipo não estruturado. Os resultados foram sendo submetidos a problematização, processou-se também uma análise do discurso do sujeito coletivo – seminarista e formador. Esse conjunto imponente permitiu ao autor ir detalhando a verdade institucional do seminário. Emergem do texto a figura do seminarista e a do formador, entrecruzando os discursos por eles produzidos com a malha de práticas que lhes tecem a vida. O leitor visita detalhadamente com o autor os rincões diversificados da vida dos principais sujeitos. O mundo do seminarista aparece na trajetória de sua vida – carreira moral –, nos processos a que é submetido: disciplina, vida comunitária, solidão do quarto, assembleias, festas. Soam termos pesados como "processo de tiranização", "de arregimentação", "sistema de autoridade escalonada", "sistema de privilégios", "sistema de ajustamentos secundários", que atravessam a vida dos seminaristas e dos formadores de modo diferente, numa relação dialética. Quem viveu ou vive em tal instituição total se reconhece, nos discursos e nas práticas, com certa facilidade e clareza na descrição feita e agora tornada mais clara e explícita pelo arcabouço teórico usado.

O último e mais importante movimento soa próximo a uma missa de réquiem. O tema não dependeu do compositor, mas lhe foi dado pela realidade. Em número de páginas parece um apêndice, mas aí se concentra o fruto de todo o processo.

São consequências que naturalmente não significam o "juízo final" sobre o seminário mas servem para levar os envolvidos nessa instituição a considerá-las com a seriedade que merecem. Nos desejos de todos está que ele seja um lugar da liberdade que cresça por decisões conscientes, pessoais e responsáveis. E a ajuda de fora não quer ser um rolo compressor. As análises apontam, no entanto, para uma normatização e uma uniformização disciplinar, propiciadas sobretudo pelas práticas em uso, desde os relatórios semestrais até a vigilância escalonada e o exame. Os seminaristas percebem o próprio comportamento, a conduta visível sob contínua observação. Cria-se uma lógica do "Panopticon": visibilidade, vigilância hierárquica, exame, sanção normalizadora. Os formadores desenvolvem um papel interditor e promotor em relação a eles, de tal modo que se prolonga uma situação de dependência e, não raro, cheia de medo e angústia.

Uma instituição tipicamente disciplinar lança mão de uma tecnologia complexa que engendra infantilização social, jogos ambíguos de ajustes. Entre os próprios seminaristas, as relações se carregam de conflitos de diversas naturezas, ora obscuros, ora visíveis.

Observação dura e contundente refere-se à política contraditória que "pode estar produzindo nos seminaristas internados comportamentos bastante próximos do perverso". Com isso, o autor quer dizer que eles criam um mecanismo psíquico de defesa que se caracteriza pelo não reconhecimento de uma situação traumatizan-

PESCADORES DE HOMENS 11

te e pela coexistência no eu de duas atitudes contraditórias para com a realidade, em que ambas persistem e não se influenciam. Assim, no caso do celibato, coincidiriam no mesmo sujeito uma atitude de sua afirmação e na prática de sua negação, sem que essas duas posturas se conflitassem numa persistência passiva. Há um reconhecimento e desconhecimento tácito da realidade.

Uma conclusão forte diz que "o processo formativo no seminário filosófico não faz o que diz ou, se faz, faz de modo sofrível, segundo os seminaristas. Mas, pelo contrário, também faz o que não diz, e o faz muito bem". É quase um decreto de falência.

É um tipo de análise que tem seus limites. Prescinde da dimensão puramente pessoal, da ação de Deus, da dimensão estritamente mística, que escapam da observação. A liberdade humana não recebe aquela importância que outras leituras sobrevalorizam. Contudo, ela desvela a contradição presente na instituição entre o discurso e as práticas disciplinares.

Há uma questão mais ampla que o autor não levantou porque talvez fugisse de sua ótica. O seminário existe em função da formação do ministro ordenado nos moldes presentes. A figura atual desse ministro condiciona o sistema que o forma, como este decide sobre seu perfil. Há uma dialeticidade entre o tipo de sacerdote de hoje e o seminário que o molda. O livro pode levantar uma última pergunta: será que a falência dessa instituição não significa que se exige uma reformulação radical da figura do próprio ministro ordenado?

Em grande parte, embora não dito, está no centro a questão de como formar alguém para o celibato num tipo de ministério que não parece intrinsecamente estar vinculado com ele. Diferentemente da vida religiosa, em que a pessoa entra com o projeto de vida em castidade consagrada e de dentro dela organiza o restante de sua vocação. No caso do ministro ordenado, o centro da vocação é a dimensão pastoral no sentido amplo da presidência celebrativa dos sacramentos, da animação de uma comunidade de fiéis, da condução de uma paróquia. E a essa vocação a Igreja do Ocidente vinculou necessariamente o celibato. E fazer perceber ao seminarista tal elo para além de uma injunção autoritativa desafia os formadores. E em

12 SÍLVIO JOSÉ BENELLI

torno desse repto se organiza o seminário, recorrendo ao modelo da "instituição total". E o preço que se paga com tal modo de institucionalização para conseguir a finalidade de formar ministros ordenados celibatários foi o objeto principal dessa pesquisa.

Mesmo discordando de muitas conclusões ou mesmo tendo reservas críticas ao modelo teórico escolhido, evidentemente sujeito a limites e vieses, um mínimo de honestidade e lealdade humanas pede que se debruce sobre os resultados para rever em profundidade não só a estruturação do seminário, mas sobretudo o conjunto dos ministérios na Igreja. Há um círculo vicioso que deve ser quebrado do lado que tem maior chance de modificar a situação. E este é certamente a concepção mesma de ministério ordenado.

Nesse limiar de questionamento nos deixou a leitura do livro. Esse simples resultado mostra a gravidade da questão que foi abordada com seriedade, honestidade, dentro dos limites do marco teórico assumido. Como toda boa teoria, ela nos tornou a realidade mais clara, transparente, permitindo-nos maior lucidez diante dela. Outros estudos podem vir, e serão bem-vindos, seja para completar, matizar, aprofundar, validar ou mesmo invalidar alguma consequência. O debate está aberto. Que entre nele o maior número de pessoas para que surja mais luz em benefício da Igreja, que se apoia enormemente nesse ministério para a atuação pastoral.

Dr. Pe. João Batista Libânio, SJ
Belo Horizonte, 6 de agosto de 2005

INTRODUÇÃO

Realizamos uma análise institucional de um seminário católico que acolhe jovens candidatos ao sacerdócio, denominados seminaristas. Quisemos investigar o seminário como agência de produção de subjetividade. Que tipo de instituição é o seminário católico atual? Que tipo de subjetividade se produz em seu contexto institucional? Desejamos nos apropriar do sistema de regras que institui o processo formativo eclesiástico. Com o estudo de seu aparecimento e seu funcionamento, podemos entender, com o auxílio de um instrumental estratégico, como ele se organiza e o que pode produzir nas atuais circunstâncias.

A pesquisa de mestrado que realizamos foi o desenvolvimento de um trabalho que começamos na iniciação científica (Benelli, Costa-Rosa, 2002c) cujo objetivo era realizar um estudo sobre a produção da subjetividade em um seminário católico, utilizando-nos do referencial teórico relativo às instituições totais de Goffman (1987) como instrumento de análise.

O seminário católico que pesquisamos funciona em regime de internato, no qual 80 seminaristas estudam Filosofia durante três anos, numa etapa preparatória para o sacerdócio. Essa casa de formação constitui-se num espaço social específico no qual o objetivo

14 SÍLVIO JOSÉ BENELLI

é preparar indivíduos que se tornarão padres e ocuparão, então, posições de relevância que consistem na coordenação de comunidades paroquiais amplas.

Quisemos pesquisar a configuração da subjetividade seminarística. Não discutimos a suposta essência da vocação sacerdotal, como se ela fosse um objeto natural, imutável ao longo do tempo. Procuramos identificar os discursos e as práticas sociais que foram construindo a realidade do seminarista, da instituição seminário católico, elucidando a formação de redes discursivas eclesiásticas e suas relações com estratégias de poder. Por meio de uma exaustiva pesquisa de campo que envolveu observações, entrevistas e análise documental, partimos do contexto intrainstitucional de um seminário para formação de padres e percorremos múltiplos caminhos, tecendo cartografias[1] que nos permitiram compreender como se produz a subjetividade no contexto institucional.

Para tanto, a pesquisa que iniciamos com Goffman (1987) foi ampliada e desenvolvida a partir da contribuição de Foucault: o seminário pode ser investigado como um estabelecimento que encarna o poder disciplinar e as instituições disciplinares que esse poder implementa: trata-se de procurar detectar como são os sujeitos que seu funcionamento microfísico produz e focalizar as *relações de formação* entre formadores e seminaristas como um dispositivo privilegiado de constituição do seminário enquanto agência de produção de subjetividade. À luz das contribuições de Foucault, nossos dados

---

1 Cartografia: ao analisar o livro *Vigiar e punir*, de Foucault, Deleuze (1988) o designa como "um novo cartógrafo". Afirma que o que Foucault produz nessa obra é uma análise microfísica, embora pinte quadros cada vez mais físicos: "A análise e o quadro caminham juntos; microfísica do poder e investimento político do corpo. Quadros coloridos sobre um mapa milimétrico" (ibidem, p.33-4). Nos estudos que constituem *Vigiar e punir*, Foucault elabora uma cartografia extensiva a toda realidade social, revelando que na sociedade disciplinar o poder opera um enquadramento de todo o campo, até o mínimo detalhe. Uma cartografia então deve mapear as relações de força que constituem o poder, captando suas operações microfísicas, estratégicas, pontuais, difusas, que determinam singularidades e produzem subjetividade.

podem revelar as características e nuances do seminário, permitindo compreendê-lo como dispositivo organizado de modelagem subjetiva, tanto por seus discursos e por suas práticas como pela articulação (sintonia ou contradição) desses dois aspectos. Ao mesmo tempo, podemos aspirar a compreender, com maior desenvoltura, as características da subjetividade aí produzida e suas possíveis implicações para a *performance* social dos padres como sujeitos emergentes desse processo institucional.

O estudo de uma instituição e a compreensão de sua complexidade exigem incursões por diversos campos teóricos: análise institucional, elementos de análise histórica da constituição das instituições na sociedade moderna, teorias relativas à produção de subjetividade. Assim, utilizamos também o referencial de análise de instituições de Costa-Rosa (2002), denominado "modo psicossocial", instrumento que nos permitiu organizar e manejar os dados da pesquisa de campo com as discussões teóricas de Goffman e Foucault.

O primeiro capítulo contém uma discussão na qual procuramos problematizar as teorias relativas à análise e à compreensão das instituições. Descobrimos em Goffman um sutil analista institucional, e muitos pontos de contato possíveis entre ele e Foucault. Apresentamos também elementos dos estudos de Costa-Rosa relativos aos modos institucionais de produção de subjetividade. Elaboramos ainda uma discussão relativa à produção de subjetividade a partir do pensamento de Foucault. De certo modo, produzimos um pequeno manual teórico que ampliou e tornou mais agudo e sensível nosso olhar quanto ao objeto sobre o qual nos debruçamos. Trata-se de um mapa, de um roteiro de investigação.

O capítulo 2 é metodológico: caracterizamos os sujeitos da pesquisa, explicitamos os instrumentos de trabalho e como operamos com eles, no intuito de problematizar as práticas discursivas e não discursivas que permeiam e constituem os saberes e a formação eclesiástica católica. Lançamos hipóteses de trabalho e também esboçamos questões relativas às condições de possibilidade da pesquisa psicológica.

No capítulo 3 apresentamos os dados e as análises iniciais com o objetivo de construir cartografias do seminário católico: descrevemos com riqueza de detalhes as práticas formativas observadas no seminário, elementos que destacamos do exaustivo diário das visitas de observação participante que realizamos no estabelecimento; apresentamos análises das entrevistas que realizamos com seminaristas e membros da equipe de formadores. Também apresentamos dados e análises relativos ao registro do saber eclesiástico quanto à formação sacerdotal.

O capítulo 4 apresenta os principais achados de nossa pesquisa relativos à instituição seminário católico. Encontramos no convento católico a matriz original das instituições totais. Investigamos as origens históricas da instituição seminário e verificamos que seu aparecimento coincide com a constituição da sociedade disciplinar amplamente estudada por Michel Foucault. Inserindo a instituição seminário numa conjuntura sócio-histórica e eclesial mais ampla, detectamos a existência, com base em estudos de Costa-Rosa, de dois paradigmas eclesiais que denominamos "romano" e "libertador", analisando sua incidência no processo formativo sacerdotal.

No capítulo 5, apresentamos uma discussão relativa à produção da subjetividade no contexto institucional do seminário pesquisado, procurando explicitar sua especificidade.

O último capítulo apresenta nossas conclusões e perspectivas. Procuramos resumir os resultados encontrados em uma série de proposições.

Muitas questões pedagógicas, psicológicas, psiquiátricas, hospitalares, da saúde coletiva etc. podem se tornar mais inteligíveis quando inseridas num marco institucional global. Entendemos que os problemas institucionais são também problemas sociais. Soluções técnicas muitas vezes não são suficientes para resolvê-los. Eles exigem soluções políticas para sua metabolização. A política não é meramente uma questão técnica (eficácia administrativa) nem científica (conhecimentos especializados sobre gerenciamento ou administração), é ação e decisão coletiva quanto aos interesses e direitos do próprio grupo social.

Esta pesquisa não pretende ser uma denúncia nem um ataque a um seminário supostamente autoritário e repressor. Foucault nos ensinou que não podemos ingenuamente acreditar que é possível brandir o poder com nosso saber. Organizando coerentemente práticas, saberes e sujeitos, detectamos uma *lógica totalitária* como eixo microfísico e produtor de subjetividade no seminário.

Procuramos realizar um diagnóstico institucional, destacando os aspectos totalitários e disciplinares do seminário católico. O seminário se constitui numa multiplicidade que o pensamento só consegue abarcar através de cortes e perspectivas. É verdade que o seminário não é apenas uma instituição totalitária e disciplinar, mas essa dimensão, permanentemente negligenciada e denegada na realidade cotidiana institucional, merece destaque fundamental. Podemos dizer que o próprio seminário está implicado na produção dos males de que todos ali se queixam.

Pensamos que o seminário católico, tal como se encontra funcionando a partir do paradigma romano, dificilmente poderá produzir implicação subjetiva, sociocultural e singularização. Se o fizer, provavelmente será à própria revelia. Somente outras práticas, novos saberes e novas instituições, emergentes a partir de um novo paradigma, poderiam ser promotoras de inéditas relações sociais baseadas na solidariedade, na autodeterminação, na autoprodução de si e do mundo, num processo permanentemente instituinte.

1
PROBLEMATIZAÇÃO[1] DAS TEORIAS RELATIVAS ÀS INSTITUIÇÕES

Goffman analista institucional: a geografia do poder na instituição total

Neste estudo sobre a produção da subjetividade no contexto institucional de um seminário católico, recuperamos os estudos de Goffman (1987) para a leitura das instituições totalitárias, categoria na qual incluímos nosso objeto de pesquisa. Consideramos que Goffman realiza uma modalidade de análise institucional que pode

---

1 Problematização: Foucault (1984b, p.15-6) afirma que o que procura fazer são "problematizações" enquanto produz uma história da verdade, questionando as formas pelas "quais o ser se dá como podendo e devendo ser pensado, e as práticas a partir das quais essas problematizações se formam. A dimensão arqueológica da análise permite analisar as próprias formas de problematização: a dimensão genealógica, sua formação a partir das práticas e de suas modificações. Problematização da loucura e da doença a partir das práticas sociais e médicas, definindo um certo perfil de 'normalização'; problematização da vida, da linguagem e do trabalho em práticas discursivas obedecendo a certas regras 'epistêmicas'; problematização do crime e do comportamento criminoso a partir de certas práticas punitivas obedecendo a um modelo 'disciplinar'". Pretendemos, desse modo, problematizar as instituições totais e mais especificamente o seminário católico enquanto agência produtora de subjetividade.

ser situada num trânsito entre os planos macro (ou molar) e micro dos fenômenos que ocorrem nos estabelecimentos fechados. Sua concepção explícita de poder é a de um poder essencialmente modelador, poder instaurado, repressivo e mutilador do eu em sua missão (res)socializadora. Isso parece ser o que Goffman apresenta numa primeira leitura.

Mas, depois de estudar algumas das contribuições de Foucault e da análise institucional relativas à produção da subjetividade no contexto institucional, uma leitura mais atenta de Goffman (ibidem) nos permitiu encontrar também uma dimensão produtiva do poder: há nele uma microssociologia dos estabelecimentos totalitários que explicita toda uma tecnologia de poder altamente criativa.

Certamente podemos identificar opressores e oprimidos, caracterizados pela equipe dirigente e pelo grupo dos internados; os primeiros modelam e os segundos são objeto de procedimentos modeladores. Apesar do binômio dominadores-dominados, de ter-se a impressão de que o poder é uma instituição, uma estrutura ou certa potência que um grupo detém em prejuízo de outro, Goffman já revela, de certa forma, que poder é substancialmente relação, e que são lugares que compõem a sua dinâmica.

Goffman (ibidem) descreve minuciosamente as reações de (contra) controle que os dois grupos antagônicos exercem um sobre o outro: há modelagem e resistências; vigilância permanente e recíproca; há lutas e conflitos nos planos macro e microfísicos. Goffman mapeia estratégias ostensivas de ataque e reações que se esboçam às vezes sutis, outras claramente defensivas ou sabotadoras. Mostra-nos como o grupo dos internados se defende dos esforços modeladores graças a diversas táticas adaptativas e utilizando-se dos próprios recursos institucionais para construir um mundo pessoal contrário aos objetivos oficiais do estabelecimento. Há um clima de guerra permanente entre os grupos antagônicos, e mesmo em cada grupo há facções e disputas, relações de poder, forças em luta compõem o cenário institucional.

Acreditamos que Goffman (ibidem), se não de modo explícito, já apresenta o poder como uma relação dinâmica de estratégias sempre atuantes, presente em toda parte, em todos os lugares. Tais lugares revelam-se como multiplicidade de relações de forças, em um jogo permanente que, mediante lutas e enfrentamentos declarados ou velados, incessantes, transforma, reforça, inverte, origina apoios, pontos de resistência.

Contudo, sentimos a ausência de um campo no qual situar as análises de Goffman (ibidem) que nos permitisse localizar as "instituições totais" dentro de uma evolução geral das instituições. Esse campo de referências históricas que falta em Goffman, nós o encontramos na obra de Michel Foucault, no que se refere a uma história do desenvolvimento das instituições que se ocupam com presos, loucos, estudantes e doentes (Foucault, 1984a, 1999a, 1999b). Como já dissemos, parece-nos que Goffman não tem uma percepção apenas repressiva do poder, enquanto Foucault apresenta mais claramente o poder como portador de uma positividade produtiva, tanto de saberes como de sujeitos.

Foucault (1999b, p.120), ao estudar a *disciplina*, indica que uma nova "microfísica do poder" constituída por "técnicas sempre minuciosas, muitas vezes íntimas, importantes porque definem um certo modo de investimento político e detalhado do corpo", emergiu no mundo moderno e espalhou-se por todo o corpo social. "A disciplina é uma anatomia política do detalhe": trata-se de "pequenas astúcias dotadas de um grande poder de difusão, arranjos sutis, de aparência inocente, mas profundamente suspeita, dispositivos que obedecem a economias inconfessáveis, ou que procuram coerções sem grandeza". Para descrever os mecanismos disciplinares, é preciso demorar-se sobre os detalhes e na atenção às minúcias, buscando detectar sua coerência tática.

Acreditamos que Goffman (1987) tenha como programa justamente proceder a uma observação minuciosa do detalhe, buscando, ao mesmo tempo, um enfoque político dessas pequenas coisas do cotidiano utilizadas para a dominação e – diremos também – a produção da subjetividade no contexto institucional.

Goffman (ibidem) realiza uma perspicaz análise das práticas sociais que se produzem no contexto institucional de um hospital psiquiátrico, denominado Hospital Central. Ao deter-se nos detalhes da organização intrainstitucional do dispositivo manicomial, mapeia, cartografa com meticulosidade toda uma "geografia" do poder, detectando com precisão seus diversos deslocamentos: estratégias de dominação, de produção de subjetividade, focos de resistência, táticas de subversão do instituído e movimentos instituintes.

Para além de uma linguagem de certo modo ainda funcionalista utilizada por Goffman (ibidem, p.148), por exemplo em expressões como "a participação numa entidade social impõe compromisso e adesão", dando a entender, inicialmente, que indivíduo e instituição são duas coisas distintas, podemos perceber em suas análises, se lidas com atenção, como sujeitos e instituições se produzem mutuamente, numa completa implicação: as práticas institucionais produzem sujeitos como efeito dessas práticas, que por sua vez são tomados como alvos de manutenção delas ou se organizam como focos de resistência à ordem institucional. Podemos aprender com Goffman, como o poder, ao enformar práticas sociais que visam o corpo do homem, transformam-no num indivíduo e também num *objeto científico*, ao aprisioná-lo em uma certa "natureza" ou "identidade", fruto das relações poder/saber, caracterizando-o como louco, delinquente etc.

A vida no contexto institucional produz "suposições" referentes à natureza, aos *modos de ser e agir* de seus diversos habitantes: costuma ser normativa e normatizante. Esses atores institucionais podem enfrentar de modo variável essa "definição de si mesmos" que a instituição produz: podem resistir abertamente "e desafiar com desfaçatez os *olhares de redefinição* que as pessoas lhes dirigem" (ibidem, p.149); podem recusar veladamente esse assujeitamento; podem finalmente reconhecer-se nessa definição institucional do seu ser, "sendo, diante de si mesmos, aquilo que os outros participantes acham que devem ser" (ibidem). Podemos destacar aqui a relevância da sutileza efetiva do poder enquanto olhar e visibilidade, que será objeto de discussão em Foucault (1982, 1984a, 1999b).

Goffman (1987) se posiciona como um analista institucional, armado com os instrumentos sociológicos de que dispõe para conceituar a instituição:

> Uma "organização formal instrumental" pode ser definida como um sistema de atividades intencionalmente coordenadas e destinadas a provocar alguns objetivos explícitos e globais. O produto esperado pode ser: artefatos materiais, serviços, decisões ou informações; pode ser distribuído entre os participantes de maneiras muitos diversas. Aqui interessar-me-ei principalmente pelas organizações formais localizadas nos limites de um único edifício ou complexos de edifícios adjacentes, e, por comodidade, a essa unidade fechada darei o nome de estabelecimento social, instituição ou organização. (p.149)

Podemos observar nessa definição os vários elementos que compõem nosso atual conceito de instituição: as práticas discursivas, plano lógico ou "formal" ("os objetivos explícitos e globais"); plano das práticas não discursivas ("instrumental", "sistema de atividades intencionalmente coordenadas"); um "produto" que pode ser material ou imaterial; uma distribuição desse "produto", que para nós não se distingue da própria produção de subjetividade: por exemplo, consideramos a produção "saúde mental" uma produção de subjetividade. O aspecto "fechado" do estabelecimento indica o caráter totalitário das práticas institucionais. Os termos podem não ser os mesmos, mas não é possível lermos aí a instituição enquanto dispositivo produtor de subjetividade?

Goffman (ibidem, p.150) chega a notar que "as organizações sociais podem ter muitos objetivos oficiais conflitivos, cada um deles com seus partidários próprios, e pode haver alguma dúvida quanto à facção que fala oficialmente em nome da organização", detectando que o funcionamento institucional expressa os movimentos diversos de um conjunto segmentar e articulado de pulsações e ações instituintes e efeitos instituídos (Costa-Rosa, 2002). Os diversos atores que emergem no contexto institucional são produtos e produtores do mesmo, movidos pelas mais diferentes pulsações e necessidades.

24 SÍLVIO JOSÉ BENELLI

As instituições totais, "muradas", têm como característica o fato de que "parte das obrigações do indivíduo é participar *visivelmente*, nos momentos adequados, da atividade da organização, o que exige uma mobilização de atenção e de esforço muscular, certa submissão do eu à atividade considerada" (Goffman, 1987, p.150). Essa é uma técnica clara de produção de sujeitos mediante uma coerção pelo poder: "esta imersão obrigatória na atividade da organização tende a ser considerada como símbolo do compromisso e da adesão do indivíduo; além disso indica a aceitação, pelo indivíduo, das consequências da participação para uma definição de sua natureza" (ibidem). O poder que age sobre o corpo, obrigado à docilidade participativa e visível, controlável pela observação, incide na criação de uma "natureza", de um certo indivíduo tomado como objeto, diríamos.

De acordo com Goffman, as instituições sobrevivem porque são capazes de apresentar contribuições úteis para a atividade de seus participantes; para tanto, precisam instrumentar os meios adequados de acordo com as finalidades buscadas. Já sabemos que elas sobrevivem também por vários outros motivos: produção de mais-valia e de subjetividade capitalística, reproduzindo as relações sociais dominantes (Costa-Rosa, 1995; 2000; 2002).

Uma organização pode se identificar com a equipe dirigente que a administra, e esta pode "reconhecer limites de confiança para a atividade adequada de cada participante" (Goffman, 1987, p.151): tende a considerar o homem um ser "notoriamente fraco", portanto tem de "aceitar soluções intermediárias", "mostrar consideração", "tomar medidas de proteção".

Podemos observar que estudos tipicamente funcionalistas sobre instituições e seus diversos atores (agentes institucionais e clientela) tendem a um raciocínio particularizante, numa perspectiva sociologizante ou psicologizante, remetendo ao sujeito individual questões que são de ordem coletiva: as relações de poder que constituem a realidade institucional tendem a ser mascaradas, os conflitos e lutas são tomados como distúrbios psíquicos do indivíduo e reduzidos a problemas individuais. Trata-se mesmo de uma psicologização do político e também de uma particularização de fenômenos coletivos, numa "difusão capilar dos mecanismos de controle social na comunidade" (Rotelli, 1990).

A partir da concepção de uma fraqueza natural do *objeto institucional*, a lógica institucional costuma considerar que o ser humano deve ser tratado a partir de "padrões de bem-estar" superiores ao mínimo exigido para a simples sobrevivência: conforto, saúde e segurança etc.; supõe que um participante pode cooperar quando seus objetivos coincidem ou se identificam com os da instituição; considera que a participação também pode ser obtida por meio de "incentivos": "prêmios ou pagamentos indiretos que francamente atraem o indivíduo como alguém cujos interesses finais não se confundem com os da organização" (Goffman, 1987, p.152); finalmente, supõe que seja possível obter a cooperação do indivíduo mediante as "sanções negativas": "ameaças, castigos, reduções nos níveis usuais de bem-estar" (ibidem) etc. "O medo do castigo pode ser adequado para impedir que o indivíduo realize determinados atos, ou deixe de realizá-los; no entanto, os prêmios positivos parecem necessários para que se consiga um esforço prolongado, contínuo e pessoal" (ibidem).

A concepção de que um homem age ou deixa de agir movido por castigos (punições) e/ou por prêmios implica uma suposição teórica de que esse objeto funciona, por exemplo, a partir do princípio de prazer e da evitação da dor. Assim se produz *o saber*, a partir de práticas institucionais.

A partir dessas considerações, Goffman afirma que a instituição, além de

usar a atividade de seus participantes ..., também delineia quais devem ser os padrões oficiais de bem-estar, valores conjuntos, incentivos e castigos. Tais concepções ampliam um simples contrato de participação numa definição da natureza ou do ser social do participante. ... Portanto, nas disposições sociais de uma organização, se inclui uma concepção completa do participante – e não apenas uma concepção dele como e enquanto participante – mas, além disso, uma concepção dele como ser humano. (1987, p.152-3)

Isso quer dizer que as instituições produzem indivíduos (objetos) e saberes, definem seus participantes num processo de objetificação. Trata-se de sujeitos "dessubjetivados" (Jorge, 1983), reduzidos a objetos materiais e teóricos manipuláveis por meio de certas técnicas e instrumentos. O que podemos caracterizar como o modo de produção típico das instituições numa sociedade inserida no Modo Capitalista de Produção (MCP): subjetividade serializada (Costa-Rosa, 2000).

As instituições lidam com os indivíduos a partir da concepção que criam a respeito de suas identidades: a de que são capazes de colaborar motivados por prêmios ou castigos, não importa que se identifiquem ou não com os objetivos oficiais dessas instituições. Há até mesmo uma "naturalização" da possibilidade de que os indivíduos considerem corretas e aceitáveis tais suposições, a ponto de torná-las imperceptíveis, invisíveis, mas reais e efetivas. É "nos *pequenos atos de vida*" (Goffman, 1987, p.153) que podemos observá-las em sua incidência. No nível microfísico, portanto (Foucault, 1999b).

Goffman (1987, p.157) explicita claramente que as instituições não se limitam a um *discurso* sobre a suposta natureza de seu objeto, mas sua *ação* também se produz especificamente a partir do conceito que têm do participante. O discurso ("ideologia explícita e verbal") e a prática ("ação") exprimem uma concepção do objeto sobre o qual atuam. Por outro lado, com relação ao indivíduo, "participar de determinada atividade com o espírito esperado é aceitar que se é um determinado tipo de pessoa que vive num tipo determinado de mundo" (Goffman, ibidem, p.158). Ou seja, implica um determinado tipo de posicionamento subjetivo, no caso, posição de objeto de uma ação institucional.

Vemos como estratégias de poder (técnicas) mais toscas e brutais (castigos) e outras mais refinadas e sutis (prêmios) são utilizadas a partir de concepções (conceituações, teorias): relações de poder e saber se produzem mutuamente, instantaneamente. Goffman (1987) nos mostra como saber e poder estão imbricados num único processo que produz subjetividade. Coincidindo com Foucault

(1982), Goffman percebe, longe de qualquer ingenuidade desavisada, que onde há poder há contrapoder, há resistências:

> Ora, se qualquer estabelecimento social pode ser considerado como um lugar onde sistematicamente surgem suposições a respeito do eu, podemos ir adiante e considerar que é um local onde tais suposições são sistematicamente enfrentadas pelo participante. Adiantar-se nas atividades prescritas, ou delas participar segundo formas não prescritas, ou por objetivos não prescritos, é afastar-se do eu oficial e do mundo oficialmente disponível para ele. Prescrever uma atividade é prescrever um mundo; eludir uma prescrição pode ser eludir uma identidade. (1987, p.158)

Assim como toda instituição inclui uma disciplina de atividade, inclui também uma *"disciplina de ser"* (ibidem, p.159), uma obrigação de ser um determinado habitante de um certo mundo. Produz subjetividade, que pode até ser entendida como uma certa noção de identidade psicológica internalizada (serializada e adaptada), mas também como transubjetividade (singularizada), englobando outros elementos da realidade, remetendo ao coletivo social. Mas o indivíduo, a despeito da imagem que apresenta, pode resistir e produzir uma vida no sentido contrário e/ou diverso das forças institucionais hegemônicas.

O indivíduo que coopera com as atividades institucionais sob as condições exigidas é um *colaborador*: um indivíduo "normal", "programado", "interiorizado". "Em resumo, verifica que, oficialmente, não deve ser não mais e não menos do que aquilo para o que foi preparado, e é obrigado a viver num mundo que, na realidade, lhe é afim. Isso se dá através dos *ajustamentos primários* (ibidem) do indivíduo à instituição e desta a ele. Nós dizemos adaptação, "sobrecodificação da subjetividade", normatização, dessubjetivação: processos de mútua produção.

A possibilidade do sujeito de resistir às manobras dessubjetivantes do poder, ou de objetificação, é denominada por Goffman (1987) *ajustamentos secundários*. Eles englobam qualquer disposição habitual pela qual o participante de uma organização emprega meios ilícitos, ou consegue fins não autorizados, ou ambas as coisas, de forma a escapar daquilo que a organização supõe que deve ser e obter ... representam formas pelas quais o indivíduo se isola do papel e do eu que a instituição admite para ele. (p.159)

Consideramos que os ajustamentos secundários são estratégias de resistência dos indivíduos-alvo das práticas de poder no contexto institucional. São manifestações de forças de contra-hegemonia e podem ter um caráter propriamente disruptivo e instituinte.

Goffman também não deixa de notar como as instituições são capazes de tolerar,

de adaptar-se a ajustamentos secundários, não apenas através da disciplina cada vez maior, mas também por legitimar seletivamente tais práticas, esperando, dessa forma, reconquistar o controle e a soberania, mesmo com a perda de parte das obrigações dos participantes. (ibidem, p.165)

Há movimentos estratégicos de "recuperação" de ações instituintes pelo polo instituído, que manobra a partir de concessões táticas para manter sua hegemonia (Costa-Rosa, 1987; 2002). Trata-se de uma estratégia típica das instituições sociais em geral: manter o controle sobre os participantes, ao legitimar como primários alguns ajustamentos secundários, nem que seja apenas de modo temporário, para depois subtraí-los novamente.

No contexto institucional de um estabelecimento específico, os ajustamentos secundários podem ser considerados práticas relativas à *vida íntima da instituição*, "correspondendo ao que o *submundo* é para uma cidade" (Goffman, 1987, p.167). Lemos aqui a referência à dimensão intrainstitucional em seu plano propriamente microfísico.

Os ajustamentos primários são importantes para manter a coesão institucional, são elementos de manutenção do *status quo*, já que se trata de um conjunto de práticas que o polo subordinado desenvolve ao se identificar de modo alienado com o polo dominante. Por outro lado, os ajustamentos secundários podem ser *perturbadores* (se implicam a saída da instituição ou sua completa subversão) ou *contidos* (exercitados no contexto institucional, sem pressionar na busca de mudanças radicais).

Os ajustamentos secundários expressam um conjunto próprio de interesses específicos do polo subordinado (que podem apresentar-se de modo passivo, contido, inclusive inadvertido). Além disso, apontam também para várias práticas alternativas que algumas vezes chegam a aspirar à elaboração de uma hegemonia dos interesses subordinados, em contraposição à dominante então vigente (perturbadores da ordem vigente) (Costa-Rosa, 2000; 2002).

Goffman (1987, p.168) limita sua análise aos ajustamentos secundários contidos, cuja finalidade é obter vantagens pessoais individuais, não necessariamente conspiratórias ou revolucionárias. Mas essas práticas são bastante semelhantes aos ajustamentos secundários perturbadores: se a microfísica do poder constitui sujeitos e saberes, teorias, técnicas disciplinares e instrumentos de trabalho, a resistência também se verifica no plano microfísico dos *detalhes* (Yasui, 1999, p.201-2; Nicácio, 1994, p.132) quase insignificantes do cotidiano, da intimidade intrainstitucional.

Ao cartografar a "geografia da liberdade" (Goffman, 1987, p.191) na instituição total, Goffman nos revela os pontos de resistência, os focos de contrapoder que se produzem no contexto institucional como fenômenos de contraposição à ordem vigente. É toda uma tecnologia constituída por detalhes do cotidiano que (re)produzem uma subjetividade serializada. Portanto, conhecer a engenharia institucional que os produz é importante para desmontá-la: do mesmo modo que práticas cotidianas podem reprimir, modelar, coibir, dominar e produzir uma subjetividade alienada na reprodução das relações sociais dominantes, entendemos que serão outras tantas práticas microfísicas instituintes que produzirão implicação subjetiva[2], autonomização do sujeito e uma subjetividade singularizada[3] (Rotelli, 1990; Costa-Rosa, 2000).

Goffman (1987, p.172) optou por mapear os ajustamentos secundários especificamente do polo subordinado, do grupo dos internados de um hospital psiquiátrico. Nisso ele também parece intuir que o aspecto mais valioso da produção institucional é aquele que diz respeito às aspirações do polo subordinado, portadoras de inéditas e criativas relações sociais, diferentes e inclusive contraditórias com relação às relações sociais dominantes (Costa-Rosa, 2000). Os ajustamentos secundários da equipe dirigente e dos profissionais e técnicos empregados no estabelecimento tendem a ser insignificantes e reforçadoras do padrão vigente (Goffman, 1987, p.169-72).

Goffman (p.173) parte da hipótese de que os hospitais psiquiátricos não funcionam de acordo com a "doutrina psiquiátrica" (nível do projeto, do ideário, de metas de transformação abertas ao devir), pois também constata que *na prática a teoria é outra*. É o que ele denomina "sistema de enfermarias" que se observa organizando o manicômio, numa defasagem evidente entre o projeto oficial e o programa (nível do plano enquanto conjunto de propostas e instrumentos de implementação) efetivamente desenvolvido: "condições

---

2 Implicação subjetiva refere-se à capacidade de posicionar-se ativamente em relação a conflitos e contradições. Movido por sua capacidade desejante e de autodeterminação, o sujeito não apenas sofre os efeitos de um modo que tais conflitos e contradições ficam intactos na sua reprodução, ele se posiciona de forma que trabalhe na direção de sua metabolização e sua superação. Graças à capacidade constante de mutabilidade, vai se autoproduzindo e produzindo o mundo em que habita.

3 Podemos dizer que um indivíduo capaz de implicação subjetiva e sociocultural se caracteriza por uma subjetividade singularizada: ele se posiciona como um sujeito diante dos conflitos e contradições do próprio desejo e de suas conexões com a realidade social mais ampla, sendo capaz de uma vida produtiva. Seu contraponto é a subjetividade serializada: o indivíduo se reconhece apenas nas imagens identitárias oferecidas pelo mercado, as quais consome, e reproduz, e posiciona-se como uma vítima impotente e sem implicação nos problemas dos quais se queixa.

muito limitadas de vida são distribuídas como prêmios ou castigos, apresentados mais ou menos na linguagem das instituições penais".

É esse "esquema" (lógica) de "ações" (práticas) e de "palavras" (discursos) que a equipe dirigente utiliza para lidar com o cotidiano do estabelecimento.

Essa distância entre o projeto psiquiátrico e o programa propriamente dito fica mais clara quando localizamos o hospital psiquiátrico no contexto sócio-histórico mais amplo (Foucault, 1999a; Amarante, 1994; 1998; 2000a; 2000b; Castel, 1978): o modelo hospitalocêntrico é pautado pela norma de exclusão do convívio familiar e social, cultiva uma série de procedimentos de controle que abrangem a sexualidade, o espaço de deambulação, o que é possível ou não fazer – e mesmo ser –, operando basicamente por subtração ("mutilações do eu", segundo Goffman). O projeto psiquiátrico pode ser entendido como parte de uma estratégia global de controle e manutenção da atual ordem social dominante (Costa-Rosa, 1987; 1999; 2000).

Em Goffman, já há uma percepção da semelhança, talvez mesmo da identidade, entre uma ordem jurídica normativa e o "ato terapêutico", relação claramente explicitada por Foucault (1999a) na "sanção normalizadora" e na consideração de que há um "microtribunal penal" em funcionamento nas diversas instituições modernas. Goffman (1987) revela a existência de um "esquema de disciplina" autoritário que estabelece um conjunto relativamente completo de meios e fins que os pacientes podem legitimamente obter – normatização que tem como efeito tornar ilícita toda uma série de atividades dos pacientes. É o estatuto normativo que cria o permitido e produz também toda a região das ilegalidades (Goffman, 1987; Foucault, 1999b).

No plano microfísico da instituição, há *fontes materiais* empregadas nos ajustamentos secundários: *substituições* (Goffman, 1987, p.173-5), nas quais os internados utilizam artefatos disponíveis de um modo diferente daquele para o qual foram previstos; e *exploração do sistema* (ibidem, p.175-88), ampliando a extensão das fontes existentes de satisfação legítima, ou explorando uma rotina completa de atividade oficial para fins particulares. O que podemos afirmar é que se o sujeito é silenciado, ignorado, reduzido a uma "doença" pela lógica médica (Jorge, 1983) predominante na instituição, essas pequenas e inumeráveis práticas nas quais ele subverte de alguma forma os diversos "materiais" disponíveis são testemunho de que o sujeito resiste, insiste, insinua-se, produzindo o máximo de vida possível, apesar das condições ambientais bastante adversas.

Além das fontes, há *locais ou regiões* onde ocorrem os ajustamentos secundários. Goffman (1987, p.191) mapeia então "a geografia da liberdade", ou os locais livres no contexto institucional. De um modo amplo, na "geografia institucional", há o espaço situado fora dos limites do estabelecimento, portanto inacessível para os internados. Há também o "espaço da vigilância" (nada mais foucaultiano!!), área em que o paciente pode estar, mas sujeito à autoridade e às restrições usuais do estabelecimento. Finalmente, há um terceiro tipo de espaço: espaço não regulamentado pela autoridade usual da equipe dirigente.

As práticas visíveis de ajustamentos secundários costumam ser ativamente proibidas no hospital psiquiátrico e nas demais instituições totais. Para realizá-los, é preciso estar "longe dos olhos e dos ouvidos da equipe dirigente" (ibidem, p.190), basta estar fora de sua linha de visão. Mas, além dessa evitação da vigilância,

os internados e a equipe dirigente tacitamente cooperavam para permitir o aparecimento de espaços físicos limitados, onde se reduziam marcantemente os níveis usuais de vigilância e restrição – espaços em que o internado podia ter livremente uma certa amplitude de atividades proibidas e, ao mesmo tempo, certo grau de segurança. (ibidem)

A equipe dirigente podia ou não saber da existência de tais espaços, "mas deles se afastava ou tacitamente deixava de exercer sua autoridade ao neles entrar". Comportamento ambíguo e algo enigmático, esse "desconhecimento" tático.

Goffman (1987, p.191) adverte que esses "locais livres" podem ser encontrados em instituições cuja autoridade está concentrada num grupo completo da equipe dirigente "e não num conjunto de pirâmides de comando". Verificamos que a "vigilância hierárquica" (Foucault, 1999b) organizada como um poder escalonado e difuso se contrapõe à existência de tais espaços de liberdade. Isso explica por que em *Vigiar e punir* (ibidem) não há escapatória para o sujeito, inserido numa máquina panóptica sem falhas, sem espaço para a resistência.

Esses "locais livres" do hospital eram utilizados como ambiente para atividades especificamente proibidas, para escapar da vigilância e do controle rígido da equipe dirigente e do estresse da convivência institucional forçada e obrigatória: "aí, a pessoa podia ser ela mesma" (Goffman, 1987, p.193). Há "locais livres" que podem ser utilizados por diversos internados, sem sentimento de posse ou de exclusividade por parte deles. Há também os "territórios de grupo" (ibidem, p.197), "nos quais um grupo acrescentava ao seu acesso a um local livre um direito de manter afastados todos os outros pacientes". Um terceiro tipo de lugar, o "território pessoal", é um "espaço onde o indivíduo cria alguns elementos de conforto, controle e direitos tácitos que não compartilha com outros pacientes, a não ser quando os convida" (ibidem, p.200).

O "território pessoal" constitui um contínuo que pode se estender do "ninho" ao "refúgio", locais "em que o indivíduo se sente tão protegido e satisfeito quanto isso seja possível no ambiente" (ibidem). O quarto de dormir particular é o tipo básico de território pessoal: "uma vez obtido, um quarto particular poderia ser provido de objetos que dariam conforto, prazer e controle à vida do paciente" (ibidem, p.201). Mesmo numa enfermaria coletiva, os pacientes tendem a construir um "território pessoal", e sua formação parece obedecer à "lei do mais forte", que tende a se impor aos demais. "Talvez o espaço mínimo que se transformava em território pessoal fosse dado pelo cobertor de um paciente" (ibidem, p.202).

Depois de estudar as *fontes* e os *locais* utilizados nos ajustamentos secundários, Goffman (p.203) mapeia também os *recursos* disponíveis. As pessoas tendem a guardar bens legitimamente possuídos, que lhes produzem gratificações e bem-estar, com os quais se identificam e inclusive produzem sua vida. Elas costumam ter lo-

34 SÍLVIO JOSÉ BENELLI

cais especiais onde armazenam e protegem seus bens, mantendo-os longe dos demais. Segundo Goffman,

> tais locais podem representar uma extensão do eu e de sua autonomia, tornando-se mais importantes na medida em que o indivíduo perde outros "reservatórios" de seu eu. Se uma pessoa não pode guardar nada para si mesma, e se tudo que usa pode ser também usado por outros, há possibilidade de pouca proteção quanto à contaminação por outros. (1987, p.204)

De acordo ainda com Goffman (ibidem, p.24-7), o ingresso numa instituição total implica um processo de despojamento de bens, emprego, carreira, inclusive de identidade pessoal, caracterizando o que atualmente denominamos "invalidação pessoal através da tutela institucional" (Nicácio, 1994). O indivíduo é despojado de suas roupas e de seus pertences pessoais – dinheiro, documentos, relógio de pulso etc. "Os cosméticos necessários para que a pessoa se apresente adequadamente diante dos outros eram coletivizados e acessíveis aos pacientes apenas em certos momentos" (Goffman, 1987, p.205). Se essa técnica de despojamento aumenta a agilidade e a eficiência institucional, facilitando manusear um indivíduo reduzido a um corpo, também expropriado pelo saber médico (Jorge, 1983), por outro lado o sujeito excluído aí insiste e cria invariavelmente "esconderijos" nos quais possa depositar seus bens, extensões de si mesmo.

Goffman (1987, p.206-7) descreve a rica e criativa gama de "esconderijos portáteis ou fixos" que os internados criam para guardar e proteger seus bens amealhados no contexto institucional.

"Para conseguir ajustamentos secundários eficientes, é preciso criar um meio não oficial, geralmente escondido, para levar e trazer os objetos significativos – é preciso ter um *sistema de transporte*" (ibidem, p.208). Num microcosmo em que as condições de vida são extremamente limitadas e padronizadas, bens triviais e correntes da vida civil não estão à disposição dos internados e são muito desejados e valorizados. Sistemas de transporte clandestinos permitem a circulação de "corpos, artefatos ou coisas, mensagens verbais ou escritas" (ibidem). O contrabando é uma estratégia de contra-hegemonia, disponibilizando bens e objetos dos quais estão privados os internados. No hospital psiquiátrico, recursos extraoficiais costumam ser muito tolerados, de acordo com Goffman. "Sistemas ocultos de comunicação constituem um aspecto universal das instituições totais" (ibidem, p.210). Isso se deve também ao "silenciamento" de fato produzido pelo discurso médico (Jorge, 1983). Alguns pacientes, segundo o autor, mantinham a tática de não receber e não apresentar comunicação de tipo explícito. Seu afastamento silencioso era uma forma de defesa contra auxiliares e outros internos inoportunos. Mas isso acabava por ser interpretado como sinal de doença mental. Para manter tal forma de afastamento do ambiente, permanecendo no "papel" de surdos, cegos ou loucos, tinham de desempenhar à risca o personagem, simulando desinteresse pelo que acontecia na enfermaria, sofrer abusos sem responder, privando-se de "muitas das pequenas transações da vida social diária de dar e receber" (Goffman, 1987, p.211). Mas eles se comunicavam através de um conjunto quase imperceptível de convenções: exploravam meios disfarçados de comunicação direta. Outros pacientes exploravam os sistemas estabelecidos de comunicação, como os telefones do estabelecimento.

Os sistemas ilícitos de transporte podem começar de modo inocente, mas uma vez construídos tornam-se capazes de transmitir material altamente proibido ou perigoso para a instituição. Os "transportadores" são recrutados espontaneamente ou por meio de coação entre quaisquer pacientes que circulem normalmente pelo estabelecimento.

Da criação de ajustamentos secundários Goffman (ibidem, p.214) deduz a construção de uma estrutura social subterrânea (nós dizemos: microfísica, plano do invisível, passível de enunciação) na instituição total: a utilização do outro pode potencializá-los. Se as práticas da equipe dirigente tendem a transformar o homem num "objeto-doença" (Amarante, 1998), o grupo dos pacientes reage, procurando criar um outro mundo dentro das condições impostas, apesar de acabarem por reproduzir com seus pares muito das próprias relações de dominação às quais estão submetidos.

Para utilizar o outro em benefício próprio, os pacientes podem se valer de "coerção particular" (Goffman, 1987, p.215) expressa mediante "expropriação aberta, extorsão, técnicas de força, submissão sexual imposta". Outra forma possível é estabelecer com o outro uma relação de "intercâmbio econômico" (ibidem, p.216). No hospital pesquisado, o autor afirma que os pacientes, despojados de seu dinheiro, recebiam uma mesada que podiam gastar na cantina local, mas tinham dificuldade em obter bens e seu gasto era muito limitado. Mas "os pacientes criavam meios para superar tais restrições ao uso de dinheiro" (ibidem, p.217-8), por exemplo tentando conservar seus recursos fora do controle da equipe dirigente.

"No hospital Central, os objetos e serviços ilicitamente comprados pelos pacientes, bem como as fontes de fundos ilicitamente empregadas, eram ilegais em diferentes graus" (ibidem, p.218): o contrabando e/ou o consumo de bebidas alcoólicas eram altamente proibidos, a prostituição, a drogadicção e a usura vinham em seguida. Havia também muitos serviços "menos proibidos" que se podiam comprar: roupas lavadas e passadas, corte de cabelo, consertos de relógios, sapatos, mensageiro etc. Alguns dos pacientes tornavam-se vendedores exclusivos, por exemplo, de fósforos – utilizados principalmente para acender cigarros –, objeto formalmente ilegal mas cuja posse era ignorada.

Lavar e polir carros dos funcionários do hospital era a principal fonte de renda dos pacientes, além do que era autorizado como "mesada" ou trazido por parentes visitantes. Essa atividade tornou-se uma prerrogativa legítima por parte dos pacientes, que procuravam conciliá-la com o trabalho que precisavam fazer no hospital, criando inclusive uma certa divisão de trabalho (p.219).

Havia outras formas de conseguir dinheiro: engraxar sapatos, revender produtos e materiais que se tinha ganho – presentes, cigarros, roupas –, além dos jogos de azar. No hospital pesquisado por Goffman (ibidem, p.222), o cigarro era o principal substituto para o dinheiro.

A posse do dinheiro significava para os pacientes a possibilidade de "pretender obter bens fora do hospital – podiam falar numa linguagem que seria compreendida fora dali, embora oficialmente não tivessem licença para falar" (ibidem, p.219). Atualmente falamos em recuperar a contratualidade social e econômica dos pacientes (Rotelli, 1990; Nicácio, 1994; Yasui, 1999; Costa-Rosa, 2000).

A venda e mesmo a barganha – os elementos de organização social paralela –, além da troca econômica, tinham claramente por objetivo o intercâmbio social, no qual predominam as trocas afetivas. Trata-se do desenvolvimento de "elos de solidariedade" (Goffman, 1987, p.226) entre grupos de internados, que podem fazer parte dos ajustamentos primários, mas também podem ser elementos característicos do submundo institucional. Relações pessoais de companheirismo, de interação não sexual, relações de namoro heterossexual, formação de "panelinhas" foram detectadas por Goffman. "Bens rituais" eram obtidos por meio de ajustamentos secundários para trocas simbólicas e afetivas entre os pacientes (ibidem, p.228). O cigarro era também um elemento importante desses bens rituais.

A internação numa instituição totalitária torna a informação um bem decisivo para a sobrevivência psicológica do indivíduo, por isso condições restritivas de vida tendem a criar bens para intercâmbio econômico e social. A solidariedade também se produz na transmissão de instruções dos veteranos para os novatos, o que leva a equipe dirigente a desejar manter separados esses grupos. Procura-se evitar que os ingressantes aprendam os "truques, manhas e vícios" dos mais experientes.

Um outro tipo de relação social extraoficial importante é denominado por Goffman (ibidem, p.233) "relações de proteção". O paciente internado no hospital estava localizado numa grade constituída basicamente por dois elementos: sua enfermaria e o "sistema de trabalho", o qual inclui trabalhos de manutenção do próprio estabelecimento: faxina, serviços gerais e vários tipos de terapia. "A teoria do hospital era que, desde que o estabelecimento atendia a todas as necessidades dos pacientes, não havia razão para que fos-

38   SÍLVIO JOSÉ BENELLI

sem pagos pelo trabalho que faziam" (ibidem). A disposição de trabalhar gratuitamente para o hospital era considerada sinal de convalescença e o próprio trabalho era considerado terapêutico. "A regra tradicional no hospital era que a liberdade para andar pelos pátios era dada apenas aos que, com seu trabalho, pagavam por ela" (ibidem). Observamos como o hospital mimetiza a realidade social mais ampla na qual está inserido. Mas os pacientes, espertamente, obtinham liberdade de circulação pelo estabelecimento graças a um trabalho meramente simbólico!

Os membros da equipe dirigente e os diversos técnicos que trabalhavam com os pacientes desenvolviam com eles relações de proteção. A direção do hospital reforçava o sistema de proteção mediante a distribuição gratuita de cigarros aos funcionários, que os utilizavam como prêmios para os seus grupos de pacientes. As festas institucionais também ocupavam um lugar importante nesse sistema (ibidem, p.234).

Além do controle formal e informal que a equipe dirigente mantém sobre o grupo dos internados, Goffman (1987, p.242-3) verifica os movimentos de contracontrole destes últimos: provocar "acidentes" para uma pessoa da equipe da administração, rejeição maciça de um certo tipo de alimento, diminuir o ritmo de trabalho ou de produção, sabotar sistemas de água, luz e comunicação, "gozação coletiva". O espectro se estende destas (re)ações inofensivas até greves ou rebeliões, quando a administração ameaça globalmente o sistema clandestino em operação no estabelecimento. Percebemos que o grupo dos internados não é apenas um objeto passivo que pode ser manuseado interminavelmente ao bel-prazer da equipe dirigente. Se muitos pacientes são de fato impotentes para esboçar alguma reação, "pequenos grupos de líderes informais" são capazes de organizar astutos ajustamentos secundários.

Em suas conclusões, Goffman afirma:

> Sempre que estudamos um estabelecimento social, verificamos uma discrepância com esse primeiro tema: verificamos que os participantes se recusam, de alguma forma, a aceitar a interpretação oficial do

PESCADORES DE HOMENS 39

que devem dar e retirar da organização, e, além disso, quanto ao tipo de eu e de que mundo que devem aceitar para si mesmos. Onde se espera entusiasmo, há apatia; onde se espera afeição, há indiferença; onde se espera frequência, há faltas; onde se espera robustez, há algum tipo de doença; onde as tarefas devem ser realizadas, há diferentes formas de inatividade. Encontramos inúmeras histórias comuns, cada uma das quais é, a seu modo, um movimento de liberdade. Sempre que se impõem mundos, se criam submundos. (ibidem, p.246)

Essa constatação se torna precisa ao concebemos uma instituição como formação material constituída por um conjunto de saberes e práticas articulados por um discurso de tipo ideológico (lacunar). Aquilo que o discurso procura articular não são os saberes às práticas, mas sim saberes contraditórios e práticas contraditórias entre si. (Costa-Rosa, 2000)

Assim como a sociedade pode ser entendida como uma articulação de interesses divergentes, esta tende a ser a forma como se configura também cada instituição em particular. As lacunas do discurso indicam justamente as tensões oriundas da demanda social que a instituição procura metabolizar.

Quanto mais absoluta a privação, mais os bens, pequenos e ilícitos, se tornam "recursos simbólicos" de resistência contra o sistema totalitário, "refúgios para o eu" segundo Goffman (1987, p.248).

Além disso, os pacientes costumam descobrir que é possível fugir de um lugar mesmo sem sair dele: utilizam como técnicas de resistência diversas estratégias: "atividades de evasão" (ibidem, p.248-51) nas quais se desconectam temporariamente de si e do ambiente (diversões e passatempos em geral, cursos de línguas, de artes, esportes, bailes e festas institucionais, namoro, atividades de representação teatral, práticas religiosas, jogos de quebra-cabeças, livros de aventuras, baralhos, adaptação exagerada ao trabalho etc.). "Os meios individuais de criação de um mundo eram notáveis" (ibidem, p.251).

A psicoterapia individual, "privilégio raro em hospitais públicos", também acaba por ser uma forma de evasão (!), pois "o contato com o psiquiatra da equipe dirigente é tão singular" que a própria sessão é um espaço que presumivelmente permite ao paciente distanciar-se da realidade do hospital. Paradoxalmente, "ao realmente receber aquilo que a instituição diz oferecer, o doente pode conseguir afastar-se daquilo que o hospital realmente dá" (!) (ibidem, p.252). Goffman sugere que os ajustamentos secundários são superdeterminados, utilizados para combater e derrotar o mundo hospitalar:

> tais práticas dão às pessoas mais do que aquilo que aparentam dar; independentemente do que deem, tais práticas parecem demonstrar – pelo menos para o praticante – que ele tem individualidade e autonomia pessoal que escapam às garras da instituição. (ibidem, p.254)

São claramente estratégias que visam manipular o poder ou resistir a ele.

Goffman (1987) estudou detalhadamente a estrutura, a natureza e a dinâmica psicossocial das "instituições totais", e sua análise mostra-se um instrumento valioso para estudar a produção da subjetividade no contexto institucional. Quando situamos as sofisticadas e minuciosas análises de Goffman num campo mais geral da evolução da análise das instituições, campo de referências históricas que encontramos, por exemplo, na obra de Michel Foucault, então elas ganham um sentido mais pleno e o que parecia apenas implícito pode se articular claramente.

Foucault, conhecido por não citar suas fontes, comentou a importância do estudo das instituições asilares realizado por Goffman (Foucault, 1984a, p.110-1). Pensamos que há mais semelhanças entre *Manicômios, prisões e conventos* (publicado originalmente em 1961) e *Vigiar e punir* (publicado originalmente em 1975) do se que poderia suspeitar à primeira vista. Isso não parece evidente, mas uma leitura atenta de ambos pode indicar pontos de contato, temas, problemas e achados comuns nos dois autores, como tentamos demonstrar. Com isso não negamos suas diferenças e distâncias, nem as especificidades de cada obra em si mesma. Mas as ressonâncias de um livro no outro nos pareceram bastante notáveis.

Talvez pudéssemos afirmar que há mais vida no "Panopticon" do que Bentham (Foucault, 1984a, 1999b, 1999c) poderia acreditar – ou gostaria de fazê-lo. O projeto de controle e visibilidade total de Bentham falha, pois focos de resistência tendem a se apoderar de todo e qualquer espaço vulnerável do dispositivo institucional. "Esses são os recantos úmidos onde nascem os ajustamentos secundários e de onde começam a infestar o estabelecimento" (Goffman, 1987, p.247).

Uma leitura "foucaultiana" de Goffman (1987) revela um "genealogista", pois nos permite verificar como as relações de poder/saber produzem práticas não discursivas, discursivas e subjetividade na instituição total. Com Goffman aprendemos que o manicômio possui estrutura física e simbólica, onde poderes e saberes se produzem, gerando modelos profissionais e um clima cultural específico. Desmontá-lo implica a invenção de novas instituições, partindo da ruptura epistemológica produzida pela instituição negada: a desinstitucionalização exige a elaboração de um novo paradigma (Nicácio, 1994, Costa-Rosa, 2000).

Novas instituições exigem, para a sua criação, um exercício cotidiano de elaboração contínua de um projeto baseado na *reflexão permanente sobre as práticas*, num esforço de transformar a lógica e a ação asilares. Nesse trabalho, Goffman (1987) tem uma grande contribuição a nos oferecer.

A "experiência italiana" na área da saúde coletiva propõe a superação do tratamento baseado na internação psiquiátrica. Sua proposta é um projeto de desmonte peça a peça da máquina kafkiana que Goffman (ibidem) nos revelou. Rotelli, apontando para a questão central, afirma que o objetivo prioritário da desinstitucionalização é transformar as relações de poder entre instituição e sujeitos e, em primeiro lugar, com os pacientes:

> Inicialmente, isto é, no trabalho de desconstrução do manicômio, esta transformação é produzida através de gestos elementares: eliminar os meios de contenção; restabelecer a relação do indivíduo com o próprio corpo; reconstruir o direito e a capacidade de uso dos objetos

42 SÍLVIO JOSÉ BENELLI

pessoais; reconstruir o direito e a capacidade de palavra; eliminar a ergoterapia; abrir as portas; produzir relações, espaços e objetos de interlocução; liberar os sentimentos; reconstituir os direitos civis eliminando a coação, as tutelas jurídicas e o estatuto de periculosidade; reativar uma base de rendimentos para poder ter acesso aos intercâmbios sociais. (Rotelli, 1990, p.32)

O sujeito (singularidade desejante) está excluído e/ou silenciado pelo dispositivo institucional totalitário (e asilar), que se pauta pelo discurso médico (Jorge, 1983). Sua emergência costuma ser apreendida no registro do desvio, do patológico, da subversão da ordem instituída. Seu advento é invariavelmente interpretado como um obstáculo que emperra o funcionamento adequado e efetivo do processo institucional. Ora, por mais que se negue, que se descarte o sujeito, ele persiste teimosamente em aparecer e tumultuar a cena, resiste ao próprio alijamento da cena institucional: manifesta-se nas disfunções e falhas que acometem as práticas microfísicas no contexto do estabelecimento – ou, como diz Goffman (1987, p.259), nas "fendas".

Acreditamos que a leitura de Goffman (1987) da perspectiva das análises de Foucault (1999b) pode nos proporcionar um enriquecimento fecundo na compreensão dos processos de produção de subjetividade na sociedade contemporânea e, de modo específico, no contexto institucional de um seminário católico, que é nosso objeto de pesquisa.

Goffman (1987) diz o que são, como funcionam e indica o que produzem as instituições totais. Foucault (1984b, 1999a, 1999b), por sua vez, revela-nos como são possíveis as instituições disciplinares e quais as razões de sua emergência, além de apontar para sua obsolescência e seu desaparecimento futuros. Finalmente, será Deleuze (1992) aquele que nos revelará a emergente sociedade de controle como superação da sociedade disciplinar.

Curiosamente, Foucault (1999b) nos apresenta uma sociedade disciplinar sem brechas, na qual a resistência ao poder parece impossível. Movimentos de resistência e mesmo sua possibilidade parecem ausentes no horizonte do livro *Vigiar e punir*. Será em outros momentos que Foucault (1982, 1999c) abordará o assunto.

As análises de Goffman (1987) são extremamente agudas quando estudam as formas da organização do dispositivo institucional. Se ele não chega a articular uma microfísica do poder no contexto institucional e social, como faz explicitamente Foucault, isso aparece numa leitura atenta em sua investigação do manicômio, da prisão e do convento. Goffman não pode conceituar o poder como relações de força em guerra, entretanto é assim que sua análise o revela: produzindo no nível microfísico, exatamente do modo como o poder opera, para além dos limites teóricos e conceituais do autor.

Ao estudar as relações intrainstitucionais, ele oscila entre os planos molares e microfísicos: estabelece polaridades de poder e não poder, nas quais, aparentemente, este seria privilégio de um grupo minoritário que infligiria a outro mais numeroso as consequências do abuso do poder; mas também apresenta um poder que se estende como uma rede de pontos, relações móveis, resistências, efeitos repressivos, coercitivos e até produtivos. Estão explícitas as mais diversas estratégias anônimas de poder.

Das práticas não discursivas emergem concepções do objeto institucional e de quais são os meios e instrumentos utilizados para trabalhá-lo. Normalmente, essa *teoria e técnica da prática* (pois "na prática a teoria é outra") costuma estar em franca contradição e conflito com o discurso institucional oficial.

Goffman (ibidem) analisa as práticas não discursivas, o não dito institucional, mas que é claramente visível (e não oculto) e, portanto, dizível: ele os articula com grande sutileza. Goffman dá voz aos "detalhes" (Foucault, 1999b, p.120) mais pitorescos e aparentemente insignificantes do cotidiano institucional: percebemos então o plano microfísico das relações intrainstitucionais superando a pura e simples dimensão organogramática (molar) e mergulhando nas diferentes estratégias nas quais o poder se ramifica, circula, domina e produz.

A subjetividade é uma produção eminentemente social e, portanto, coletiva. No contexto institucional, ela é produzida na interseção das práticas discursivas (imaginárias e simbólicas) e das práticas não discursivas. Podemos dizer que o discurso subjetiva tanto quanto as práticas. Geralmente, o discurso oficial se apresenta lacunar (ideológico) e as práticas trazem embutidas em suas próprias condições de possibilidade um outro discurso, que apesar de não dito é perfeitamente visível e extremamente efetivo quanto à produção de subjetividade.

As práticas sociais não discursivas podem ser detectadas nos detalhes do cotidiano do funcionamento institucional: são aqueles aspectos realmente concretos do modo como se fazem as diversas atividades; incluem ainda o aspecto arquitetônico, o organograma formal e informal e o mobiliário. Estudando o modo concreto por meio do qual se executam as tarefas, podemos deduzir toda uma teoria e uma técnica relativas ao objeto institucional: as práticas embutem conceitos, definições, procedimentos e instrumentos para manuseio do objeto. Trata-se de fatos observáveis, visíveis, que não estão necessariamente ocultos. Eles tendem a não ser percebidos por seu caráter demasiado óbvio e por serem recobertos pelo discurso lacunar, que costuma mascará-los.

Foucault demonstra como o poder produz práticas das quais extrai um saber sobre o objeto ao qual ele se aplica. Há uma íntima relação entre o exercício do poder e a produção de saber. Relações de poder enformam práticas das quais emergem discursos, num procedimento circular produtivo, do qual emergem indivíduos, sujeitos, subjetividade.

Michel Foucault: arqueologia e genealogia

Foucault sempre distinguiu em suas pesquisas um nível arqueológico de outro nível genealógico (Deleuze, 1988). A *arqueologia* – análise das formas de problematização –, ocupada com o tema do saber, rejeita a dicotomia ciência/ideologia e recusa-se a classificar os discursos como pertencentes a uma ou outra dessas duas categorias, mas procura analisá-los com base em sua totalidade sincrônica e em suas transformações diacrônicas, buscando encontrar o solo epistêmico profundo do qual emergem.

A *genealogia* – análise das práticas de objetivação – focaliza o poder sob uma ótica particular na qual rejeita a noção comum de um poder que se caracterizaria como um exercício sempre e rotineiramente repressivo, sempre subordinado ao Estado. O poder, contrariando essa noção repressiva e estatal, manifesta-se como uma teia ou rede de microrrelações de força com efeitos simultaneamente locais e globais. Trata-se de uma microfísica do poder.

Houve uma certa concepção marxista que se impôs nos meios acadêmicos segundo a qual há sempre, como fundamento de qualquer análise, a ideia de que as relações de força, as condições econômicas e as relações sociais são anteriores, prévias aos indivíduos, ao mesmo tempo em que se impõem a um sujeito do conhecimento que permanece idêntico, exceto com relação às ideologias tomadas como erros. Nesta perspectiva marxista tradicional, a ideologia se apresenta como um elemento negativo pelo qual se explica como a relação do sujeito com o conhecimento da verdade é velada pelas condições de existência, por formas políticas ou por relações sociais que se impõem do exterior ao sujeito do conhecimento. A ideologia seria o efeito dessas condições sociopolítico-econômicas de existência que incidem sobre um sujeito de conhecimento que, por si mesmo, estaria aberto à verdade.

Foucault mostra em seus trabalhos que essas condições sociopolítico-econômicas de existência não são um véu ou uma perturbação que obscurece a percepção e a inteligência do sujeito do conhecimento, mas são a própria condição de possibilidade que constitui a formação dele e suas relações com a verdade. São as práticas sociais que constituem o solo comum de onde emergem os diferentes tipos de sujeitos do conhecimento, certas ordens de verdade e certos domínios de saber. Delas podem emergir também novas e distintas formas de subjetividade.

Foucault (1984a) utiliza a *política da verdade* como instrumento de análise da história e conclui que relações de força, relações de poder e relações políticas são as condições de possibilidade para a formação de saberes que engendram também sujeitos e relações de verdade.

A genealogia é um diagnóstico que se concentra nas relações de poder, saber e corpo na sociedade moderna. Trata-se de um instrumental metodológico com o qual Foucault procedeu a uma complexa análise do poder (Deleuze, 1988). Ela se opõe ao método histórico tradicional, que busca indicar a singularidade dos acontecimentos; para ela não existem essências fixas, nem leis subjacentes ou mesmo finalidades metafísicas. A genealogia se ocupa com a descontinuidade, com a recorrência e o jogo (Machado, 1981), rebelando-se contra os desenvolvimentos contínuos, as ideias de progresso e uma seriedade hipócrita. Ela procura a superfície dos detalhes, as pequenas mudanças e os contornos sutis (Veyne, 1982).

Para o genealogista, a objetividade científica (o saber) e a subjetividade emergem juntas do seio de práticas sociais. São estratégias de dominação, relações de forças que funcionam em acontecimentos particulares e em movimentos históricos. Saber e poder são concebidos por Foucault (1999c) como uma estratégia geradora de disposições, manobras, táticas, técnicas, funcionamentos. O poder não é um privilégio que se pode deter, mas uma rede de relações sempre tensas e ativas, particularmente produtivas.

O jogo de forças em uma dada situação histórica particular torna-se possível pelo espaço que as define. Esse espaço é compreendido como o resultado de práticas de longa data e como o campo onde elas se exercem, de onde emergem os sujeitos que apenas aí operam. Assim, o mundo não é um jogo que apenas mascara uma realidade oculta, profunda e mais verdadeira, existente por trás das cenas. Sua profundidade é sua superfície, tal como aparece.

Nesse campo, a luta pela dominação não é apenas uma relação dramática entre opressores e oprimidos, dominantes e dominados, mas representa a emergência de um campo estrutural de conflitos. O poder não se localiza em lugares específicos, nem em sujeitos ou instituições. Antes, ele os constitui, atravessa, modela, produz. O poder, em cada momento histórico, se fixa num ritual, impõe obrigações e direitos, elabora procedimentos cuidadosos.

A dominação avança através dos códigos morais, na lei civil, nos quais se plasmam as regras e as obrigações que surgem desses rituais de poder. Nesse sentido, para o genealogista, a história é constituída pelo jogo dos rituais de poder: não há constantes. Ao estudar o funcionamento do poder nas sociedades modernas, Foucault (1999b, p.118) afirma que procedimentos disciplinares já existiam há muito tempo, nos conventos, no exército, nas oficinas. "Mas as disciplinas se tornaram no decorrer do século XVII e XVIII formas gerais de dominação." Elas seriam uma sofisticação da tecnologia conventual monástica que, apesar de implicar a obediência a um superior, tinha como objetivo principal o aumento do autodomínio.

O momento histórico das disciplinas é o momento em que nasce uma arte do corpo humano, que visa não unicamente o aumento de suas habilidades, nem tampouco aprofundar sua sujeição, mas a formação de uma relação que no mesmo mecanismo o torna tanto mais obediente quanto mais é útil, e inversamente. (ibidem, p.119)

O corpo humano foi então submetido a uma "anatomia política" e igualmente a uma "mecânica do poder" que o esquadrinha, desarticula, recompõe. A disciplina fabrica corpos submissos, exercitados, fortes, aumenta sua aptidão e ao mesmo tempo sua dominação. Uma "microfísica" do poder produz um investimento político e minucioso do corpo, tendendo, desde o século XVII, a cobrir todo o âmbito social.

Uma observação minuciosa do detalhe, e ao mesmo tempo um enfoque político dessas pequenas coisas, para controle e utilização dos homens. Sobem através da era clássica, levando consigo todo um conjunto de técnicas, todo um corpo de processos e de saber, de descrições, de receitas e dados. E desses esmiuçamentos, sem dúvida, nasceu o homem do humanismo moderno. (ibidem, p.121)

Vamos apresentar o recenseamento que Foucault fez dos diversos procedimentos e técnicas que constituem o *poder disciplinar* e seus efeitos microfísicos.

48 SÍLVIO JOSÉ BENELLI

Inicialmente, a tecnologia disciplinar promove a *distribuição dos indivíduos no espaço*, com a utilização de diversos procedimentos: o enclaustramento (baseado no modelo conventual); o quadriculamento celular e individualizante ("cada indivíduo no seu lugar; e em cada lugar, um indivíduo"); a regra das localizações funcionais (vigiando ao mesmo tempo em que cria um espaço útil); a classificação e a serialização (individualizando os corpos ao distribuí-los e fazê-los circular numa rede de relações).

Assim, essa tecnologia, ao organizar celas, lugares, fileiras, cria espaços altamente complexos, incidindo nos planos arquitetônico, funcional e hierárquico:

> São espaços que realizam a fixação e permitem a circulação; recortam segmentos individuais e estabelecem ligações operatórias; marcam lugares e indicam valores; garantem a obediência dos indivíduos, mas também uma melhor economia do tempo e dos gestos. (ibidem, p.127)

Em segundo lugar, a tecnologia disciplinar tem por intuito um *minucioso controle da atividade*. Fundamental para esse controle é a administração do tempo, mediante o estabelecimento do horário, tempo estritamente organizado, também a partir dos moldes monásticos, mas então afinados de modo radical: contam-se quartos de hora, minutos, segundos. Regularidade, exatidão e aplicação são características fundamentais do tempo disciplinar.

Investe-se ainda numa elaboração temporal do ato, graças a uma decomposição precisa dos gestos e movimentos, cuja meta é ajustar o corpo a imperativos temporais. Assim, "o tempo penetra o corpo, e com ele todos os controles minuciosos do poder" (ibidem, p.129). O controle disciplinar põe o corpo e o gesto em perfeita e absoluta correlação, pois "um corpo bem disciplinado é a base do gesto eficiente" (ibidem, p.130). Procede-se também a uma "codificação instrumental do corpo que tem como objeto não a subtração, mas a síntese, ligando o indivíduo ao aparelho de produção".

O tempo monástico era fundamentalmente negativo, baseado no princípio da não ociosidade. O tempo disciplinar, pelo contrário, busca a utilização exaustiva: baseia-se no princípio de uma utilização teoricamente crescente do tempo, intensifica o uso do mínimo instante, buscando extrair sempre mais forças úteis. O máximo de rapidez deve encontrar o máximo de eficiência.

Na medida em que o corpo passa a se tornar alvo de novos mecanismos de poder, oferece-se também a novas formas de saber: logo o comportamento e as exigências orgânicas vão lenta e gradualmente substituir uma física algo tosca dos movimentos:

O corpo, do qual se requer que seja dócil até em suas mínimas operações, opõe e mostra as condições de funcionamento próprias de um organismo. O poder disciplinar tem por correlato uma individualidade que não só é analítica e "celular", mas também natural e "orgânica". (ibidem, p.132)

Em terceiro lugar, há um aperfeiçoamento do "programa" da busca de perfeição místico-religiosa, que pretendia levar um indivíduo à santidade, sob a direção de um mestre, constituída por uma vida ascética organizada em tarefas com níveis crescentes de dificuldade. O poder disciplinar é *genético, organiza gêneses*: divide a duração em segmentos; organiza sequências de acordo com um esquema analítico; institui uma prova de qualificação no final do processo; estabelece séries de séries.

O "exercício" é a técnica por excelência pela qual se impõem aos corpos tarefas ao mesmo tempo repetitivas, diferentes e graduadas. Já não visa à salvação da alma, mas foi transformado numa tecnologia política do corpo e da duração, num processo de sujeição interminável.

Finalmente, a tecnologia disciplinar tem por objetivo a *composição das forças*. Reparte os corpos, deles extrai e acumula o tempo, buscando também compor forças para obter um aparelho eficiente. "O corpo se constitui como peça de uma máquina multissegmentar" (ibidem, p.139). A disciplina combina ainda séries cronológicas para formar um tempo composto, de modo a extrair a máxima quantidade de forças de cada um e combiná-las num resultado ótimo: através da arregimentação, todos os indivíduos cumprem suas tarefas em uníssono, sob um sistema preciso de comando. Foucault (ibidem, p.141) sintetiza a produção que o poder disciplinar efetua a partir dos corpos que controla: uma individualidade caracterizada como celular (por meio do jogo da repartição espacial), orgânica (pois codifica formalmente as atividades), genética (ao acumular um tempo segmentado e serializado) e combinatória (pela composição das forças). A tecnologia disciplinar, aperfeiçoada sobretudo a partir da matriz conventual, tende a atravessar as diversas instituições que compõem o corpo social, incidindo num nível propriamente capilar e microfísico do tecido social. Mediante o processo descrito acima, o poder disciplinar constrói uma sociedade disciplinar, adestrando, produzindo coletivamente corpos individualizados e dóceis. Trata-se de uma modalidade de poder produtivo, e não essencialmente restritivo, mutilador ou repressivo, que liga as forças para multiplicá-las e utilizá-las em sua totalidade, apropriando-se delas ainda mais e melhor. A ação do poder disciplinar é essencialmente produção de subjetividade moderna.

> A disciplina "fabrica" indivíduos; ela é a técnica de um poder que toma os indivíduos ao mesmo tempo como objetos e como instrumentos de seu exercício ... O sucesso do poder disciplinar se deve sem dúvida ao uso de instrumentos simples: o olhar hierárquico, a sanção normalizadora e sua combinação num procedimento que lhe é específico, o exame. (ibidem, p.143)

Visibilidade total e irrestrita é a nova estratégia utilizada pelo poder disciplinar para realizar o controle – sem uso da violência ostensiva – para o exercício de uma vigilância produtiva. Cria-se um dispositivo, um "observatório" que obriga pelo jogo do olhar, um aparelho no qual técnicas óticas efetuam manobras de poder: olho do poder que vigia, produz, torna inteiramente visíveis os indivíduos sobre os quais incide.

> O acampamento militar é o diagrama de um poder que age pelo efeito de uma visibilidade geral. Durante muito tempo encontraremos

no urbanismo, na construção das cidades operárias, dos hospitais, dos asilos, das prisões, das casas de educação, esse modelo do acampamento ou pelo menos o princípio que o sustenta: o encaixamento espacial das vigilâncias hierarquizadas. (ibidem, p.144)

Há uma problematização da arquitetura a fim de tornar visíveis e observáveis os que nela se encontram. A arquitetura passa assim a ser um operador que visa à transformação dos indivíduos: sua incidência sobre aqueles que abriga produz um domínio sobre seu comportamento, propaga até eles efeitos de poder, expõem-nos ao saber e ao conhecimento, modifica-os. Para Foucault (ibidem, p.145), "Assim é que o hospital-edifício se organiza pouco a pouco como instrumento de ação médica ... um operador terapêutico. Como a escola-edifício deve ser um operador de adestramento, ... um aparelho de vigiar".

Há uma objetivação progressiva e um quadriculamento detalhado dos comportamentos individuais:

> As instituições disciplinares produziram uma maquinaria de controle que funcionou como um microscópio do comportamento; as divisões tênues e analíticas por elas realizadas formaram, em torno dos homens, um aparelho de observação, de registro e de treinamento. (ibidem, p.145)

Um estabelecimento circular, o "Panopticon" de Bentham (Foucault, 1984b; 1999b; 1999c), capacitaria perfeitamente o olho do poder para vigiar efetiva e permanentemente tudo, ao mesmo tempo fonte de luz e ponto de convergência do que deve ser sabido. A estrutura piramidal permite a organização de uma vigilância escalonada: forma uma rede sem lacunas, multiplicando seus degraus de forma discreta, potencializando os efeitos do dispositivo disciplinar. A decomposição hierárquica, piramidal, do poder disciplinar aumenta sua sutileza e sua função produtiva: tornar a vigilância mais escalonada é torná-la mais funcional, nas diversas instituições disciplinares.

A vigilância hierárquica

organiza-se como um poder múltiplo, automático e anônimo ... seu funcionamento é de uma rede de relações de alto a baixo, mas também até um certo ponto de baixo para cima e lateralmente; essa rede "sustenta" o conjunto e o perpassa de efeitos de poder que se apoiam uns sobre os outros: fiscais perpetuamente fiscalizados ... funciona como uma máquina ... é o aparelho inteiro que produz "poder" e distribui os indivíduos nesse campo permanente e contínuo. (Foucault, 1999b, p.148)

Poder "discreto" que funciona silencioso e permanentemente, poder "indiscreto" onipresente, onisciente, que tudo vê, tudo sabe, sempre atento, alerta, esquadrinhando e controlando continuamente os indivíduos, através de "olhares calculados" em jogos ininterruptos, todos vigiam a todos:

> Graças às técnicas de vigilância, a física do poder, o domínio sobre o corpo se efetua segundo as leis da ótica e da mecânica, segundo um jogo de espaços, de linhas, de telas, de feixes, de graus, e sem recurso, pelo menos em princípio, ao excesso, à força, à violência. Poder que é, em aparência, menos "corporal" por ser mais sabiamente "físico". (ibidem)

Um mecanismo penal autônomo funciona no interior das diversas instituições disciplinares, possuidor de um privilégio auto-outorgado de fazer justiça, de impor leis próprias, elaborar catálogo de delitos específicos, criar instâncias de julgamento e formas particulares de sanção. Uma ordem jurídica se inscreve no cerne dessas instituições: os regulamentos obrigam tanto quanto a sanção legal no campo jurídico, a sanção terapêutica no hospital, a pedagógica na escola, a reeducativa na prisão.

Uma micropenalidade repressiva atua sobre os mais ínfimos comportamentos e detalhes de conduta. Todo um conjunto de processos sutis são organizados num plano que vai do castigo físico, passando por privações calculadas, até as pequenas humilhações. Aquele que se afasta ou não se submete à norma recebe a sanção que se destina a fazê-lo retornar ao interior da norma. Goffman (1987, p.24) apresenta os "processos de mortificação do eu" como processos padronizados que expressam e exemplificam o funcionamento da sanção normalizadora.

O "circuito", descrito por Goffman (ibidem, p.40) "como uma perturbação na relação usual entre o ator individual e seus atos", permite penalizar os aspectos mais tênues do comportamento, inserindo o indivíduo num universo punitivo e persecutório. No "circuito", uma agência cria uma resposta defensiva no internado e depois utiliza essa resposta para seu ataque seguinte. O indivíduo descobre que sua resposta protetora diante de um ataque à sua pessoa falha na situação, pois não pode defender-se da forma usual ao tentar estabelecer uma distância entre si mesmo e a situação mortificante.

Goffman (ibidem, p.41) indica também a *tiranização* do indivíduo mediante um processo de infantilização social que retira dele sua autonomia, sua liberdade de ação e sua capacidade de decisão, perturbando decididamente sua capacidade de autodeterminação. As menores partes de sua atividade ficam sujeitas a regulamentos e julgamentos da equipe dirigente. A vida do internado é constantemente vigiada e sancionada do alto, sobretudo no período inicial de sua estada, antes que ele se acostume e se submeta aos regulamentos sem pensar. Cada especificação normativa da conduta priva o indivíduo da oportunidade de equilibrar suas necessidades e seus objetivos de maneira pessoalmente eficiente, violentando a autonomia pessoal. O controle minucioso é extremamente limitador numa instituição total.

Além da tiranização, o internado também está submetido ao *processo de arregimentação* (ibidem, p.44), que indica a obrigação de executar a atividade regulada em uníssono com grupos de outros internados.

Também existe um *sistema de autoridade escalonada* (ibidem, p.45): qualquer pessoa da equipe dirigente tem o direito de impor disciplina a qualquer um dos internados, o que aumenta claramente a possibilidade de sanção. No mundo externo, o adulto normalmente está sob a autoridade de um único superior no trabalho, sob a autoridade do cônjuge na vida doméstica e sob a autoridade escalonada da polícia, que não é onipresente. Os internados podem viver, sobretudo os novatos, aterrorizados e cronicamente angustiados em relação à desobediência das regras e suas consequências, pela onipresença da autoridade escalonada e pelos regulamentos difusos.

De acordo com Foucault (1999b, p.149), o objeto de punição disciplinar é o desvio do que prescreve o regulamento, lei que programa o funcionamento institucional. A inobservância, a inadequação, o afastamento da regra são áreas de abrangência da penalidade disciplinar, que é essencialmente jurídica.

Para corrigir os desvios, o castigo disciplinar deve ser fundamentalmente *corretivo*, baseado no *exercício* repetido, como condição de um aprendizado intensificado. Castigar é então punir com exercícios, numa insistência redobrada à norma.

Elabora-se uma microeconomia baseada no sistema de gratificação-sanção: uma qualificação dos comportamentos e desempenhos como bons ou maus, positivos e negativos, que passam a ser mensuráveis por notas ou pontos, quantificados, contabilizados. "Uma contabilidade penal, constantemente posta em dia, permite obter o balanço positivo de cada um" (ibidem, p.151). O passo seguinte é a integração dessa microeconomia penal perpétua no saber, no conhecimento dos indivíduos: as notas indicam a natureza dos indivíduos bons e maus, os alunos "fortes" e "fracos", num processo de diferenciação individualizante (Pompeia, 1997, p.75). O comportamento geral do indivíduo é sempre tomado como indicador de patologia ou de convalescença (Goffman, 1987).

O sistema microeconômico de gratificação–sanção é denominado por Goffman (ibidem, p.49-58) "sistema de privilégios", que inclui "ajustamentos primários", "ajustamentos secundários", prêmios e castigos.

A penalidade perpétua, nas instituições disciplinares, *normaliza os indivíduos*, diferenciando-os uns dos outros com base no critério da *norma*: "o que se deve fazer funcionar como base mínima, como média a respeitar ou como o ótimo de que se deve chegar perto" (Foucault, 1999b, p.152).

No regime disciplinar, o objetivo da *punição* não é obter a expiação nem promover a repressão, afirma Foucault. Ela produz sujeitos normalizados ao relacionar os atos, os desempenhos, os comportamentos singulares a um conjunto normativo ideal que funciona ao mesmo tempo como parâmetro de comparação, espaço diferenciador e princípio de uma regra a seguir.

O parâmetro normativo funciona coagindo a uma conformidade a realizar, traçando limites, estabelecendo diferenças, criando fronteiras entre o normal e o anormal. Assim, o poder da norma se baseia em um conjunto de fenômenos observáveis, na especificação de atos em um certo número de categorias gerais, fazendo funcionar a oposição binária do permitido e do proibido, produzindo diferenciação e classificação, hierarquização e distribuição de lugares. A regulamentação normalizante não produz homogeneidade, ela individualiza, mede desvios, determina níveis, fixa especialidades, torna úteis as diferenças, ajustando-as entre si, e introduz toda a gradação das diferenças individuais.

As técnicas da vigilância escalonada e da sanção que normaliza se unificam na produção da tecnologia do *exame*, que produz efeitos de controle normalizante e uma vigilância que permite qualificar, classificar e punir. Técnica sofisticada em que poder e saber se superpõem, se imbricam profundamente. "No coração dos processos de disciplina, ele manifesta a sujeição dos que são percebidos como objetos e a objetivação dos que se sujeitam" (ibidem, p.154), mecanismo no qual relações de poder permitem obter e constituir campos de saber.

O hospital, a escola e o exército se organizaram como "aparelhos de examinar" contínuos: a visita do médico ao doente no hospital e o exame escolar funcionaram como limiar epistemológico para a assunção científica da medicina e da pedagogia. Da mesma forma, inspeções permanentes no exército permitiram o desenvolvimento de um grande saber tático. "O exame supõe um mecanismo que liga um certo tipo de formação de saber a uma certa forma de exercício do poder" (ibidem, p.156).

Segundo Foucault, o *exame inverte a economia da visibilidade no exercício do poder*: o poder disciplinar, ao exercer-se, torna-se invisível, mas os objetos aos quais se aplica são submetidos a um princípio de visibilidade obrigatória. "É o fato de ser visto sem cessar, de sempre poder ser visto, que mantém o sujeito indivíduo disciplinar" (ibidem). O exame é a técnica pela qual o poder capta os indivíduos num mecanismo de objetivação, organiza objetos no espaço que domina, até em seus graus mais baixos.

Além disso, *o exame também insere a individualidade num campo documentário*: relatórios, prontuários, fichas, arquivos e pastas pessoais, dossiês são alimentados com detalhes que captam e fixam os sujeitos numa rede de anotações. "Os procedimentos de exame são acompanhados imediatamente de um sistema de registro intenso e de acumulação documentária" (ibidem, p.157). Goffman (1987, p.25) também apresenta a prática da realização dos "processos de admissão" e do "dossiê" pessoal (ibidem, p.31-2).

A escrita disciplinar também possui efeitos individualizantes e normalizantes: ela descreve e analisa o objeto-indivíduo, mantendo-o em seus traços singulares, submetido a um saber permanente. É aí que Foucault localiza o nascimento das ciências humanas, elaboradas no bojo de relações de saber/poder que realizam a coerção dos corpos, gestos e comportamentos. Trata-se de uma dominação produtiva, que não opera por subtração ou repressão, mas visa à diferenciação e à multiplicidade útil dos sujeitos.

Por fim, *o exame, cercado por esta técnica da documentação, transforma o indivíduo em um "caso"*: objeto de conhecimento e de poder, ao mesmo tempo. "O 'caso' ... é o indivíduo tal como pode ser descrito, mensurado, medido, comparado a outros, e isso em sua própria individualidade; e é também o indivíduo que tem que ser treinado ou retreinado, tem que ser classificado, normalizado etc." (Foucault, 1999b, p.159). Goffman (1987, p.70) também apresenta o "registro de caso" (relatórios, informes, prontuário) que vai sendo produzido ao longo da carreira do internado.

O exame encontra-se no centro mesmo dos processos que individualizam os sujeitos como efeito e objeto de poder e de saber. "Na verdade, o poder produz; ele produz realidade; produz campos de objetos e rituais de verdade. O indivíduo e o conhecimento que dele se pode ter se originam nessa produção" (Foucault, 1999b, p.161).

Como podemos observar, o corpo é entendido como um lugar onde práticas sociais ínfimas e localizadas se relacionam com a grande organização do poder, ele pode ser dividido, reconstruído e manipulado pela sociedade. Está diretamente mergulhado num campo político, e relações de poder operam sobre ele de imediato: investem, marcam, preparam, submetem, modelam. O corpo se transforma em força útil se é, também, corpo submisso e corpo produtivo, preso num amplo sistema de sujeição. O corpo tornou-se, segundo Foucault (1999b), uma peça essencial para as relações de poder na sociedade moderna, formatado dentro de uma tecnologia política do corpo.

Tal tecnologia constitui-se no cruzamento das relações entre saber, poder e corpo. Ela não pode ser encontrada em uma única instituição e nem em um único aparelho de poder do Estado. Para além da análise institucional (Baremblitt, 1998), Foucault não estuda as instituições em si mesmas, mas ocupa-se com o desenvolvimento de tecnologias de poder, procurando identificar os mecanismos específicos das tecnologias por meio dos quais o poder realmente se articula com os corpos.

Foucault (1999b) descreve detalhadamente as inter-relações das tecnologias políticas do corpo com o Estado e com as instituições específicas. Os aparelhos de Estado e as instituições utilizam essas tecnologias, valorizam ou impõem alguns de seus procedimentos. Tais tecnologias funcionam não no plano macro que os aparelhos de Estado e as instituições colocam em jogo, mas seus mecanismos e efeitos se situam no nível microfísico.

Para o genealogista, o poder e o saber operam na história de modo mutuamente gerador, um não é externo ao outro, nem pode ser reduzido ou explicado pelo outro. Foucault (ibidem, p.32) afirma: "não há relação de poder sem constituição correlativa de um campo de saber, nem saber que não suponha e não constitua, ao mesmo tempo, relações de poder". Assim como o poder não é algo que um grupo possua em detrimento de outro, o saber não é objetivo ou subjetivo, mas um componente central na transformação histórica de vários regimes de poder e de verdade.

Foucault (1982) concentra sua análise exatamente nas práticas culturais nas quais o poder e o saber se cruzam e onde se fabricam a compreensão que temos de indivíduo, sociedade, ciências humanas etc.

Segundo Foucault (1984a), a sociedade disciplinar caracteriza-se, sobretudo, como um modo de organizar o espaço, de controlar o tempo, de vigiar e registrar continuamente o indivíduo e sua conduta. Ela deu lugar ao nascimento de determinados saberes (ciências humanas), nos quais o modelo prioritário de estabelecimento da verdade é o *exame*. Mediante esse procedimento instaurou-se um modo de poder no qual a sujeição não se faz apenas sob a forma negativa da repressão, mas principalmente sob a forma mais sutil do adestramento, numa produção positiva de comportamentos que definem o homem enquanto "indivíduo" e o que ele pode e deve ser segundo critérios de "normalidade".

Ao mesmo tempo que surgiram esses saberes e poderes disciplinares, instalaram-se no mundo contemporâneo algumas instituições específicas a eles articuladas. Essas instituições, que surgiram por volta do início do século XIX, se encarnaram em fábricas, hospitais, escolas, casas de correção, prisões, manicômios etc., que ainda hoje mantêm características de fundo idênticas: um exercício constante da vigilância através da visibilidade. Essas instituições sequestram o indivíduo, não propriamente para excluí-lo, mas para incluí-lo num sistema normalizador.

Elas têm como funções o controle do tempo, dos corpos e a instalação de um poder polimorfo. Fazem funcionar um poder polivalente, microfísico, que não é essencialmente localizável em um polo centralizado e personalizado, mas que é principalmente difuso, espalhado, minucioso, capilar (Foucault, 1999c).

Portanto, a subjetividade do homem contemporâneo não estaria na origem, como invariante, mas no final de um processo complexo; ela é da ordem da produção, não do dado original. A subjetividade deve ser compreendida no plural, pois foi produzida por tecnologias plurais que se desenvolveram ao longo da história ocidental; ela é múltipla, não guarda nenhuma fixidez. Como foi que o indivíduo moderno tornou-se sujeito? Foucault (1982) afirma que por meio da criação do dispositivo da sexualidade o biopoder estendeu suas redes aos menores movimentos do corpo e da alma, graças a uma tecnologia específica: a confissão do sujeito individual, tanto pela autorreflexão como pelo discurso. Na genealogia do indivíduo moderno como sujeito, Foucault justapõe as tecnologias subjetivantes às tecnologias disciplinares que transformaram o homem em objeto de conhecimento. As tecnologias subjetivantes (Dreyfus & Rabinow, p.191-6) incluem o autoexame, a confissão, o exame clínico, produtoras de um sujeito dotado de uma interioridade psicológica e de uma vontade de saber a verdade sobre si mesmo. Elas instigam o homem a falar sobre si, procurando a verdade de si em sua sexualidade. Há estreitas relações entre a confissão, a verdade e o poder na construção das ciências humanas e sociais. Se as tecnologias disciplinares produziam mudanças nos corpos dóceis, as tecnologias de si fazem do indivíduo moderno um sujeito falante. A chave das tecnologias de si está na crença de que se pode, com a ajuda de especialistas, falar a verdade sobre si mesmo. O sujeito moderno é então constituído pela individualidade, pela crença num "eu profundo", pelo discurso, pela busca da verdade sobre si, pela coerção e pela eficácia produtiva que o poder e o saber contemporâneos exercem sobre ele para constituí-lo como tal.

Na sociedade disciplinar, alguém exerce um poder sobre o sujeito vigiando-o: o professor sobre os alunos; o médico sobre os doentes; o psiquiatra sobre os loucos; o guarda sobre os presidiários. Enquanto exerce esse poder, vigia e ao mesmo tempo produz um saber a respeito daqueles que estão sob sua jurisdição. Esse saber é caracterizado pela norma, é um saber normatizador que se ordena segundo aquilo que é estabelecido como normal ou não, correto ou incorreto, aquilo que se deve ou não fazer. Da prática desse poder/saber vão surgir as ciências humanas: Psiquiatria, Psicologia, Sociologia, Pedagogia etc.

É inegável a implantação do panoptismo na arquitetura de prisões, escolas, fábricas, hospitais etc. Trata-se de uma arquitetura de vigilância que permite a um único olhar percorrer o maior número de indivíduos, rostos, corpos, comportamentos, celas. Não se trata mais de uma arquitetura do espetáculo, como era a da sociedade grega, ou dos rituais religiosos, em que os gestos e palavras de um único indivíduo podiam ser presenciados por grandes audiências.

O panoptismo implementa e estrutura diversas instituições: saúde, educação, religião etc., que por sua vez se encarnam em estabelecimentos: hospitais, escolas, igrejas etc. Ele funciona no próprio cotidiano desses estabelecimentos que enquadram a vida e os corpos dos indivíduos no nível mesmo da existência individual.

O saber que se forma a partir da observação dos indivíduos – de sua classificação, seu registro, sua análise e da comparação dos comportamentos – caracteriza-se como um saber tecnológico, típico de todas as instituições de sequestro, e que está na base da construção das diversas ciências humanas. São jogos de poder e de saber, poder polimorfo e saber que efetua intervenções, exercidos simultaneamente nessas instituições que transformam o tempo e a força de trabalho, integrando o homem na produção.

Tal como foi instaurado no século XIX, o capitalismo penetrou profundamente na existência humana, e um poder político realizou uma série de operações complexas através das quais ela foi ligada ao aparelho de produção. A partir daí, enunciados que afirmam que a essência do homem é o trabalho começaram a surgir e a operar efeitos de verdade. O regime capitalista elaborou um conjunto de técnicas políticas permeadas de poder que sujeitaram o homem ao trabalho. Foi criado todo um conjunto de técnicas que incidiram diretamente no corpo e no tempo humanos, transformados em tempo e força de trabalho, utilizados na produção de mais-valia. Foi uma rede de poderes microscópicos que, intervindo sobre a existência humana, fixaram o homem ao aparelho de produção, tornando-o trabalhador, agente de produção. Não há produção de mais-valia sem esse poder capilar e microfísico.

A sociedade capitalista é caracterizada por relações de produção específicas que, por sua vez, são determinadas por estas relações de poder microfísico e por formas de funcionamento de saberes que plasmaram as chamadas ciências humanas. Assim, poder e saber encontram-se mutuamente implicados, não se superpõem às relações de produção, mas estão profundamente imbricados na própria constituição delas.

As ciências humanas, o homem como objeto da ciência, têm como possibilidade para seu surgimento a própria gênese e construção da sociedade disciplinar. Esta implementou em seus dispositivos as instituições de sequestro, nas quais espaços e equipamentos de controle permitem a atualização da maquinaria do Panopticon (Foucault, 1984a; 1999b; 1999c), multiplicando nelas saberes sobre o indivíduo, a normalização e a correção.

Foucault, utilizando a política da verdade como instrumento para sua análise histórica da origem da atual sociedade disciplinar, conclui que as relações de força e as relações políticas são as condições de possibilidade para a formação de um certo número de domínios de saber. As condições políticas e econômicas da existência não são um obstáculo ideológico para o sujeito do conhecimento, mas são as condições nas quais se formam, se constituem os sujeitos de conhecimento e as relações de verdade.

O campo social é organizado segundo um paradigma bélico, da luta ou da guerra (Foucault, 1999c), e todas as práticas sociais comportam sempre a dimensão de ações estratégicas. O poder é o elemento central em qualquer sistema social, que se exerce de modo estratégico. Aquilo que se mostra como um ordenamento social é apenas um arranjo momentâneo, mais do que um bloco sólido e permanente. Trata-se somente do resultado atual numa luta constante e nos diversos empregos do poder. Nessa luta, o poder não é propriedade de alguns, e os demais nunca estão totalmente dele destituídos.

Segundo Foucault, a perspectiva de que o poder seja algo que se localiza somente no aparelho de Estado está equivocada. O poder estatal funciona atravessado por um sistema de poderes que o compõem e ultrapassam. Ele tampouco é apenas um instrumento do modo de produção dominante, pois foi justamente o poder disciplinar moderno que, ao submeter o tempo ao imperativo da produção (idem, 1984a), possibilitou a emergência do Modo de Produção Capitalista (MPC). O poder não deve ser entendido como agente basicamente repressor, mas Foucault o apresenta como pleno de uma função produtiva, criadora, tanto de saberes como de sujeitos.

Ao investigar o surgimento e a constituição da sociedade moderna, Foucault se pergunta pelas técnicas de implementação e exercício de poder que estão na sua base. Para produzir sujeitos não bastam o uso da violência, valores morais, normas interiorizadas ou influência ideológica. Foucault vai em busca das técnicas de poder modernas que se concentraram no corpo, no saber e nas normas.

A tecnologia moderna do poder se caracteriza por uma canalização produtiva de forças submetidas ao adestramento disciplinar e a uma rotinização do agir em direção a padrões normativos fixos, com base nos quais se constrói uma noção de "normalidade".

O primeiro lugar de exercício do poder moderno não é o plano cultural, mas os corpos em sua própria materialidade concreta, física, e em suas manifestações vitais. É como uma "microfísica" que as modernas técnicas de poder se exercitam sobre a padronização e o adestramento dos processos de movimento do corpo, no intuito de disciplinar os movimentos motores dos indivíduos em direção a atividades produtivas, numa busca de extrair sua máxima eficácia. Além da dimensão do corpo do indivíduo, o poder investe também no controle e no desenvolvimento do comportamento biológico das populações, na estatística de seus níveis de natalidade, mortalidade, morbidade e saúde (idem, 1982).

Mas essas técnicas de poder modernas desenvolvem sua eficiência máxima quando se organizam sob a forma de saberes, num ciclo regular. A tecnologia do poder se formula em regras de descobrimentos científicos relativos aos corpos e à vida. Nos estabelecimentos sociais, tais como clínica, prisão, hospital, escola, manicômio, fábrica etc. é que se constroem discursos científicos e profissionais, saberes conjugados com poderes. Poder produz saber, e vice-versa, pois não existe saber que não esteja alicerçado em relações de poder que erigem as formas políticas da verdade ao longo da história.

Desse modo, o dispositivo é uma grade de análise construída por Foucault (1982) para dar conta das conexões entre saber e poder: engloba materiais heterogêneos, o dito e o não dito. A partir desses componentes díspares, o genealogista pode estabelecer um conjunto de relações flexíveis, reunindo-as num único aparelho, de modo a isolar um problema específico. Munido dessa ferramenta, o genealogista é capaz de demarcar a natureza da relação que pode existir entre esses elementos discursivos e não discursivos, além de evidenciar a função estratégica do dispositivo, na medida em que responde à articulação entre produção de saber e modos de exercício de poder dominantes em cada momento histórico.

O que nos ocupa nesta pesquisa é a análise de instituições entendidas enquanto elementos de um dispositivo articulador das relações entre produção de saberes e modos de exercício do poder. Por isso retomamos a descrição de determinadas instituições: aquelas que, num dado momento histórico, constituem peças na engrenagem de um tipo específico de sociedade, que Foucault (1984a, 1999b) denominou "instituições disciplinares". Nesse sentido, o que a genealogia de Foucault nos proporciona é uma análise pragmática de nossa situação atual, haja vista que ainda vivemos numa sociedade disciplinar.

Análise institucional dos modos de produção da subjetividade

Costa-Rosa (1987; 1995; 2000) tem se ocupado com a pesquisa e a discussão do tema das práticas em saúde mental contemporânea, procurando colaborar com a criação e a contraposição de experiências alternativas ao hospital psiquiátrico e ao modelo de suas práticas. Sua tese é de que há dois modos básicos de práticas em saúde mental no contexto atual: o modo asilar e o modo psicossocial. Propõe ainda o modo psicossocial como um paradigma das práticas substitutivas do modo asilar. A elaboração das práticas do modo psicossocial emerge a partir de diversos movimentos sociais e científicos e de vários campos teóricos: análise política das instituições, análise institucional, teoria da constituição subjetiva e elementos de análise histórica dos principais movimentos na área de saúde mental. É uma síntese de sua teoria que estamos tomando como base para a elaboração deste estudo.

Em sua gênese, uma instituição pode ser entendida como "o agenciamento das pulsações da demanda social (falta em sentido amplo que emerge dos conflitos e oposições presentes no espaço social), mediadas pelo imaginário (conjunto de imagens ideais) e [pel]a ideologia (representações sociais)" (Costa-Rosa, 2000; 2002), numa conjuntura que pode ser compreendida mediante o conceito de Processo de Estratégia de Hegemonia (PEH: linhas de composição das formações sociais em termos das pulsações que as organizam e que nelas se atualizam) (idem, 1987). Trata-se de entender as instituições como produção da ação social coletiva no contexto sócio-histórico no qual elas emergem e funcionam, produzindo sujeitos, subjetividades diversas, inclusive em suas diferentes modalizações (idem, 1995).

A sociedade capitalista caracteriza-se por uma divisão que se polariza em dois blocos conflitantes: um polo dominante e outro subordinado. O PEH é a forma estratégica pela qual o movimento social coletivo procura manter o equilíbrio dinâmico da sociedade: o polo dominante articula um conjunto de práticas produtoras de efeitos repressivos e ideológicos, além de um conjunto de concessões táticas, seguidas de sua recuperação: cede os anéis para não perder os dedos, e mais tarde procura retomá-los. Já o polo subordinado desenvolve um conjunto de práticas que, por um lado, se identificam de modo alienado com o polo dominante; por outro, possui um conjunto próprio de interesses específicos (que podem apresentar-se de modo passivo e inclusive inadvertido). Além disso, também desenvolve várias práticas alternativas que algumas vezes chegam a aspirar à elaboração de uma hegemonia dos interesses subordinados, em contraposição à dominante então vigente.

A consistência de uma instituição é dada pela articulação de saberes e práticas através de um discurso lacunar (idem, 1995; 2002). O saber institucional justifica a ação, a prática coletiva que institui a própria vida no contexto institucional, criando todos os seus habitantes e estabelecendo suas funções. Mas as instituições fazem mais do que expressam seus estatutos, e também fazem menos, pois possuem funções positivas e negativas. O saber busca racionalizar e tornar plausível a existência da instituição, produzindo um discurso lacunar, esburacado, que tenta recobrir a prática concreta, muitas vezes em contradição com os objetivos explícitos em razão dos quais ela foi criada. Para conhecer realmente uma determinada instituição é preciso olhar não apenas para os seus estatutos, mas para o que fazem seus diversos agentes e sua clientela.

Com base em Hegel (*A ciência da lógica*), Costa-Rosa (2000; 2002) afirma que podemos compreender a instituição como a conjunção de momentos articulados: o nível das *práticas discursivas* (plano lógico) representa o aspecto *universal*; o nível das *práticas não discursivas* (plano dos dispositivos: aparelho capaz de realizar determinadas funções) representa o aspecto *particular*; finalmente, o nível da *práxis* (plano da articulação do universal e do particular) representa a instituição em sua *singularidade*. Neste momento da singularidade é que se pode conceber a instituição como dispositivo.

O funcionamento institucional expressa os movimentos diversos de um conjunto segmentar e articulado de pulsações e ações instituintes e efeitos instituídos (idem, 2002). Os diversos atores que emergem no contexto institucional são produtos e produtores dele, movidos pelas mais diferentes necessidades. Os interesses segmentares podem ser apreciados num espectro que vai dos simplesmente diferentes até os que são incontestavelmente contraditórios. Toda produção institucional pode ser entendida como produção de subjetividade, de sujeitos produzidos a partir de uma subjetividade serializada ou singularizada.

A instituição consiste então numa formação social instável, amálgama de conflitos múltiplos, das pulsações da demanda social. Ela se desdobra em uma ordem latente e outra manifesta. É imprescindível, portanto, realizar um trabalho de análise, de interpretação do sentido do discurso e das práticas institucionais para não se inserir nelas de um modo funcionalista.

As instituições tendem a explicitar sobretudo suas funções positivas em seu discurso institucional, geralmente plasmado em estatutos, regimentos, "projetos" e normas. Será a análise do discurso que revelará as funções negativas das instituições. Somente uma interpretação desse discurso e de suas relações com o saber e com as práticas nos possibilitará o acesso às suas funções negativas.

De acordo com Costa-Rosa (2002), as instituições, situadas no contexto sócio-histórico do Modo de Produção Capitalista (MPC), apresentam, invariavelmente, as seguintes funções negativas: a) produção de mais-valia, articulando-se com a produção de bens e serviços de outras instituições; b) reprodução das relações sociais dominantes: domínio e submissão, subjetividade alienada e serializada; c) produção de novas formas de relações sociais que expressam os interesses do polo subordinado, podendo produzir subjetividade singularizada.

A análise das contradições indica o estado dos conflitos que se atualizam e metabolizam na instituição, em relação à demanda social de que ela é o efeito. Para analisar o estado do jogo de forças institucionais, é preciso especificar as principais contradições ativas no contexto, distinguir contradição principal de contradições secundárias e compreender os antagonismos decorrentes das diferenças essenciais. Se analisarmos a proporção de forças que possui cada um dos polos dos interesses presentes em determinada conjuntura particular, teremos o índice do estado das contradições.

Costa-Rosa (2000, p.151-2) estabelece alguns parâmetros principais que compõem um determinado paradigma, que devem ser observados em seu estudo e sua caracterização: a) concepção do "objeto" e dos "meios de trabalho", que diz respeito às concepções do objeto institucional e à concepção dos meios e instrumentos de seu manuseio (inclui ainda o aparelho jurídico-institucional, multiprofissional e teórico-técnico, além do discurso ideológico); b) formas de organização do dispositivo institucional: como se organizam as relações intrainstitucionais, o organograma, as relações de poder e de saber; c) formas de relacionamento com a clientela; d) formas de seus efeitos típicos em termos terapêuticos e éticos, que inclui os fins políticos e socioculturais amplos para os quais concorrem os efeitos de suas práticas.

A produção da subjetividade no contexto institucional

Michel Foucault se ocupou intensamente da questão da produção contemporânea da subjetividade. Seu pensamento pode ser entendido de acordo com três eixos principais: primeiro, o do conhecimento – que investiga como o homem, um sujeito empírico-transcendental, tornou-se na idade moderna um objeto de conhecimento; segundo, o do poder – que analisa como as estruturas modernas do poder conduziram o indivíduo à sujeição: a individualidade é tanto o objeto-efeito do poder como o objeto-efeito do conhecimento; terceiro, o da ética – que analisa as formas nas quais os indivíduos podem e devem reconhecer a si mesmos como sujeitos. Para Foucault, o objetivo da filosofia hoje não é descobrir o que somos, mas conceber outra forma de subjetividade (Machado, 1981).

Quando Foucault analisa o poder, ele o faz com o intuito de explicitar, graças a análises minuciosas e precisas de práticas políticas disciplinares, que numa determinada sociedade o poder produz o sujeito como individualidade. Apesar de Foucault ter dedicado a sua atenção ao que atualmente chamamos de análise das instituições, ele não limitou suas pesquisas ao estudo delas, preferindo privilegiar o desenvolvimento das tecnologias de poder. É preciso analisar as instituições com base nas relações de poder.

Foucault (1982; 1999a; 1999b) demonstrou que as relações poder/saber, tomadas como práticas, realizam simultaneamente tanto a produção de conhecimentos específicos sobre o homem como a produção técnica dele no interior de um determinado conjunto de instituições. É nessa articulação entre saber e poder, na interseção dessas duas práticas sociais, que se produz o sujeito, pois quando se objetivam certos aspectos do homem é que há possibilidade de organizar-se uma manipulação técnica institucionalizada dos indivíduos. E o contrário também se verifica, pois é necessário que haja um conjunto de práticas institucionalizadas de manipulação dos indivíduos como condição para sua objetivação científica.

Foucault estuda as condições práticas e históricas de possibilidade da produção do sujeito por meio das formas de subjetivação que constituem sua própria interioridade, analisando a forma de sua experiência de si mesmo. Ou como o próprio Foucault (apud Larrosa, 1994, p.42) escreveu:

> Trata-se de estudar a constituição do sujeito como objeto para si mesmo: a formação de procedimentos pelos quais o sujeito é induzido a observar-se a si mesmo, analisar-se, decifrar-se, reconhecer-se como um domínio de saber possível. Trata-se em suma da história da "subjetividade", se entendemos essa palavra como o modo no qual o sujeito faz a experiência de si mesmo em um jogo de verdade no qual está em relação consigo mesmo.

A ontologia do sujeito é, para Foucault, a experiência de si, que ele denomina "subjetivação", enlaçando "subjetividade" e "experiência de si mesmo". Há um sujeito porque é possível traçar a genealogia das formas de produção dessa experiência. Essa experiência de si não é algo que permaneceria imutável, como se fosse um objeto com estatuto ontológico, através de suas diversas representações. Pelo contrário, é a experiência de si que constitui o sujeito, o eu enquanto si mesmo.

Foucault indaga como essa experiência de si foi produzida, pesquisando os mecanismos específicos que constituem o que é considerado subjetivo. Portanto, estudar a subjetividade na sociedade ocidental é analisar a história das diversas formas da experiência de si que nela emergiram.

O sujeito, sua história e sua constituição como objeto para si mesmo são inseparáveis das "tecnologias de si", aqueles modos pelos quais um indivíduo estabelece uma relação consigo mesmo. Segundo Foucault (ibidem, p.56), são aquelas práticas

> que permitem aos indivíduos efetuar, por conta própria ou com a ajuda de outros, certo número de operações sobre seu corpo e sua alma, pensamentos, conduta, ou qualquer forma de ser, obtendo assim uma transformação de si mesmos com o fim de alcançar certo estado de felicidade, pureza, sabedoria ou imortalidade.

Ou ainda como

> Os procedimentos, tal como existem, sem dúvida em qualquer civilização, que são propostos ou prescritos para os indivíduos para fixar sua identidade, mantê-la ou transformá-la tendo em vista um certo número de fins, e isso graças a relações de domínio de si sobre si ou de conhecimento de si por si. (Foucault, 1997, p.109)

Foucault (1995) afirma que em suas pesquisas detectou três modos pelos quais os seres humanos tornaram-se sujeitos: as práticas científicas que objetivam o homem como sujeito falante, produtivo e vivo; as práticas divisoras disciplinares e punitivas que dividem os indivíduos tanto em seu interior como em relação aos outros; as práticas que permitem ao homem reconhecer-se como sujeito de "sexualidade", subjetivando-se como ser sexuado. O sujeito moderno é efeito de processos de normalização social e da gestão estatal dos homens, com o fito de sua utilização ótima. É o poder disciplinar que organiza a sociedade moderna.

> Esta forma de poder aplica-se à vida cotidiana imediata que categoriza o indivíduo, marca-o com sua própria individualidade, liga-o à sua própria identidade, impõe-lhe uma lei de verdade, que devemos reconhecer e que os outros têm que reconhecer nele. É uma forma de poder que faz os indivíduos sujeitos. Há dois significados para a palavra sujeito: sujeito a alguém pelo controle e [pela] dependência, e preso à sua própria identidade por uma consciência ou autoconhecimento. Ambos sugerem uma forma de poder que subjuga e torna sujeito a. (ibidem, p.235)

Assim, Foucault sustenta três domínios possíveis para a genealogia: ela se ocupa com as *formas de relação com a verdade*, produzindo uma ontologia histórica do homem em relação com a verdade que o constitui como sujeito de conhecimento; ocupa-se também com as *formas de normatização*, cartografando os modos como o poder disciplinar produz o homem como sujeito que atua sobre os outros; e estuda ainda as *formas de subjetivação*, produzindo uma ontologia histórica do homem em relação à ética mediante a qual ele se constitui como sujeito moral, numa hermenêutica de si.

Como produzir-se como sujeito ético fora dos regimes teológicos e científicos? Como inventar outros modos de existir? Foucault propõe o paradigma ético-estético-político: construir uma vida filosófica, mediante o trabalho do pensamento (trabalho sobre si, apropriando-se do sistema de regras que constitui o homem e imprimindo-lhe um novo sentido). Às técnicas de extração da verdade ele opõe uma ética da busca e da produção da verdade: encontra nos gregos da Antiguidade uma atitude autenticamente libertadora. A "estética da existência" se apoia num potencial de resistência do sujeito a um poder jamais erradicável e promete uma coragem da verdade construída sem confissão nem justificação. A verdade consiste, nesse caso, numa afirmação de si.

Superando a alienação da confissão, o sujeito pode aprender a reivindicar-se como tal. Lutando contra as formas de objetivação, normatização disciplinar e subjetivação hegemônicas de produção da subjetividade contemporânea, pode superar o esmagamento provocado por uma imagem de si imposta pelo outro. A ética da coragem da verdade, a estética da existência, torna-se um momento de libertação: o sujeito pode enunciar uma verdade sobre si sem culpabilidade nem inocência, entretendo uma relação verdadeira consigo mesmo. Subjetivar-se significa então transformar a confissão em produção e exercício de si mesmo, escolhendo uma maneira de ser a partir de sua própria transformação. Esse enfrentamento de toda dominação é político em seu mais alto grau, tarefa de produzir-se singularmente, desprendendo-se do que os outros impunham que se fosse.

Concebemos a sociedade contemporânea como um tecido formado por uma rede de instituições sociais: a religião com suas organizações é uma delas. Como estamos discutindo, os supostos conflitos entre sujeito e sociedade, indivíduo e grupo, sujeito e instituição, psique e ambiente são falsas dicotomias. Trata-se de falsos problemas: só há real social, coletivo, e o indivíduo é apenas um terminal de produção social. Os sujeitos são produzidos socialmente, no bojo de processos e práticas concretos, de práticas discursivas, na interseção entre poderes e saberes.

As práticas sociais, quaisquer que sejam, produzem subjetividade e subjetivação, produzem também dispositivos de subjetivação. Na perspectiva de nosso trabalho, consideramos a subjetividade não um dado estático e natural, mas algo que se constitui em processos. Um exemplo é a teorização de Freud, que cartografa como se constitui a subjetividade humana, com sua variabilidade e sua plasticidade pulsional, dependente de uma série de variáveis. A cultura da formação capitalista liberal também modela e produz uma variação de subjetividade que culmina na categoria de indivíduo autossuficiente, autoconsciente, senhor de si mesmo, sujeito centrado no eu. Assim como, em termos mais amplos, podemos ver a categoria indivíduo como a produção específica de uma modalidade de subjetividade, são nestes termos que, a partir de Goffman e de Foucault, trabalhamos com a hipótese de que o modo de funcionamento das instituições totais opera como produtor de uma certa modalidade da subjetividade.

Entendemos a subjetividade como produção de modos de existência, uma individuação particular ou coletiva, um modo intensivo. A subjetividade atravessa o indivíduo, de forma que ele possa se tornar um agente coletivo de enunciação, produzindo movimentos de singularização.

Há individuação do tipo "sujeito" onde modos específicos e normativos de ser, sentir, pensar e agir o produzem em determinado momento histórico. Pensamos que a subjetividade é tecida no contexto institucional pela rede de micropoderes que sustenta o fazer cotidiano (institucional), operando efeitos de reconhecimento/ desconhecimento dessa ação concreta.

Para a adequada compreensão de uma instituição, devemos inseri-la na conjuntura social mais ampla da qual ela emerge, encarregada de uma certa encomenda, constituída em torno de um objeto institucional que lhe seria específico (Albuquerque, 1986; Guirado, 1987; Costa-Rosa, 1987).

Acreditamos que as instituições (re)produzem subjetividade, e que esta pode ser captada mediante discursos e práticas. Portanto, coletamos um considerável conjunto de dados relativos à origem histórica, ao funcionamento jurídico e cotidiano do seminário católico. Tomamos o seminário como um dispositivo, pois ele possui e articula diversos planos: tem uma lógica própria expressa em leis e normas jurídicas que o instituem, configura-se em um estabelecimento concreto e se autoproduz em práticas cotidianas.

Uma instituição não é uma instalação material na qual se encarnam entidades poderosas. É uma prática social que se repete e se legitima ao se repetir, num movimento entre forças instituintes e forças instituídas. As instituições implementadas em organizações e estabelecimentos não apenas realizam – quando realizam – os objetivos oficiais para os quais foram criadas, mas produzem determinada subjetividade em seus vários atores; sujeitos são fundados no interior das práticas, ao mesmo tempo constituídos *no* e constituintes *do* cotidiano institucional. O pensamento costuma reificar objetos e sujeitos que só existem enquanto se produzem e são produzidos dentro de determinadas práticas institucionais.

A produção de subjetividade remete fundamentalmente ao plano micropolítico, microfísico das relações instituintes e instituídas da formação no contexto do seminário católico. As relações formativas (pedagógicas, terapêuticas, educativas) entre padres formadores e seminaristas não se configuram apenas como relações estáticas entre polos constituídos, mas apresentam-se em permanente constituição e ordenação – plenas de vicissitudes –, em constante transformação dos lugares e posições no interior das relações, numa pulverização dos lugares instituídos e instituintes.

Desse modo, não podemos conceber práticas e/ou sujeitos autônomos, pois toda prática é efetivada por relações nas quais se configuram sujeitos. Essa é a principal condição para que as instituições existam concretamente. A solidez institucional residiria nos vínculos invisíveis e microfísicos entre os sujeitos que fazem cotidianamente as instituições. Portanto, as relações instituintes e instituídas do processo formativo no contexto institucional do seminário católico poderiam ser mapeadas com base nas forças e nos poderes moleculares que as permeiam.

2
INVESTIGANDO O SEMINÁRIO CATÓLICO: PROBLEMATIZAÇÃO DAS PRÁTICAS E DOS SABERES

Nosso percurso de pesquisa teve início já com a produção da subjetividade (Benelli; Sagawa, 2000; Benelli; Costa-Rosa, 2002c), e cremos aqui poder aumentar o conhecimento das práticas de produção de subjetividade, relacionando-a ao contexto institucional, a seus atravessamentos na sociedade contemporânea e ao seminário católico como dispositivo de formação.

Trata-se aqui de aprofundar a análise dos achados preliminares (Benelli; Costa-Rosa, 2002c) e também a realização de novas investigações, utilizando como elemento organizador da escuta e do olhar o referencial teórico de Foucault, que apresenta o poder como portador de uma positividade produtiva tanto de saberes como de sujeitos.

Como vimos, segundo Foucault, a subjetividade do homem contemporâneo seria caracterizada pela experiência de uma interioridade privatizada (um eu psíquico profundo, localizado no interior do indivíduo, que se considera único, original, autônomo e responsável, cujo eixo estruturante se encontraria em sua sexualidade). Sujeito, então, seria aquele que se reconhece como um ser moralmente autônomo, capaz de iniciativas, dotado de sentimentos e desejos próprios. Transformações do modo de produção trouxeram como consequência para as relações sociais uma intensa individualização.

Há a produção de uma subjetividade privatizada, na qual são superadas as relações sociais feudais anteriores, marcadas pela solidariedade grupal e pelo sistema de proteção. A sociedade é atomizada, e os indivíduos se tornam livres para vender sua força de trabalho. O destino individual fica nas mãos do sujeito, que é entregue à própria sorte.

Técnicas disciplinares (vigilância hierárquica, sanção normalizadora e exame) transformaram o homem num ser individuado, e tecnologias de produção de si (autoexame e confissão) o subjetivaram como aquele que busca a verdade interior sobre si mesmo, verdade que estaria inscrita em sua sexualidade (Foucault, 1982; 1984a; 1999b; 1999c).

O instrumental de análise das instituições delineado por Costa-Rosa (2000) também se mostrou um referencial útil e valioso para nossa pesquisa.

São poucos os estudos que levam em conta o conhecimento da produção da subjetividade no contexto institucional em geral (Albuquerque, 1986; Guirado, 1986; 1987; Cruz, 1989; Ferraz & Ferraz, 1994; Ribeiro, 2001) e particularmente em instituições religiosas formadoras. Constatamos que são raros os trabalhos que estudam a estruturação do sujeito e o contexto cultural institucional no qual ele se insere. A maioria dos estudos trata da escola (Guimarães, 1985), do hospital geral, do hospital psiquiátrico e da prisão (Levinson & Gallagher, 1971; Castel, 1978; Goffman, 1987; Foucault, 1999a; 1999b; França, 1994; Cruz, 2001). O convento, o mosteiro, o seminário e o colégio interno parecem ter sido menos pesquisados em sua especificidade. Há poucos estudos sobre esses estabelecimentos porque, embora relativamente numerosos, eles não se abrem facilmente para a investigação científica (Cabras, 1982; Tagliavini, 1990; Rocha, 1991; Ferraz & Ferraz, 1994; Paula, 2001; Benelli, 2002).

Um estudo profundo do funcionamento institucional e dos diversos fenômenos que se produzem nesse espaço social específico pode proporcionar indícios valiosos sobre os procedimentos utilizados na formação de pessoas. Seria possível entender como nessas instituições se produz e reproduz a subjetividade daqueles que as compõem, tanto internados como dirigentes.

Por ser uma instituição dedicada à formação, o seminário católico tem características peculiares em relação aos demais estabelecimentos do gênero. Seu funcionamento prevê que seus internados se tornarão padres, passando da condição de internado/seminarista/formando à de dirigente/padre/formador. O seminário produz padres, que são agentes formados e se tornam, por sua vez, agentes formadores.

Por outro lado, no mais comum de seus resultados, produz padres que ocuparão lugares proeminentes na liderança de setores relevantes das comunidades. Pensamos que uma hipótese pertinente é que seu processo formativo possui uma incidência direta no tipo de prática social desenvolvida por esses agentes. Para entender melhor esse ator relevante no meio social, precisamos inicialmente nos debruçar sobre a instituição seminário, estudá-la e produzir um conhecimento a seu respeito.

Ir ao encontro da subjetividade institucional do seminarista é uma tentativa de produzir uma pesquisa mais próxima da realidade social brasileira, que possa também vir a contribuir com um saber mais específico sobre a produção de subjetividade no contexto brasileiro. Ao mesmo tempo, pensamos estar em sintonia com os estudos que investigam como se produzem os atravessamentos da subjetividade em geral no mundo contemporâneo.

Caracterização dos sujeitos

A instituição que estudamos ocupa um quarteirão inteiro, cujos muros terminam numa proteção de arame farpado. O conjunto é constituído por grandes construções, com grades nas janelas: dois pavilhões com térreo e primeiro andar, divididos em celas individuais (os quartos dos seminaristas), que abrigam ainda banheiros coletivos, uma biblioteca, sala de informática, sala de leituras e um anfiteatro; há um outro bloco que abriga cozinha, despensa, refeitório e lavanderia. Há também um conjunto denominado prédio escolar, que inclui salas de aula, de televisão, secretaria, sala de visitas e alguns quartos para os seminaristas no primeiro andar. Finalmente, temos uma grande capela, um campo de futebol gramado, uma quadra de esportes e as garagens dos veículos.

Bispos de várias dioceses vizinhas fundaram esse seminário por volta de 1980 com a finalidade de abrigar seus seminaristas na etapa de sua formação filosófica. Inicialmente, era apenas uma casa de formação, e os seminaristas estudavam como alunos regulares do curso de graduação em Filosofia oferecido pelo *campus* de uma universidade pública. A partir de 1984, por uma série de problemas, decidiu-se pela organização de um curso interno de Filosofia. Os seminaristas deixaram de frequentar a universidade pública e o estabelecimento organizou seu próprio programa para o curso de Filosofia, com duração de três anos, contratando professores que iam até o estabelecimento para ministrar aulas. O fato de o curso não ser reconhecido pelo Ministério da Educação e Cultura (MEC) e seu diploma não dar ao seminarista o título de professor constituiu-se num ponto de conflito entre seminaristas, bispos e padres formadores do seminário. Várias tentativas foram realizadas com o objetivo de sanar essa dificuldade, buscando um convênio com faculdades que mantinham cursos de Filosofia oficialmente reconhecidos. Por alguns anos, a única opção dos seminaristas que desejavam ter um diploma válido era procurar a convalidação e o reconhecimento dos estudos realizados no seminário, completar a grade curricular e, finalmente, obter a graduação. Finalmente, em 1995, o seminário conseguiu um convênio adequado com uma universidade católica por meio da qual os seminaristas, mesmo estudando Filosofia no curso interno, recebem a graduação em Filosofia. O curso interno foi reformulado de modo que se ativesse às normas exigidas pelo MEC. Atualmente, o esforço é obter reconhecimento diretamente do MEC.

O quadro de pessoal do estabelecimento é o seguinte: oitenta seminaristas, três padres formadores (reitor, vice-reitor, diretor espiritual), quatro cozinheiras, duas lavadeiras, uma secretária, uma bibliotecária, um diretor de estudos e vinte professores. Dos professores, quatro são padres e seis são leigos do sexo feminino, os demais são leigos do sexo masculino.

Os padres formadores têm entre 35 e 45 anos. Já os seminaristas oscilam entre 18 e 45 anos e todos já concluíram obrigatoriamente o segundo grau.

Instrumentos

Quisemos estudar esse seminário em sua qualidade de ambiente específico no qual os seminaristas estão internados, verificando quais são os operadores microfísicos que produzem a subjetividade no contexto institucional. Para isso, inicialmente, procuramos descrever o plano das práticas não discursivas, pesquisando o funcionamento da vida institucional do seminário por intermédio da observação participante.

Não se trata de um estudo de caso – escolhemos este seminário especificamente porque ele nos pareceu um representante bastante adequado, em sua singularidade, de alguns aspectos disciplinares importantes que caracterizam as instituições totais, manifestos em seu cotidiano. Acreditamos que não se trata de um caso ímpar; ele nos parece realmente representativo da categoria seminário maior católico que desejamos compreender. Estamos interessados nos matizes de instituição total presentes neste seminário, mas acreditamos, por hipótese, que ele não se distingue de muitos outros em sua essência institucional, pois a estruturação característica desses estabelecimentos totais parece funcionar de modo autônomo.

Para captar os discursos e a percepção dos atores institucionais relativas aos modos de produção da existência no contexto institucional (práticas discursivas), utilizamos entrevistas semiestruturadas. A análise documental foi utilizada para elaborar cartografias do saber eclesiástico relativo à formação sacerdotal.

Observação participante

Para realizar essa pesquisa, utilizamos a técnica da observação participante, qualitativa, rigorosa, sistemática e vivencial. É participativa, embora participativa não implique aqui seu delineamento conjunto. Ela foi delineada e reorientada para manter-se adequada e sensível às características da situação. Entendemos a pesquisa como prática investigativa e participação como valorização e uso das perspectivas vivenciadas pelos sujeitos envolvidos.

A observação participante foi do tipo não estruturada, na qual os fenômenos a ser observados não são predeterminados; eles foram observados e relatados da forma como aconteceram, com o intuito de descrever e compreender o que estava ocorrendo na situação dada.

As vantagens dessa técnica, segundo Alves-Mazzotti & Gewandsznajder (1999), são: independe do nível de conhecimento e da capacidade verbal dos sujeitos; permite "checar", na prática, a sinceridade de certas respostas ou comportamentos que poderiam ser dados apenas para "causar boa impressão"; permite identificar comportamentos não intencionais ou inconscientes e explorar temas sobre os quais os sujeitos não se sentem à vontade para discutir; e permite o registro dos fenômenos o mais próximo possível de seu contexto temporal e espacial. O pesquisador torna-se praticamente mais um membro do grupo sob observação. Familiarizado com sua presença, o grupo continuará a desempenhar suas atividades normalmente. Com o passar do tempo, diminuirão as possíveis inibições e provavelmente não haverá tentativas de influenciá-lo com procedimentos que fujam ao seu comportamento normal. O observador deve conseguir um bom nível de integração grupal, pois assim os membros, acostumados com sua presença, se esquecerão ou ignorarão que há um estranho entre eles. Mas o observador não deve se tornar tão "participante" a ponto de perder a objetividade exigida pelo trabalho científico e passar a ver e registrar os fatos carregados de afetividade.

Não tínhamos hipóteses prévias a ser testadas diretamente, apenas hipóteses provisórias que foram aperfeiçoadas ou não pela própria observação. Trabalhamos com dados qualitativos, obtidos por meio de estudo longitudinal, englobando todo o contexto subjetivo dos sujeitos. Tivemos supervisões semanais com o professor orientador.

A técnica da observação participante envolveu três fases: aproximação da instituição e estabelecimento de vínculos com seus membros; realização da observação no contexto dos sujeitos para a coleta de dados; e registro posterior dos fenômenos, comportamentos, ações, diálogos e acontecimentos observados. Passamos a descrever cada um deles a seguir.

Na etapa de inserção no grupo, o pesquisador procurou estabelecer uma relação tal com os membros da instituição que facilitasse sua aceitação progressiva. Entretanto, buscou ser aceito como realmente é, como alguém que vem de fora, que deseja fazer uma pesquisa útil e importante. O pesquisador esforçou-se também por manter uma posição científica diante da realidade e das ações dos sujeitos.

Entendemos que essa é a técnica mais adequada para a realização desta pesquisa. A observação é o exame minucioso de um fenômeno em seu todo ou em alguma de suas partes, buscando a captação precisa do objeto examinado. Ela é um instrumento básico da pesquisa científica (Richardson, 1985), tornando-se uma técnica científica quando serve a um objetivo explícito de pesquisa; é sistematicamente planejada, registrada e interpretada.

O pesquisador-observador não é apenas um espectador do fato que está sendo estudado; ele se coloca no nível dos outros elementos humanos que compõem a situação estudada. Para isso, é fundamental estabelecer vínculos com os sujeitos da pesquisa e manter com eles um relacionamento agradável e de confiança. O observador participante tem mais condições de presenciar e compreender os hábitos, atitudes, comportamentos e relações interpessoais da vida dos sujeitos.

Procedimentos para a realização das observações: a coleta de dados no campo de pesquisa foi o trabalho que permitiu ao pesquisador a aquisição de uma visão mais ampla da vida da instituição, com sua organização interna e suas relações. Permitiu também a captação da percepção que seus membros têm da própria situação. Esta etapa pretendeu ser uma interação entre teoria e observação, constituída por dois momentos diferentes: a construção de hipóteses--tentativas baseadas na observação e no estudo, e a verificação dessas hipóteses mediante a prática da observação e do diálogo na situação de pesquisa.

O pesquisador foi para a instituição onde vivem os sujeitos, conforme combinado. Observou a vida cotidiana desse seminário católico uma vez por semana. Frequentou as aulas, as celebrações litúrgicas, as refeições, os momentos de lazer etc.

Buscamos estabelecer um contato inicial com os indivíduos presentes no ambiente da instituição. Houve liberdade para perguntas, permitindo-nos a flexibilidade necessária em cada situação concreta. Não procuramos efetuar nenhuma intervenção direta, mas somos conscientes de que a presença do observador no ambiente institucional já implica um certo grau de interferência que modifica o objeto de estudo e por isso mesmo torna-se parte da situação de observação.

O campo particular da observação foi constituído por um enquadramento que buscou transformar em constantes algumas variáveis: a atitude técnica do observador, os objetivos da visita de observação, lugar e tempo definidos. Entendemos que o campo da observação é dinâmico: está sujeito a permanente mudança, e a observação procurou abarcar em cada momento a continuidade e os sentidos das mudanças.

Levamos em conta durante as observações a relação interpessoal de interação e comunicação entre os participantes, seminaristas e formadores, e o próprio observador, com suas manifestações psicológicas.

Não realizamos anotações durante a observação, para evitar inibições que tornariam a situação mais artificial. O registro das observações foi elaborado após o seu término, com a descrição do que ocorrera durante a visita, observada a sequência temporal dos fatos. Como já afirmamos, entendemos que fazer anotações durante a visita de observação é um fator potencialmente perturbador, que chega até a desviar a atenção dos sujeitos observados. Realizamos um total de vinte visitas de observação participante. Os dados obtidos graças a essas visitas foram sistematizados em categorias analíticas. Para isso, inspiramo-nos em Goffman (1987). Vamos nos limitar a apresentar fragmentos do relato original dessas visitas de observação ao longo da análise e da interpretação dos dados coletados.

Problematização das práticas formativas eclesiásticas

De acordo com as análises de Goffman, Foucault e Costa-Rosa, para vislumbrar as práticas sociais inseridas numa instituição basta olhar um pouco mais, pois as coisas não estão escondidas nem recalcadas. Trata-se de um enfoque primordialmente positivista (Veyne, 1982), no qual se descreve uma prática sem pressupor mais nada. Uma prática social é qualquer acontecimento humano que determina visões e formas de mundo bem datadas. Esses acontecimentos costumam ser raros e não estão instalados na plenitude da razão, pois poderiam ser diferentes. Todo objeto é sempre o correlato de uma prática. Quando observamos uma instituição tomada como uma prática, ou como objetivação desta, temos um determinado "estado de coisa" bem delimitado. Dessa forma, as linhas de poder se tornam mais tênues e mais visíveis.

Assim, o exercício de visualizar as linhas de poder começa em nosso próprio olhar. Para fazer uma análise, precisamos de um desprendimento teórico, econômico, de ideologias e objetivos a ser alcançados. Isso possibilita pensar o seminário católico como um "estado de coisa" no mundo que, devido a uma série de mecanismos de poder, é capaz de gerar uma subjetividade específica no contexto institucional. O olhar genealógico observa as coisas a distância, buscando significados em práticas superficiais, não em pretensas profundidades misteriosas. Se se observa à distância correta, e com o olhar certo, há uma profunda visibilidade que se revela em cada coisa.

Segundo Foucault, os significados profundos escondidos, os supostos pontos inacessíveis da verdade, a obscuridade da consciência são apenas artifícios. Assim, a interpretação não é o desvelamento de um significado escondido: quanto mais interpretamos, menos encontramos o significado fixo do mundo, das instituições, das práticas sociais. As interpretações são sempre impostas por forças hegemônicas em um dado momento, não pela natureza das coisas. Essa ausência de fundamento revela a arbitrariedade das interpretações. Interpretar é apropriar-se de um conjunto de regras que não possuem em si mesmas significado especial e imprimir-lhes uma certa direção, subordinando-as a uma nova vontade.

Procuramos exercer por este prisma a análise do seminário católico. Tomamos como objeto propriamente dito o estabelecimento como um todo, observado em seu funcionamento. Ampliamos e aprofundamos nossa leitura dos relatos das visitas realizadas com o intuito de descrever as *práticas formativas eclesiásticas observadas* e produzir uma análise dos modos de funcionamento dos dispositivos institucionais atuantes no seminário.

Problematização das práticas discursivas eclesiásticas

Com o objetivo de detectar as concepções dos principais atores institucionais, seminaristas e equipe de formadores, a respeito de sua própria vida e sua experiência no contexto institucional, procuramos escutar os diversos discursos que permeiam a produção de subjetividade na instituição.

Para tanto, utilizamos entrevistas semiestruturadas como um instrumento para a coleta de dados junto aos participantes da vida institucional do seminário católico. Ela foi útil para esclarecer questões que surgiram na etapa de observação participante e para a pesquisa de informações sobre a perspectiva dos sujeitos que emergem e interagem na instituição quanto à sua vida no estabelecimento.

A entrevista é um instrumento científico amplamente utilizado nos mais diversos campos de conhecimento e com os mais diferentes objetivos. Ela é também uma modalidade específica no campo de atuação do psicólogo. A entrevista pode ser definida como

> um instrumento fundamental do método clínico e é, portanto, uma técnica de investigação científica em psicologia. Como técnica, tem seus próprios procedimentos ou regras empíricas com os quais não só amplia e verifica como também, ao mesmo tempo, se aplica o conhecimento científico. (Bleger, 1980, p.9)

Optamos pela entrevista semiestruturada para que pudéssemos conjugar os dados informativos que desejávamos obter com outros possíveis temas trazidos pelos sujeitos. Assim, os entrevistados puderam explicitar suas concepções sobre a vida institucional e sua própria formação de um modo fluido e amplo. A entrevista partiu de algumas questões que nos pareceram pertinentes, mas não se prendeu necessariamente apenas a elas.

A entrevista permite ainda, por se constituir numa relação entre duas pessoas, segundo uma dinâmica própria, que se observem diversos aspectos dos entrevistados. Esse processo de interação permite investigar não apenas dados objetivos, mas também fornece um conjunto de dados relacionados com as características psicológicas do entrevistado, possibilitando o conhecimento de crenças, concepções, atitudes e sentimentos do entrevistado sobre os temas abordados. Dá ainda uma ideia de como o entrevistado se relaciona com os temas pesquisados e proporciona uma pequena amostra de como ele se relaciona consigo próprio e com o seu meio.

Escolhemos, de modo aleatório, um total de nove sujeitos entre os seminaristas, três de cada ano do curso de Filosofia, e realizamos as entrevistas. Entrevistamos também os membros da equipe de formadores, quatro sujeitos, entre eles o bispo diretamente responsável pelo seminário. Todas as entrevistas foram gravadas e depois transcritas.

Tratamento dos dados obtidos
por meio das entrevistas

As entrevistas foram tratadas a partir da metodologia de "análise do discurso do sujeito coletivo" (Lefrève et al., 2000).

A técnica de análise do discurso do sujeito coletivo é utilizada para a organização de dados em pesquisas que trabalham com uma metodologia qualitativa. Essa proposta trabalha com quatro figuras metodológicas elaboradas para a organização de discursos: a ancoragem, a ideia central, as expressões-chave e o discurso do sujeito coletivo (ibidem, p.17).

A ancoragem detecta os pressupostos, teorias, conceitos e hipóteses que sustentam o discurso. A ideia central constitui-se a partir da(s) afirmação(ões) que permite(m) traduzir o essencial do conteúdo do discurso. As expressões-chave são transcrições literais de trechos do discurso que permitem o resgate do conteúdo essencial dos segmentos que o compõem. O discurso do sujeito coletivo constrói, com pedaços de discursos individuais, tantos discursos-síntese quantos julgue necessários para expressar uma determinada representação social sobre um fenômeno.

Essa metodologia trata o discurso de todos como se fosse o discurso de um, indicando que o pensamento de uma determinada comunidade pode ser mais adequadamente representado pelo resgate de seu imaginário, pelo conjunto dos discursos nela existentes sobre determinado objeto de representação social.

Os autores (ibidem, p.33-4) afirmam que as representações sociais "... não são secreções simbólicas de grupos de indivíduos, mas discursos que, a despeito de terem indivíduos na sua origem, são relativamente autônomos dos emissores individuais, na medida em que constituem produtos simbólicos de natureza coletiva".

No discurso dos entrevistados expressa-se aquilo que podem pensar sobre determinado tema, o que está no horizonte de pensamento de sua cultura. Assim, o pensamento de um dado indivíduo pode incluir aquilo que outros indivíduos socialmente equivalentes verbalizam por ele. As representações sociais formam um imaginário que pode ser considerado um meio ambiente ideológico que afeta de modo necessário e difuso os membros que se reúnem em determinada formação social.

Na análise das entrevistas, utilizamos três figuras metodológicas para a organização do material coletado, buscando discriminar os principais temas que constituem o discurso apresentado pelos seminaristas, relativo a sua própria percepção quanto à experiência formativa que vivem no seminário: expressões-chave, ideia central e discurso do sujeito coletivo (ibidem, 2000).

Resgatamos o conteúdo das representações individuais e construímos com elas o discurso do sujeito coletivo, pois as pessoas são, ao mesmo tempo, estruturadoras das representações sociais e estruturadas por elas. No contexto institucional, elas produzem e são produzidas por seu meio ambiente ideológico, no qual interagem dialeticamente, na medida em que há uma interpenetração, uma porosidade constitutiva entre o contexto e os indivíduos.

De uma perspectiva institucional, podemos dizer que são sujeitos que se fundam no interior das práticas, ao mesmo tempo constituídos e constituintes do cotidiano institucional. Quando um sujeito fala, seu discurso pode ser tomado como uma representação do lugar institucional que ocupa.

Problematização dos saberes eclesiásticos

Investigamos também o *registro do saber eclesiástico relativo à formação sacerdotal*, localizado no sistema de regras produzidas pelo Magistério da Igreja Católica, consignadas em documentos oficiais que regem essa preparação. Para tanto, percorremos a literatura pertinente ao tema.

Hipóteses

Trabalhamos com a hipótese de que o seminário católico é constituído pela conjunção do modelo monástico com o do internato escolar, adaptado aos dias de hoje, mas funcionando a partir das estruturas matriciais. Com base em Foucault, investigamos o seminário como um estabelecimento que encarna o poder disciplinar e a tecnologia disciplinar que esse poder implementa, procurando detectar como são os sujeitos que seu funcionamento microfísico produz. Acreditamos que nesse microcosmo se desenvolve uma possível subjetividade específica, focalizando a vida institucional de um modo global. Procuramos elementos que nos permitissem cartografar essa especificidade. Verificamos como a subjetividade é construída no seminário católico e mediante quais processos isso acontece.

Algumas questões inquietantes emergiram de nosso trabalho preliminar na iniciação científica (Benelli & Costa-Rosa, 2002c): como explicar que uma instituição implemente procedimentos não prescritos e tenha dificuldade em implementar seus objetivos oficiais? Teríamos aí algo estrutural da instituição ou uma característica particular desse seminário? Quais poderiam ser os instrumentos adequados para que uma instituição atingisse seus objetivos? Por que o grande grupo dos internados no estabelecimento se divide por "gênero sexual" e facções antagônicas, de conotação também sexual? Como explicar a guerra surda que permeia a vida da comunidade, expressa, entre outros meios, como rede de intrigas e fofocas? São insuperáveis as condições de esquadrinhamento, vigilância e normatização no seminário, nas *relações formativas* para o sacerdócio? A que isso poderia ser referido? Serão possíveis *relações de aprendizagem* que não estejam submetidas ao controle e à dominação nesse contexto institucional? Teremos aqui mais que um caso particular de instituições que mais "ensinam" pela forma do que pelo conteúdo? Estabelecimentos de formação de pessoas podem produzir subjetividade singularizada? Foi na direção destas questões, entre outras, que fizemos avançar nosso trabalho.

A relação entre a equipe de formadores e os seminaristas – na diversidade de relações que se estabelecem no contexto institucional do seminário católico –, *relação de formação*, que possui matizes pedagógicos e terapêuticos, revela-se como a mais recorrente e legitimada, soberana entre outras. Essas relações formativas, no cruza-

PESCADORES DE HOMENS **89**

mento de relações distintas, mas interdependentes, podem ser consideradas o núcleo central que caracteriza um certo contrato educativo e formativo informal que institui as relações no seminário. Pensamos que ela é um dispositivo privilegiado de constituição do seminário enquanto agência de produção de subjetividade; veremos como essa hipótese se comporta no contato amplo com os dados da pesquisa.

Pensamos que o modo de funcionamento do estabelecimento seminário parece ter seu núcleo subjetivante centrado numa formação disciplinar, ao mesmo tempo moral e psicológica. A ação institucional, entre reconhecimentos e desconhecimentos, incide normativamente sobre as condutas. A subjetividade produzida neste contexto seria caracterizada por traços essencialmente normatizados/normatizadores, numa relação em que padres formadores e seminaristas instituem-se mutuamente. Parece haver um jogo de forças (ativas e reativas) que visam à normatização da conduta do outro.

Genealogia da metodologia de pesquisa psicológica

Nesta pesquisa, utilizamos uma metodologia de investigação tipicamente psicológica, baseada na captação de discursos e práticas que, de acordo com o pensamento de Foucault (Dreyfus & Rabinow, p.216-24), pode ser situada no paradigma disciplinar (a observação participante implica os *a priori* epistemológicos de visibilidade, observação, vigilância e exame que produzem relatórios de dados coletados num campo de investigação) e confessional (pois a entrevista semiestruturada pode ser considerada uma modalidade tecnológica da confissão).

A metodologia psicológica de investigação não pode escapar de suas próprias condições de possibilidade; ela tende a tomar a realidade como constituída por sujeitos e objetos, buscando comumente sua normalização totalizadora. As práticas da psicologia produzem tanto a objetivação (disciplinar) como a subjetivação (confessional), criando seus objetos e sujeitos. O saber que suas práticas produzem é essencial para a expansão do biopoder (Foucault, 1982) na sociedade contemporânea. A potência do biopoder consiste na definição da realidade bem como em sua produção.

O pesquisador não pode então, ingenuamente, arvorar-se em mestre da verdade, brandindo o poder com seu saber, proclamando a verdade ao poder, na ilusão de resistir assim ao suposto efeito repressivo de tal poder. Poderes e saberes se produzem mutuamente, estão imbricados em práticas sociais, embora não sejam idênticos.

Uma pesquisa não deve pretender, então, libertar a verdade das malhas de um poder que supostamente a tiranizaria. A produção científica psicológica, quando imbuída dessa pretensão, presta-se ainda mais a acumular forças para um recrudescimento das tendências disciplinares tecnológicas da atual sociedade.

O pesquisador não é neutro, mas encontra-se situado num contexto global de práticas de poder e saber, produz dentro de paradigmas que normalmente ignora. As soluções que produz tendem a contribuir para a manutenção e a intensificação do biopoder. Compreender esta questão significa não se identificar com o jogo do poder e do saber.

De acordo com Foucault, são práticas culturais que fizeram de nós o que somos: sujeitos, objetos, pesquisadores. A genealogia é o estudo das condições de possibilidade dos jogos de poder, da produção concomitante de saberes, da criação e produção de objetos e sujeitos. Ela parte da história do presente e pretende analisar as práticas sociais que instauram a nossa sociedade, mais do que revelar uma verdade final. Um diagnóstico do presente não é necessariamente prospectivo, mas pode revelar fissuras, brechas, interstícios e linhas de fuga que podem ser investidas para a criação de novos sentidos e de outras realidades.

3
DADOS E ANÁLISES PARA A CONSTRUÇÃO DE CARTOGRAFIAS DE UM SEMINÁRIO CATÓLICO

As práticas formativas observadas num seminário católico

De modo semelhante à estratégia utilizada por Goffman (1987), realizamos visitas de observação participante para estudar o mundo social dos seminaristas internados no estabelecimento seminário católico, buscando detectar a produção de subjetividade no contexto institucional.

Com base nas visitas semanais de observação, nas quais passávamos o dia com os seminaristas, partilhando sua rotina na instituição, podemos afirmar que o seminário pesquisado se enquadra na categoria de instituição total elaborada por Goffman (ibidem, p.11): "um local de residência e de trabalho onde um grande número de indivíduos com situação semelhante, separados da sociedade mais ampla por um período considerável de tempo, levam uma vida fechada e formalmente administrada". O seminário é um estabelecimento destinado a servir como local de instrução para os seminaristas, preparando-os para o sacerdócio católico.

Procuramos reconstruir os primeiros dias de funcionamento do seminário no início do ano letivo por meio de relatos dos seminaristas. Quando convocados para o início das atividades do estabelecimento, os seminaristas encontraram a vida no seminário organizada pela equipe dirigente: os novatos foram designados para a ocupação dos quartos, e cada um deles recebeu um número com o qual deveria marcar suas roupas, além das chaves para entrar e sair do estabelecimento.

Em seguida, numa assembleia, outros aspectos da vida do grupo na instituição foram formalmente organizados: os seminaristas receberam um caderno contendo orientações quanto à vida na instituição: "Regimento interno", "Horário da casa", "Organograma do seminário", "Regimento acadêmico", "Grade curricular do curso de Filosofia" e "Calendário para o ano letivo". Esses instrumentos não foram objeto de discussão na assembleia, mas outorgados pelos formadores aos seminaristas, caracterizando a organização administrativa e burocrática do seminário.

Além desses elementos da organização formal da vida no contexto institucional, foi organizada também uma "Lista de serviços da casa", por meio de um sorteio, de acordo com a qual todos os membros da comunidade assumiram alguma responsabilidade nas atividades de limpeza, manutenção e serviços domésticos. Os formadores também apresentaram, já confeccionada, uma lista das "equipes de cozinha", na qual os seminaristas formam grupos encarregados de lavar a louça usada nas refeições e de limpar o refeitório.

Aos seminaristas foi ainda apresentada a realização periódica de "Convivências": dias de palestras formativas e de integração da comunidade. Um outro instrumento solicitado aos seminaristas foi a elaboração de um "Projeto de vida pessoal", no qual deveriam apresentar uma proposta personalizada de como pretendiam assumir a tarefa formativa durante o ano.

Os seminaristas receberam também uma série de orientações e normas práticas do que fazer, como e onde fazer, bem como proibições e admoestações.

Cada fase da atividade diária do internado é realizada na companhia imediata de um grupo relativamente grande de pessoas, todas tratadas da mesma forma e obrigadas a fazer as coisas em conjunto.

Podemos perceber como todas as atividades foram rigorosamente estabelecidas em horários contínuos, de modo que uma leva à outra, e toda sequência de atividades é imposta de cima, por um sistema de regras explícitas e pelo grupo dirigente, constituído pela equipe dos formadores.

As várias atividades obrigatórias foram reunidas num plano racional e único, supostamente planejado para atender aos objetivos oficiais da instituição. Há um controle de muitas das necessidades humanas pela organização burocrática do grupo dos seminaristas internados.

O controle e a vigilância sobre o conjunto dos internados, sob a responsabilidade da equipe de formadores, levam todos a cumprir as normas estabelecidas e, ao mesmo tempo, salientam a infração de um indivíduo no contexto global da obediência visível e constantemente examinada dos demais.

Verificamos que existe uma divisão básica entre um grande grupo controlado (os seminaristas internados) e uma pequena equipe dirigente (os formadores) que o supervisiona. O grupo dos internados vive na instituição e tem um contato restrito com o mundo externo.

Constatamos também que cada um desses grupos tende a conceber o outro por meio de estereótipos limitados e até mesmo hostis. Os internados podem ver os dirigentes como autoritários, condescendentes, arbitrários e mesquinhos. Os dirigentes veem os internados como eternos insatisfeitos, reservados e talvez suspeitos. Os primeiros tendem, pelo menos sob alguns aspectos, a sentir-se inferiores, fracos e censuráveis. Os segundos costumam se sentir superiores e corretos. A mobilidade entre os dois estratos tende a ser superada ao longo do tempo, pois o seminarista é alguém que se prepara para o sacerdócio e poderá então fazer parte da equipe dirigente. Há também restrição de informações, sobretudo as relativas aos relatórios periódicos que os formadores preparam e enviam para os bispos responsáveis, informando sobre o desempenho de cada seminarista no processo formativo. Assim, desenvolvem-se dois mundos sociais e culturais diferentes, que caminham juntos, com pontos de contato oficiais, mas com pouca interpenetração.

O trabalho no seminário, onde os seminaristas internados têm o atendimento de todas as suas necessidades planejadas, apresenta características peculiares. Como não há pagamento em dinheiro, mediação usual utilizada no mundo externo, há uma fraca motivação para executar o trabalho, para gastar mais ou menos tempo para terminá-lo. O trabalho é considerado uma forma de o seminarista colaborar com a economia da instituição, além de ser um treino da humildade em realizar serviços simples. Ele contribui para o funcionamento da instituição, mas não é essencial.

O mundo do seminarista no estabelecimento seminário

O seminário católico é procurado voluntariamente por jovens ou jovens-adultos, geralmente nascidos no meio rural ou em cidades pequenas e médias, provavelmente oriundos de classe média baixa ou pobre. No seminário estudado, não soubemos de nenhum seminarista procedente dos extremos da escala social: os muito ricos e os extremamente miseráveis. Não há nenhum caso de candidato sem acesso à escola.

O jovem que se sente chamado para o sacerdócio católico costuma ser acompanhado pelo padre de sua paróquia de origem, onde ele já se ocupa com tarefas religiosas: frequenta missas, grupos de adolescentes, de jovens, de catequese, de liturgia, nos quais ele pode mesmo desenvolver atividades de monitoria.

As dioceses mantêm uma atividade chamada "Pastoral vocacional" (Conferência Nacional dos Bispos do Brasil, 1995b), que tem por objetivo promover o despertar e o cultivo da vocação sacerdotal nos jovens católicos. Ela costuma ser constituída por uma equipe de leigos católicos que realizam encontros vocacionais, nos quais se busca refletir sobre a vocação humana, cristã e eclesiástica, identificar possíveis indícios de vocação sacerdotal nos jovens e ajudá-los a discernir e a viver um processo de opção vocacional que pode culminar na decisão de entrar para o seminário.

Os jovens e adolescentes que apresentam desejo de se preparar para o sacerdócio são encaminhados para o seminário menor. Esta instituição já é uma comunidade de vida fechada, na qual o candidato passa a morar, estudar, trabalhar e ter lazer, sob a autoridade de um padre reitor. O jovem deve terminar o ensino médio; se ainda não o fez, terá de estudar em escolas públicas ou particulares, mas já vive na comunidade do seminário. Caso ele já tenha concluído o ensino médio ao ingressar no seminário menor, ele passa um ano nessa comunidade de vida e de formação, denominado "período propedêutico", que significa "período de preparação", antes de seu ingresso no seminário maior. No propedêutico, o que se pretende é que o jovem aprofunde sua experiência humana e de fé, iniciando-se na vida comunitária. A vida no seminário menor pode ser bastante difícil, conforme o relato que transcrevemos abaixo, obtido numa conversa informal com um seminarista que descreveu sua experiência num deles:

Ele entrou no seminário menor com 14 anos, não conversava, era quieto, fechado e tímido. Os colegas o provocavam por isso. Ele reagia xingando muito e brigando com eles pra valer, de socos e murros mesmo. Entrou no seminário pensando que encontraria um ambiente de santidade, cheio de pessoas boas e virtuosas que queriam ser padres. Logo descobriu que estava num "ninho de cobras" onde havia muita rivalidade e competição, por isso fechou-se em seu isolamento. Descobriu que havia rapazes afeminados e alguns homossexuais no seminário, que eram apelidados de membros do "comando rosa". Estes por sua vez chamavam os machões de "exus", querendo significar que os machões eram feios, se vestiam mal e eram grosseiros. Ele observava como alguns dos veteranos olhavam interessados para os novatos, com olhos de cobiça, e davam em cima dos calouros. Às vezes, havia namoro entre eles, mas sempre que havia um flagrante eram expulsos. Como era diferente o seminário imaginado antes da entrada e depois de vários anos ali dentro. A passagem do tempo acabou com sua ingenuidade e inocência. Mas ele havia amadurecido muito. Quando sabia de algum comportamento homossexual em determinado colega, observava-o e, se houvesse ocasião, era capaz de informar o padre reitor e promover o desligamento dele. (8ª visita de observação)

Nesse depoimento podemos perceber como o ambiente institucional funciona de modo que despe o seminarista novato de referenciais identificatórios, pondo em xeque as concepções que tinha a respeito de si mesmo, dos demais e a idealização que fazia a respeito da vida institucional dos vocacionados. A estratégia de "fazer-se de bobo" foi um recurso adaptativo do qual o seminarista se obrigou a lançar mão para sobreviver num ambiente hostil e ameaçador.

Ao ingressar no seminário menor, o candidato ao sacerdócio deve apresentar alguns documentos, tais como carta de apresentação do padre de sua paróquia de origem, atestados de batismo e de crisma. Começa a ser feita uma pasta com seus documentos que será alimentada ao longo de todo o processo formativo do jovem vocacionado. O reitor do seminário menor prepara relatórios semestrais sobre o candidato, que são remetidos ao bispo. O seminarista usualmente não é informado do conteúdo desses relatórios.

Dependendo da realidade concreta do seminário menor, do padre reitor e dos colegas com os quais passa a conviver, o jovem seminarista já entra nos processos modeladores da subjetividade que funcionam nas instituições totais descritas por Goffman (1987) e Foucault (1999b). Pelos depoimentos dos seminaristas, constatamos que provavelmente a vida nos seminários menores costuma ser bastante mais fechada que a do próprio seminário filosófico que observamos.

Goffman (1987, p.111) utiliza o termo "carreira moral" em um sentido amplo com a finalidade de indicar qualquer trajetória percorrida por uma pessoa ao longo de sua vida, permitindo ainda uma perspectiva tanto dos aspectos mais íntimos e pessoais como da posição oficial, jurídica e pública do indivíduo, dentro de um complexo institucional. A "carreira moral" indica o processo da vida toda do indivíduo, tanto em direção ao sucesso como ao fracasso, dentro da instituição. Esse processo tem momentos típicos, tais como início da vida institucional, crises, evoluções, desenvolvimentos de adaptação, de rebeldia, de submissão, de ruptura etc.

O ingresso no seminário maior vai produzir uma série de mudanças na "carreira moral" do seminarista internado no estabelecimento. Geralmente, ele já aprendeu a "se virar" para fazer frente aos vários desafios com os quais se deparou em sua experiência no seminário menor, perdendo sua ingenuidade quanto às idealizações que fazia da vida no estabelecimento. Esse processo continua no seminário filosófico, onde ele vai passar por experiências de rebaixamento do conceito que tinha de si mesmo, da própria vocação, dos demais e da vocação deles. Há também aspectos positivos nesta carreira moral específica do seminarista, que serão indicados oportunamente.

Segundo Goffman (ibidem, p.24), "os processos pelos quais o eu da pessoa é mortificado são relativamente padronizados nas Instituições Totais". Conhecê-los é importante para desmontá-los. Com base em Foucault (1999b), sabemos que as práticas institucionais visam à dominação e à produção de indivíduos, mais do que apenas à sua mortificação. Vamos descrever a seguir os que detectamos no seminário observado.

A reclusão no claustro do seminário: os seminaristas podem ser considerados indivíduos internados num estabelecimento onde convivem com um grande número de companheiros em situação semelhante. O seminário inclui lugar de moradia, estudo, trabalho, formação e lazer. Há um grande grupo de seminaristas internados sob a administração de uma pequena equipe dirigente: padre reitor, padre vice-reitor, padre diretor espiritual e diretor de estudos.

O Seminário Católico é um estabelecimento que ocupa um quarteirão inteiro, num bairro de classe popular, numa cidade de porte médio, no interior do estado de São Paulo. Um muro alto circunda a propriedade e toda a vida da comunidade acontece no interior desse claustro. Há portões para entrada de veículos e dois portões para entrada e saída de pessoal, localizados

98　SÍLVIO JOSÉ BENELLI

em pontos diametralmente opostos do perímetro da "Casa", nome que os membros da comunidade usam costumeiramente para designar o seminário. Todos os seminaristas têm as chaves para entrar ou sair do estabelecimento, mas só podem fazê-lo quando é permitido pelo regulamento ou com autorização dos padres formadores. (Primeiros dias de funcionamento do seminário no início do ano letivo)

Na breve descrição do estabelecimento, detectamos as barreiras erguidas entre os seminaristas e o mundo externo, apesar das chaves que possuem. As normas e obrigações apresentadas pelo reitor revelam a administração formal da vida do grande grupo no estabelecimento.

Os processos de admissão incluem a pasta ou arquivo pessoal, com os documentos exigidos no ingresso ao seminário menor, acrescido agora do certificado de conclusão do ensino médio. Nesta pasta serão inseridos os futuros relatórios e informes do reitor do seminário aos bispos responsáveis. Normalmente, os seminaristas não são informados do conteúdo desses relatórios, como já dissemos.

No seminário, não constatamos a presença de testes de obediência para conseguir a cooperação inicial do novato. O seminarista é um indivíduo que ingressa voluntariamente no estabelecimento e não oferece uma resistência direta às condições que lhe são impostas, mas procura aderir a elas manifestando submissão e obediência. Vejamos um exemplo disso ocorrido enquanto o pesquisador conversava com o padre reitor, em seu escritório:

> Enquanto eu lhe pedia algumas informações, fomos interrompidos diversas vezes. Eram seminaristas que vinham procurar o padre reitor por algum motivo. Vários vieram pedir autorização para uma saída rápida; seus tons ao pedir eram submissos, francamente infantis. Não pareciam jovens/adultos, universitários, mas sim garotos que dependiam da vontade da autoridade. As consultas e [os] pedidos de permissão eram feitos com humildade, na minha presença. O reitor não negou nenhum pedido,

mas solicitou informações sobre motivos e horários, aconselhando-os a retornar logo e anotar o nome no quadro que existe para isso, no pátio. (1ª visita de observação)

No pátio, há um quadro no qual os seminaristas que se ausentam da comunidade devem anotar nome, local onde estão e um telefone para contato. Esse instrumento funciona como um exercício de controle e vigilância sobre os seminaristas, que podem ser facilmente monitorados pelos membros da equipe dirigente. Os próprios seminaristas se vigiam entre si, também tomando como referência tal quadro.

Depois de algumas visitas, saímos do prédio velho e, passando pela garagem, observei que alguns seminaristas escreviam num quadro-negro fixado na parede do prédio. Perguntei o que era aquele quadro. Um dos rapazes explicou que era obrigatório, quando alguém sai à rua, anotar o nome, o local onde se encontra e, se possível, um telefone para contato. Assim, se alguém o procura ou se há um telefonema para ele, é possível saber onde está. O quadro funciona então como um instrumento de monitoração das saídas e ausências dos seminaristas. (2ª visita de observação)

Não constatamos um processo de despojamento dos bens pessoais. Não há proibição à posse pessoal de bens materiais; os vocacionados podem levar para o seminário os bens que possuem (roupas, objetos de uso pessoal, aparelhos de som, celular, livros etc.) ou podem adquiri-los enquanto estiverem ali. Os que já têm emprego antes do ingresso são obrigados a se demitir caso desejem entrar para o seminário. O tempo passado ali não é perdido, diferentemente do que ocorre em outras instituições totais. O seminarista recebe uma formação acadêmica e sai do estabelecimento graduado em Filosofia.

Nem todos os seminaristas têm o mesmo poder aquisitivo. Isso depende grandemente do que suas famílias, madrinhas ou paróquias lhes podem financiar. Poderíamos dizer que também entre os seminaristas há classes sociais, os mais burgueses possuem roupas de grife, aparelhos de som, TV e celular; há os médios e os médio-baixos, repetindo a escala social convencional. Há também as situações excepcionais, caso do professor/seminarista mencionado acima, que já tem uma sólida carreira acadêmica, que mantém, mesmo estando no estabelecimento.

No seminário, as fronteiras que o seminarista pode estabelecer entre si e o ambiente tornam-se mais vulneráveis; sua pessoa é controlada e ele pode inclusive sentir-se invadido ou profanado. Trata-se de exposições contaminadoras físicas, sociais e psicológicas.

O quarto individual permite ao seminarista manter sua pessoa e seus bens pessoais livres do contágio e das exposições excessivas que um grande dormitório coletivo poderia causar. Constatamos um nível razoável de privacidade pessoal, o que garante uma certa autonomia para o indivíduo dentro do próprio estabelecimento.

A equipe de padres formadores tem acesso à pasta pessoal do seminarista, que contém dados relativos a suas origens e seu desempenho no seminário menor. Mas o seminário é um estabelecimento no qual fatos altamente desabonadores para o indivíduo implicariam a impossibilidade de seu ingresso ou causariam seu desligamento, como veremos.

O processo formativo oferecido pelo seminário pretende modificar as tendências autorreguladoras dos seminaristas. Para isso, existe o padre diretor espiritual do seminário, que deve acompanhar e orientar espiritualmente a caminhada do seminarista rumo ao sacerdócio. É obrigatório que cada seminarista tenha seu diretor espiritual, mas não é necessário que seja o do seminário – pode ser um outro padre de confiança, com o qual ele deve ter entrevistas periódicas. Aparentemente não há nenhum controle explícito que monitore se o seminarista busca ou não a direção espiritual. Mas isso costuma ser investigado nas entrevistas com o padre reitor e com outros padres formadores. A prática da confissão dos pecados, a procura pelo sacramento da penitência também são recomendadas aos seminaristas.

Um instrumento formativo chamado "Projeto de vida" também foi exigido dos seminaristas, com o objetivo de que se responsabilizem pelos processos de mudanças pessoais:

Terminado o horário de trabalho, tomamos refrescos no refeitório. Como a missa era às 17:00hs, todos foram para o banho. Em seguida, nos dirigimos para a capela. A missa começou com cânticos animados, com a presença de toda a comunidade. A homilia foi centrada no tema da oração: é preciso rezar sempre, estar vigilante na oração. Então o padre reitor, que presidia a celebração, solicitou que todos os seminaristas deviam apresentar seu Projeto de Vida pessoal e depositá-los sobre as duas bandejas que estavam sobre o altar, pedindo as bênçãos de Deus para esses propósitos. Os seminaristas foram levando seus projetos e depositando nas bandejas, enquanto todos cantavam. O reitor disse que esses projetos seriam guardados com cuidado e que seriam avaliados com cada seminarista nas entrevistas pessoais com ele. Igualmente o diretor espiritual e formadores diocesanos de cada seminarista deveriam ter conhecimento do projeto, para auxiliar cada um na sua execução. O "Projeto de Vida" consiste num documento que cada seminarista devia elaborar pessoalmente, indicando como pretendia desenvolver-se e formar-se durante esse ano. O documento deve conter os seguintes itens: objetivos gerais, dimensão comunitária, dimensão espiritual, dimensão intelectual. Trata-se de uma declaração de intenções do seminarista quanto à sua própria formação. (3ª visita de observação)

No seminário, as condições de limpeza, higiene e ordem são muito boas. A alimentação é boa, preparada com cuidado. O cardápio é elaborado por uma nutricionista.

O seminário possui um serviço próprio de lavanderia, e lavadeiras que lavam e passam as roupas dos seminaristas. As roupas são propriedades pessoais dos seminaristas, identificadas com um número específico para cada internado. Não há uniformes no estabelecimento.

Quanto ao que Goffman (1987, p.34) designa como contaminação por outro ser humano, através do contato interpessoal imposto, no contexto de uma relação social institucional da qual não pode escapar, o seminarista a experimenta em sua vida comunitária. A convivência obrigatória com outros internos e com os padres formadores expõe o seminarista à observação constante dos demais membros da comunidade, do amanhecer ao anoitecer. A vida em grupo exige contato mútuo e permanente exposição entre os internados. Nestas circunstâncias, o quarto individual se torna um nicho de refúgio pessoal altamente valorizado.

Eles conversavam e um deles comentou que estava saturado e cansado do seminário, precisava de férias. Eu estranhei e perguntei, cutucando-o com um sorriso: "Mas o que é isso? Vocês chegaram ontem, faz pouco mais de um mês, e já está saturado do seminário? O que está acontecendo?" O rapaz me disse: "É que você vem só uma vez por semana, passa um dia aqui e não é seminarista. Por isso parece pouco tempo. Nós ficamos o dia todo e somos seminaristas, é muito diferente. Eu acho que a lua de mel está acabando ou já acabou". Perguntei o que era isso de "lua de mel". Um deles disse que, quando começa um novo ano, o início é como uma lua de mel, os seminaristas veteranos já estavam cansados de ficar de férias em casa, com saudades do Seminário, dos amigos, da cidade. Outro continuou dizendo: "Quando voltamos reencontramos tudo isso e os novatos também. Esse tempo inicial é um tempo de conhecer gente nova, todo mundo se cumprimenta, conversa, quer conhecer os outros, fazer novas amizades". Um terceiro seminarista disse: "Mas os veteranos também nos sentimos um pouco invadidos com a presença dos novatos na casa, que parece uma multidão de caras feios, ingênuos, inocentes e desconhecidos". Parece que eles inicialmente perturbam a familiaridade dos veteranos entre si e com a casa. Outro dos rapazes comentou: "Para os seminaristas do 1º ano, tudo é novo, a casa, o curso de Filosofia, a cidade. Então, dizemos que o começo do ano é como se fosse uma lua de mel, tudo é novo e gostoso, depois, a gente começa a se estressar, a ficar saturado da vida no seminário". Eu disse: "Bem, me parece que uma lua de mel não dura para sempre mesmo. Isso geralmente acontece assim. Mas é interessante essa percepção do início das atividades no seminário". Outro rapaz disse: "Nós somos do 3º ano e o reitor está sempre falando que há um bom clima na casa este ano, que tudo está funcionando muito bem, que todos estão fazendo sua parte para o bom andamento da comunidade. Na última assembleia de comunicações, ele disse isso de novo, comentando o bom clima da reunião de professores, da impressão que os professores têm quanto ao bom funcionamento da casa. Eu acho que as coisas não estão tão bem assim não". (7ª visita de observação)

A realidade constatada está longe da imagem ideal da "comunidade evangélica" centrada na caridade e na fraternidade. A comunidade mostra-se afligida por conflitos e lutas internas. Notamos que reclusão no claustro do seminário e "vida em grupo" não são sinônimo de "vida comunitária". Presenciamos situações de perseguições pessoais e calúnias entre os próprios seminaristas, cujo intuito era a expulsão de alguns membros da comunidade, e casos de denúncia que redundaram em confissões institucionalmente organizadas, pequenos processos inquisitoriais com ou sem acareação entre as partes litigiosas, que ocasionaram o desligamento de alguns indivíduos do estabelecimento.

Como todas as esferas da vida estão interligadas no contexto institucional do seminário, a conduta do seminarista internado numa área de atividade é lançada contra ele pela equipe de formadores como comentário e verificação de sua conduta em outro contexto. Fato semelhante não costuma acontecer na sociedade civil, onde a segregação entre o papel e a audiência impede que as confissões e exigências implícitas relacionadas à pessoa realizadas em determinado contexto sejam verificadas em outros (Goffman, 1987, p.40).

No seminário, ausências nas atividades comunitárias de oração, estudo, trabalho e lazer são monitoradas pela equipe de formadores, em sua função de vigilância:

Perguntei se sempre houve muita vigilância no cumprimento dos horários e atividades do seminário. Responderam: "O ano passado isso não era assim. A vigilância não era tão intensa, mas havia outras dificuldades. Com este reitor, temos muitas coisas boas, um clima mais participativo na casa, mas tem a vigilância do vice-reitor. O reitor só fica de olho se a gente vai à missa, à oração". (5ª visita de observação)

Há um discurso oficial segundo o qual o seminarista não trabalha para o seu sustento, não paga nada pela formação que recebe no estabelecimento e tem todo o tempo disponível para dedicar-se às atividades formativas oferecidas pela instituição. Volta e meia, os seminaristas são lembrados de quanto cada um deles custa por mês e cobrados por um maior envolvimento com a formação que se manifeste em bom desempenho nas várias atividades. Notas baixas e desempenho acadêmico ruim podem implicar represálias ou até desligamento do seminário. Comportamento arrogante e desafiador ou críticas não parecem ser muito tolerados pela equipe de formadores. Os critérios vocacionais por meio dos quais essa equipe avalia e elabora os relatórios semestrais sobre cada um dos seminaristas parecem bastante subjetivos e pouco explícitos. A secretaria do curso de Filosofia envia aos bispos boletins semestrais com o desempenho acadêmico dos seminaristas, e estes tremem quando obtêm notas baixas ou ficam para exame. A possibilidade da reprovação está praticamente excluída para os bispos responsáveis.

Além do "circuito", verificamos que no seminário também há um *processo de tiranização* (Goffman, 1987, p.41) do seminarista. Uma das formas mais eficientes de perturbar a autonomia pessoal é a *obrigação de pedir permissão* ou instrumentos para realizar atividades secundárias que o indivíduo pode executar sozinho no mundo externo. Essa obrigação coloca a pessoa numa posição submissa e infantilizada, inadequada para um adulto, além de permitir que ela sofra outras interferências da equipe diretora: pode ser obrigada a esperar o capricho deles, ser ignorada, interrogada longamente, receber uma negativa etc.

No seminário, constatamos que o seminarista está, sob muitos aspectos significativos, reduzido a uma condição de menoridade tutelada que dura vários anos. Já mostramos acima que ele deve pedir permissão para se ausentar do estabelecimento fora dos horários permitidos e mencionamos a necessidade de indicar sua localização no quadro específico para isso. Vejamos alguns depoimentos que revelam a percepção dos seminaristas quanto à tiranização:

> Estou saturado do marasmo que é nossa vida aqui no seminário. Estou cansado do controle exagerado, dessa campainha que toca o tempo todo. Não temos liberdade para dispor do tempo como as pessoas lá fora." Um terceiro seminarista disse: "Quando saio à rua, fico de olho no relógio, para não perder a hora e voltar a tempo ao seminário. Somos escravos do horário da casa e do relógio. Tem hora pra tudo. A gente faz isso, depois toca a campainha, hora de começar aquilo, e assim vai. O dia acaba, passa e a gente ficou correndo atrás do relógio, para estar no lugar certo na hora marcada. (10ª visita de observação)

A tiranização pode ser constatada a partir da programação burocrática do tempo no seminário filosófico. Provavelmente ela é maior ainda nos seminários menores.

Além da tiranização, o seminarista também está submetido ao *processo de arregimentação* (Goffman, 1987, p.44). No seminário, há um "toque de despertar" que dá início às atividades do dia que devem ser realizadas por todos os membros do estabelecimento ao mesmo tempo. Fato semelhante acontece durante o almoço. Os seminaristas se ressentem das cobranças e ausências dos formadores nas atividades comunitárias:

> Na manhã seguinte, acordei com música em alto volume e com batidas na porta. Há um seminarista encarregado em cada pavilhão pelo toque de despertar, sendo que ele podia colocar música e bater nas portas. A música podia ser qualquer uma e, geralmente, era animada e barulhenta. Há uma série de atividades

obrigatórias, realizadas por toda a comunidade ao mesmo tempo. A participação na missa é uma delas. Durante o almoço, ninguém deve se ausentar antes da oração que um seminarista faz depois de 20 minutos. Os que almoçam rápido devem esperar ali mesmo até que se faça a oração, e então os que já acabaram podem se retirar. Mas não é preciso que todos terminem a refeição dentro desse tempo, muitos ainda estão comendo quando a oração é proferida. Ainda durante o almoço, costumam ser dados alguns avisos para toda a comunidade: reuniões de seminaristas por diocese, reuniões de equipes de serviço da casa etc. Quando há algum aniversariante, canta-se parabéns. (1ª visita de observação)

O "toque de despertar" parece indicar uma desconfiança da iniciativa e da autonomia dos seminaristas com relação a seus compromissos comunitários. Com um encarregado de fazer barulho para despertar a todos no estabelecimento, ninguém pode alegar desculpas para ausências matinais na capela ou nas aulas.

No seminário, as diferentes atividades do estabelecimento são sinalizadas por uma campainha onipresente. Entendemos que a campainha é um símbolo da condição de menoridade tutelada do seminarista internado no estabelecimento. Sua utilização propicia a infantilização deles, que esperam o sinal sonoro para começar as atividades, demonstrando pouca iniciativa pessoal.

Também constatamos no seminário um *sistema de autoridade escalonada* (Goffman, 1987, p.45; Foucault, 1999b, p.148):

Eram quase onze da noite e resolveram que era hora de voltarmos para o seminário. "Está na hora da carruagem virar abóbora e nós, ratos. Vamos voltar porque se o vice-reitor estiver no Seminário já estará na porta, controlando a chegada de todos" – disse um deles. Voltamos para o seminário, abrimos o portão e a porta principal, entramos no prédio velho e fomos até o quadro de avisos da garagem, apagar nossos nomes. Lá estava o vice--reitor, sentado na escada. Eu o cumprimentei, e ele disse: "Ah! Você já chegou?" Eu disse que sim, que já estava alojado e que ia dormir: "Amanhã, vou passar o dia aqui, com vocês" – completei. Ele sorriu, gentilmente, e disse: "Ótimo! Esteja em casa!" Então virou-se para os seminaristas e disse: "Bem na hora, hem, rapazes! Não deixem de ser pontuais!" Pareceu-me que havia uma ponta de ironia e censura em seu tom de voz. (3ª visita de observação)

Os professores do estabelecimento, considerados "formadores em sentido amplo", também estão chamados a desempenhar um papel de "vigilantes" e de "olheiros" em relação aos seminaristas:

O padre reitor pediu aos professores que indicassem nomes de alunos que considerassem aptos para uma especialização futura, destinada à formação de formadores para o seminário. Também lembrou que os professores façam observações que considerem pertinentes sobre os alunos, no final de cada semestre. Disse que estas observações ajudam os formadores a elaborar o relatório semestral sobre cada seminarista, que é enviado ao bispo respectivo. (6ª visita de observação)

O modo de funcionamento do estabelecimento seminário parece perturbar as ações que, na vida social corrente, permitem ao indivíduo atestar para si e para os demais que goza de certa autonomia em seu ambiente. Ele se considera capaz de decisões adultas, e os outros também esperam isso dele. A impossibilidade de manter esse tipo de autonomia, liberdade de ação, competência executiva adulta e seus símbolos pode provocar no seminarista o horror de sentir-se radicalmente rebaixado no sistema de graduação etária, reduzido à condição de uma criança. O seminarista é privado de escolha pessoal em muitas questões de seu cotidiano e precisa se acomodar, como puder, às condições ambientais da instituição.

Quanto às justificativas para esses ataques à singularidade subjetiva do seminarista, entendemos que são efeitos do modo específico de funcionamento das instituições totais, entre as quais incluímos o seminário que pesquisamos.

108 SÍLVIO JOSÉ BENELLI

Diferentemente de outros estabelecimentos religiosos mais rigorosos, que reconhecem explicitamente o valor e as consequências das disposições ambientais que mortificam o indivíduo, utilizando-as como meios para alcançar seus objetivos espirituais, não constatamos a valorização e a implementação explicitamente premeditada do "circuito" vigilante, da tiranização ou da arregimentação no seminário que observamos.

Já mencionamos que o seminário não exige despojamento dos bens pessoais; os seminaristas podem manter sua aparência pessoal como bem entenderem, nos limites da "modéstia e da dignidade", e não verificamos nenhum tipo de prática ostensivamente humilhante para eles. As restrições são poucas no seminário, incidindo mais em poucos pontos gerais.

Mesmo assim, parece claro que as várias justificativas para a mortificação subjetiva do indivíduo são muito frequentemente meras racionalizações, elaboradas pela necessidade de controlar minuciosamente a vida diária de um grande número de pessoas, num espaço delimitado e com poucos gastos de manutenção. As mutilações subjetivas ocorrem de qualquer modo, mesmo nos casos em que o internado coopera e os dirigentes têm interesses ideais em seu bem-estar.

Os seminaristas podem decidir voluntariamente ingressar no seminário, uma instituição total, e depois lamentarem a perda da livre iniciativa e da possibilidade de tomar decisões importantes na vida. Segundo Goffman (1987, p.49), todos esses ataques ao sujeito promovidos pelos vários processos de mortificação tendem a produzir nele uma profunda tensão psicológica; mas para alguém desiludido do mundo, ou com fortes sentimentos de culpa, ou ainda extremamente fóbico, podem provocar alívio psicológico. Essa tensão aguda poderia produzir ainda outros sintomas: perda do sono, do apetite, indecisão crônica e permanente.

Enquanto é submetido ao processo de mortificação/produção no contexto institucional, o seminarista também recebe instruções formais e informais sobre o sistema de privilégios que vigora no estabelecimento. A autonomia do internado já foi abalada e posta em xeque pelas várias mortificações experimentadas, e será o sistema de privilégios o fator de reorganização real que incidirá na nova configuração dele. De acordo com Goffman (ibidem, p.50), são três os elementos básicos desse sistema. O primeiro é o conjunto relativamente explícito e formal de prescrições e proibições que normatizam a conduta do internado. Essas regras costumam especificar com detalhes a rotina diária e austera da vida do internado. Em segundo lugar, em contraste com esse ambiente rígido, apresenta-se um pequeno número de prêmios ou privilégios claramente definidos, obtidos em troca de obediência, em ação e espírito, à equipe dirigente, de acordo com o sistema de gratificação-sanção de Foucault (1999b, p.149). Perversamente, muitas dessas satisfações potenciais elevadas arbitrariamente a privilégios na vida institucional eram parte integrante da vida cotidiana e corrente do indivíduo, aceitas como indiscutíveis. Beber um café, descansar alguns minutos, fumar, obter um jornal, ver televisão, ir e vir eram decisões que ele tomava sem pensar muito.

Apresentadas ao internado como possibilidades, essas poucas reconquistas parecem ter um efeito reintegrador, pois restabelecem as relações com todo o mundo perdido e suavizam sintomas de afastamento com relação a ele, à autoimagem e aos autoconceitos perdidos.

Em terceiro lugar, o elemento castigo está integrado no sistema de privilégios. Os castigos são definidos como consequências de desobediência às regras. Um conjunto de tais castigos é formado pela recusa ou retirada, temporária ou permanente, de privilégios, ou ainda pela eliminação do direito de adquiri-los.

Esses privilégios costumam ser altamente valorizados pelos internados, os quais costumam construir um mundo e uma cultura em torno dos privilégios secundários. Como são tão importantes e facilmente manipuláveis, seu afastamento é sentido como uma experiência terrível.

O sistema de privilégios é formado por um número relativamente pequeno de componentes, reunidos de modo intencional e racional, sendo assim apresentados aos internados. É desse modo que se pode manipular indivíduos e obter sua cooperação – e muitas vezes eles têm razão em se recusar.

Como já afirmamos, no seminário que observamos há poucas restrições, e agora diremos que constatamos a presença de muitas oportunidades novas para os seminaristas ali internados. Parece-nos que o próprio curso de graduação em Filosofia é um privilégio, e a obtenção da licenciatura significa uma interessante possibilidade de promoção social para os seminaristas.

Pudemos verificar nas "Normas internas a serem seguidas pelos seminaristas" que estas são poucas e pontuais, deixando uma margem relativa para a iniciativa pessoal do seminarista internado. Ele tem acesso a café e chá, pão e bolachas durante todo o dia, pode utilizar o telefone semipúblico quando desejar, ou mesmo possuir e utilizar bens tais como TV, telefone celular e aparelhos de som em seu quarto; pode também fumar sem problemas. Ele tem acesso a equipamentos de ginástica, jornais, revistas, TV a cabo e à Internet, que devem ser utilizados nos momentos livres entre outras atividades comunitárias. Devido à sua origem socioeconômica inferior e média, a maioria dos seminaristas não teria acesso fácil a esses bens e possibilidades que o estabelecimento seminário oferece.

Notamos a ausência de um clima de silêncio e recolhimento que se poderia esperar encontrar num ambiente como um seminário católico. Pelo contrário, predomina o som de músicas, de TV e de conversas. As principais restrições dizem respeito à liberdade de dispor do tempo como se desejar e de sair do estabelecimento, sobre o que há controle e vigilância:

> Perguntei se todos os seminaristas têm chaves das portas, para ir e vir, para sair do seminário. Ele disse que todos têm chaves do portão e da porta principal. Mas não se pode sair a qualquer hora, sem avisar. Há um dia de saída livre na semana, pode-se sair à tarde e à noite, ir ao cinema. Nessas ocasiões também é preciso colocar o nome no quadro. Perguntei como se faz se algum seminarista quer ou precisa sair em outro horário. O rapaz respondeu que nesses casos é preciso pedir autorização do

reitor, é preciso pedir licença para se ausentar. "E o reitor não deixa sair ou ele sempre deixa?" – perguntei. O seminarista disse que acha difícil o reitor negar, assim de cara. "Ele costuma perguntar aonde a gente vai, fazer o quê, com quem, investiga, deixa ir e diz para pôr os nomes no quadro e voltar na hora certa." "Então existe um horário fixo para voltar para o seminário?" – indaguei. Ele disse que sim: "É preciso voltar até as 23:00 hs. Quando está, o vice-reitor costuma vigiar o regresso dos seminaristas, esperando por eles junto ao quadro. Ele ameaça fazer uma lista dos retardatários e entregar para o reitor. Diz que sua função é manter a disciplina no seminário. Felizmente", completou o rapaz, "ele não fica todos os dias da semana aqui, porque tem uma paróquia na Diocese dele, aí a gente respira um pouco mais aliviado" – completou ele. (2ª visita de observação)

O ambiente institucional do seminário pode ser sufocante, rotineiro e opressor. Assim, as tardes e noites livres para a saída do estabelecimento, ou para a prática de esportes, são muito valorizadas:

Já na mesa, perguntei a um seminarista o que haveria naquela tarde. Ele disse: "A quarta-feira à tarde pode ser usada para saída. Todos os seminaristas são livres para sair do seminário". Eu: "Pode-se sair, mas não é obrigatório que se saia, não é?" Ele: "É verdade. A gente também pode ficar em casa, estudando, dormindo, ou fazendo trabalhos de Filosofia". Eu: "E o que os seminaristas vão fazer, quando saem de casa?" Disseram: "A gente vai ao centro da cidade, no comércio, fazer compras, passear, ver lojas, movimento, gente". "Vamos ao *shopping*, para comer, tomar sorvete, passear, ir ao cinema." "Tem gente que aproveita para ir ao médico, ao dentista, fazer alguma visita." Eu: "Então essa tarde livre para saídas serve para arejar um pouco. E é preciso anotar o nome no quadro e o lugar aonde se vai?" Responderam: "É, sim. Sempre que saímos de casa, devemos deixar indicado lá". Eu: "O que vocês acham de ter que indicar nesse quadro sua saída e o local onde estão?" Eles pareceram não entender minha pergunta: "Ah! É normal. É uma regra da casa. Assim também, se alguém telefona para fulano e encontramos o nome dele no quadro, sabemos que ele saiu e não precisamos ficar interfonando para a casa inteira, procurando por ele". Eu disse: "É. Numa casa desse tamanho, isso realmente é útil". (5ª visita de observação)

Outra oportunidade para a saída está na realização de atividades pastorais nos fins de semana:

Uma boa parte dos seminaristas faz "pastoral" em paróquias de suas dioceses nos fins de semana. Eles viajam até o local e auxiliam o pároco responsável em diversas atividades: orientação da catequese, de liturgia, de grupos de jovens, visitas, preparação de eventos litúrgicos importantes da Igreja. (Primeiros dias de funcionamento do seminário no início do ano letivo)

Os seminaristas não dispensam o pedido de autorizações para saídas extras, para atividades de lazer, o que pode implicar a flexibilização da restrição:

Em seguida, o reitor explicou que, como os formadores estavam observando que depois da missa da noite de quinta-feira quase ninguém ficava estudando, e que embora não fosse dia de saída muitos vinham pedir permissão para sair, eles haviam resolvido deixar a saída liberada até as 23:00hs nessa noite. Mas recomendou a prudência, o cuidado com os estudos, que são prioritários nesta etapa formativa, e que não voltassem tarde (3ª visita de observação)

Não constatamos a manipulação de lugares ou atividades como punição ou como premiação intencionais no contexto institucional do seminário pesquisado. Mas as "atividades pastorais" que os seminaristas realizam nos fins de semana podem ser incluídas no sistema de privilégios se eles são designados para paróquias mais abastadas, onde o pároco responsável é simpático e há famílias acolhedoras e generosas. Por outro lado, se a paróquia não tem muitos recursos e é muito distante do seminário, se o padre é difícil e, em alguns casos, intratável, a comunidade fria ou complicada, a "pastoral" pode ser um verdadeiro suplício para o seminarista a ela enviado.

O sistema de ajustamentos secundários também está correlacionado ao de privilégios, constituído por práticas que não desafiam diretamente a equipe de formadores mas permitem que os seminaristas obtenham satisfações proibidas ou consigam, por meios proibidos, as satisfações permitidas (Goffman, 1987, p.54). Essas práticas podem receber vários nomes na gíria local: "saber que apito tocar", "mexer os pauzinhos", "conivências", "tratos" etc. O lugar em que melhor se desenvolve esse sistema costuma ser na prisão, mas ele também surge em outras instituições totais. Esta forma de ajustamento é uma reação do indivíduo que não se submete a mortificações infligidas à sua pessoa, e lhe dá uma prova clara de que ele ainda é um homem autônomo, cuja vontade não foi quebrada e que mantém um certo controle em seu ambiente. Os ajustamentos secundários se tornam verdadeiros nichos onde o indivíduo pode se alojar e abrigar-se.

Consideramos que o seminário oferece um alto padrão de vida se comparado ao nível socioeconômico dos seminaristas internados. No caso deles, por exemplo, os ajustamentos secundários consistiriam em não comparecer às atividades comunitárias previstas no horário da casa: faltar à missa, à oração, às aulas ou ao trabalho. Isso não é impossível de se fazer, mas é fácil notar as ausências. Se a sanção não é imediata, esse comportamento pouco adequado pode figurar nos relatórios do reitor, e a alta incidência pode ocasionar o desligamento do seminarista do estabelecimento.

Por outro lado, entendemos que a transformação do quarto individual num ambiente luxuoso, a aquisição de bens socialmente valorizados, que dão *status* – tais como telefone celular, aparelhos de som e TV pessoais, roupas de grife –, podem ser consideradas formas de ajustamentos secundários.

A norma que proíbe o livre trânsito pela cozinha e pela despensa do estabelecimento parece prevenir eventuais abusos por parte dos seminaristas. Vejamos um depoimento informal do reitor a respeito de uma situação semelhante:

> O reitor contou que em anos anteriores os seminaristas mesmos cuidavam da contabilidade da casa, mas isso lhes tomava tempo dos estudos e das outras atividades formativas, além de ter sido ocasião para abuso e aproveitamento pessoal ilícito. Os seminaristas encarregados da contabilidade se constituíam em autoridades informais, detentores de certo poder e prestígio indevidos. (1ª visita de observação)

Para evitar esse problema, o reitor contratou um casal de profissionais para cuidar da administração contábil do estabelecimento.

Exemplos típicos de ajustamentos secundários observados foram as escapadelas noturnas do estabelecimento por parte de alguns seminaristas e a forma de utilização por eles dos quartos e dos horários de estudo.

Goffman (1987, p.55) afirma que o sistema de privilégios parece ser o principal esquema que, por meio de um modelo comportamental e condicionador, produz uma reorganização do indivíduo. Para permanecer no seminário e obter sucesso no processo formativo rumo ao sacerdócio, o seminarista deve se deixar modelar e adaptar ao perfil nem sempre explícito traçado pela equipe de formadores do estabelecimento.

Além do impacto do sistema de privilégios na subjetividade dos indivíduos internados em instituições totais, existe a prática do alívio de responsabilidades econômicas e sociais (superestimadas nos hospitais psiquiátricos) para os internados, embora essa prática pareça ter um efeito mais desorganizador do que estruturante para os internados.

No caso do seminário estudado, a questão econômica é complexa. Por um lado, os seminaristas internados vivem numa relação de tutela informal com suas respectivas dioceses; por outro lado, a cobertura oferecida pela tutela do seminário não é universal:

PESCADORES DE HOMENS 115

Conversamos e ele foi respondendo minhas perguntas: a Diocese de cada seminarista o acolhe e lhe oferece casa, comida, roupa lavada e estudos, tudo grátis. Mas eles também trabalham na manutenção da casa, fazendo vários serviços. Há duas tardes de trabalho por semana. O resto é por conta do seminarista e de seu próprio poder aquisitivo. Cada seminarista pode manter seu quarto como desejar, pois não há regras que especifiquem esta questão. Algumas dioceses costumam arrumar "madrinhas" para seus seminaristas, senhoras católicas ricas que "adotam" o seminarista, dando-lhe um enxoval, mesada e presentes, colaborando para sua manutenção pessoal no Seminário. Nem sempre as dioceses assumem gastos dos seminaristas com médicos, dentistas, psicólogos, fazem o indispensável mas não cobrem todos os gastos. Já no curso de Filosofia, os seminaristas estão pagando as cópias de xerox com dinheiro do seu próprio bolso. (2ª visita de observação)

Como podemos verificar, o seminarista vive numa situação paradoxal, pois pode usufruir boas condições de vida no estabelecimento, mas deve arcar com algumas despesas que não são pequenas, relativas à saúde por exemplo. Mas ele não pode trabalhar para obter o dinheiro de que precisa. Caso sua família, sua madrinha de seminário ou a paróquia não possa ajudá-lo economicamente, o seminarista vive sem dinheiro durante os vários anos de formação para o sacerdócio. Acreditamos que essa situação paradoxal deve provocar efeitos negativos e desestruturadores em sua subjetividade, pois trata-se de um jovem-adulto, universitário, reduzido a uma situação de dependência incerta e insatisfatória. A aquisição, a posse e o uso do dinheiro obtido por meio do trabalho constituem um importante elemento que garante o *status* do adulto em nossa sociedade. Nesse caso, a situação de menoridade tutelada do seminarista é agravada por um sistema no qual a cobertura oferecida pelo seminário não é completa, expondo-o a situações difíceis e provavelmente, às vezes, humilhantes. Podem surgir sentimentos de inferioridade e de dívida para com a Igreja. O alívio parcial e incompleto das responsabilidades econômicas e sociais parece ser um dos elementos do poder tutelar que infantilizam e tornam o seminarista dependente e caprichoso.

Verificamos no seminário aquilo que Goffman (1987, p.57) chama de processo de confraternização, no qual pessoas socialmente distantes desenvolvem apoio mútuo e resistência a um sistema que as obrigou à intimidade numa única comunidade igualitária de destino. Esse processo também costuma ser um elemento com poderosa influência reorganizadora. Os internados, na convivência, descobrem que todos têm qualidades de seres humanos comuns, ocasionalmente decentes, e são merecedores de simpatia e apoio.

No caso do seminário estudado, é preciso observar que essas expressões de solidariedade entre os seminaristas são limitadas, devido às coerções que colocam os internados numa posição de identificação e comunicação precárias e não levam necessariamente a um elevado moral grupal solidário, conforme os relatos já apresentados anteriormente a respeito da contaminação que significa viver num contexto institucionalizado como o seminário.

Os seminaristas se unem solidariamente quando lutam por uma causa comum, como no caso do professor que não queriam mais lecionando para eles no curso de Filosofia, que apresentaremos mais adiante. Nos casos em que não se pode confiar nos companheiros, pois estes representam uma ameaça potencial permanente e podem caluniar ou delatar o indivíduo, o seminarista pode experimentar a anomia.

A "gozação" coletiva (ibidem) é outro ajustamento secundário que manifesta com clareza o processo de confraternização e a rejeição da equipe dirigente e de seus auxiliares: a solidariedade dos internados pode ser suficientemente forte para apoiar gestos passageiros de desafio anônimo ou coletivo (gritar frases feitas, apelidos, vaias, aplausos diante de um incidente desagradável sofrido por um dirigente na presença de todos, batidas em pratos, mesas ou bandejas, rejeição coletiva de alimento, pequenas sabotagens etc.).

No seminário observado, não presenciamos nenhuma situação de gozação coletiva, embora nos pareça evidente que ela ocorra quando um dos formadores ou professores comete uma gafe qualquer em público. Os seminaristas colocam apelidos nos padres formadores, mas usam esses apelidos apenas entre eles; os apelidados frequentemente ignoram seu cognome. Falhas cometidas por colegas seminaristas, por exemplo na proclamação de uma leitura bíblica na capela, provocam gargalhada geral, e o responsável pelo erro deve aturar a gozação por um período considerável de tempo. A solidariedade no processo de confraternização no seminário também se desenvolve em unidades ainda menores (ibidem, p.58), podendo constituir um tipo de grupo primário dentro da instituição: "panelinhas", facções, formação de pares apaixonados em segredo, quando dois internados passam a ser reconhecidos como "amigos" ou "casal" pelos demais companheiros da "panelinha". Constatamos dois grandes grupos, um seria constituído pelos "exus". Essa denominação é dada aos indivíduos machões da comunidade pelos membros do grupo dos mais afeminados, os quais poderiam ser considerados participantes do denominado "comando rosa", conforme depoimento já antes apresentado. Talvez possamos aludir ainda a um terceiro grupo, composto por seminaristas mais ingênuos e indiferentes:

O almoço transcorreu animado como sempre. Houve muita conversa enquanto faziam a refeição. Provavelmente, as pessoas se sentam juntas por afinidades, os amigos devem sentar juntos, já que não há lugares prescritos nem fixos. Os veteranos tendem a se sentar juntos com seus pares. Os novatos igualmente sentam-se com novatos ou com amigos veteranos de sua diocese. Noto que há alguns rapazes com cara de durões, corpulentos, que se sentam juntos com frequência. Outros rapazes mais extrovertidos e barulhentos tendem a se reunir em outras mesas. Parece que há subgrupos no refeitório: grupo de machões, grupo de afeminados, grupo de ingênuos, de "bobos da corte" excluídos por uns e por outros. Há também os indiferentes, os isolados e silenciosos, sobretudo entre os novatos. Provavelmente, os veteranos formam diversas panelinhas. Os afeminados chamam os machões de "exus", gíria própria desse subgrupo da comunidade. (7ª visita de observação)

O seminário lida com esses grupos de modo muito ambíguo: eles parecem ter um reconhecimento semioficial, ou são tacitamente ignorados, mas relações afetivas entre pares são proibidas, não se tolera a homossexualidade no estabelecimento. A adesão ao celibato é uma condição para o ingresso e a permanência na instituição. A solidariedade entre os membros da comunidade é muito estimulada nos discursos oficiais: a união dos seminaristas internados é um dos objetivos estratégicos da formação para o sacerdócio.

A fraternidade, a solidariedade e a vida comunitária são consideradas alguns dos valores mais caros para o cristianismo e são muito pregadas no seminário. Mas nesse quesito detectamos uma grande dificuldade do estabelecimento para conseguir implementar uma vida cotidiana permeada por tais ideais.

Os próprios seminaristas reconhecem as dificuldades de relacionamento entre eles, conforme o relato abaixo:

> Um deles comentou: "A gente reclama que os formadores são muito autoritários, mas a gente também é muito autoritário uns com os outros: na sala de aula, nas reuniões por grupos diocesanos, na assembleia, quando um colega fala, parece até ser mais autoritário que os próprios formadores". Eu perguntei: "Por que será que os seminaristas são tão autoritários assim uns com os outros?" O rapaz comentou: "Essa é uma boa pergunta". (13ª visita de observação)

Existem diversas estratégias de adaptação do seminarista às condições ambientais do estabelecimento. O internado precisa se adaptar aos processos de admissão, mortificação/produção e ao sistema de privilégios do seminário. Tal adaptação pode produzir-se de diferentes modos, e o seminarista empregará diversas táticas adaptativas em diferentes momentos de sua "carreira moral", mas poderá também alternar entre diferentes estratégias ao mesmo tempo.

PESCADORES DE HOMENS 119

Goffman (1987, p.59) descreve as diferentes estratégias utilizadas como recursos adaptativos pelos internados nas instituições totais:

a) *afastamento da realidade*: o internado aparentemente deixa de dar atenção a tudo, com exceção dos acontecimentos que cercam seu corpo, e vê tais fatos de uma perspectiva que não é compartilhada pelos demais internados. Trata-se de uma abstenção com graus variados de não participação em atividades e interações. Esse afastamento pode ser visto como regressão, despersonalização ou alienação.

b) *intransigência*: o internado desafia intencionalmente a instituição, ao negar-se de modo visível a cooperar com a equipe dirigente. Sua intransigência é constante e o indivíduo revela elevado moral. Mas, ao rejeitar abertamente a instituição, o internado está permanentemente atento à sua organização formal, demonstrando um grau paradoxal de profunda participação na vida do estabelecimento. Por sua vez, a instituição pode pretender dobrar ou quebrar a vontade intransigente e a resistência do internado, mediante a solitária nas prisões e o tratamento com choques elétricos nos hospitais psiquiátricos, por exemplo. Desse modo, o estabelecimento mostra, com relação ao rebelde, uma devoção tão especial quanto a que este dedicou à instituição. A rebeldia costuma ser uma forma de reação inicial e temporária, depois o internado se utiliza de outras táticas adaptativas.

c) *colonização*: o indivíduo se adapta de tal modo à instituição, que nela acaba por encontrar um lar, acreditando e sentindo que vive no melhor dos mundos e nunca teve antes nada melhor. Ele passa a considerar o pouco do mundo externo que o estabelecimento oferece como se fosse o todo e procura construir uma existência estável e relativamente satisfatória, usufruindo o máximo possível do que lhe propicia a vida institucional. A colonização, que seria o objetivo oculto máximo da instituição, dado o nível elevado de cooperação do internado, é paradoxalmente vista como um problema para a instituição: a equipe dirigente pode ficar perturbada ao perceber que as possibilidades positivas da situação estão sendo mal empregadas. Os próprios colonizados podem sentir-se obrigados a negar sua satisfação, mesmo que seja apenas por razões de solidariedade com seus companheiros. Podem ainda sabotar espontaneamente sua saída, criando problemas perto da data fixada para sair do estabelecimento, prolongando sua estadia. Os esforços da equipe dirigente para melhorar as condições de vida na instituição têm de enfrentar a possibilidade de aumentar a atração e a própria colonização.

d) *conversão*: o internado parece aceitar a interpretação oficial da equipe dirigente e procura representar o papel do internado perfeito. O convertido aceita uma tática disciplinada, moralista e monocromática, apresentando-se como alguém cujo entusiasmo pela instituição está sempre à disposição da equipe dirigente.

e) *"se virar"*: as táticas anteriores representam comportamentos coerentes que podem ser seguidos, mas os internados não perseveram nelas por muito tempo. Eles acabam por "se virar" e utilizam o "jogo de cintura": uma combinação oportunista de ajustamentos secundários, conversão, colonização e lealdade aos colegas, de modo a obter, na situação específica, uma possibilidade máxima de evitar sofrimentos físicos ou psicológicos.

No seminário estudado, uma das estratégias adaptativas mais utilizadas parece ser a colonização, pelos motivos enumerados acima: ingresso voluntário no estabelecimento, alto padrão de vida oferecido por ele. Constatamos um caso em que, ao abandonar voluntariamente o seminário, o rapaz o fez deixando aberta a possibilidade de seu retorno:

> O rapaz que havia decidido se retirar do Seminário saiu do refeitório e veio falar comigo. Eu lhe disse, em tom de brincadeira: "Então você decidiu voltar para o mundo". Ele disse: "É. Já faz umas semanas que eu havia comunicado ao reitor. Mas ele me pediu para dar um tempo, demonstrou uma preocupação por mim que eu não havia imaginado. Eu me sentia tão sozinho aqui. Parecia que ninguém se importava comigo. Fiquei surpreso

com a reação dele. Mas dei um tempo, apenas em consideração a ele. Cada dia, menos sentido vejo em continuar aqui. Agora resolvi mesmo sair". Eu perguntei: "Mas aconteceu alguma coisa específica que fez que você tomasse essa decisão?" Ele disse: "Eu sou muito tímido, tenho grande dificuldade para falar em público. Na pastoral, o padre queria que eu fosse um minipadre: que eu fizesse celebrações, homilias, que eu coordenasse uma das capelas da paróquia. Era muito para mim. Não me sentia capaz de fazer tudo isso. E também não tive coragem de dizer isso para o padre. Então eu fugi, resolvi não mais ir na pastoral, nem nas celebrações da Semana Santa da minha diocese. Como devia estar todo mundo pensando em me mandar embora, resolvi sair antes". Eu: "E você não vai conversar com o padre da pastoral nem com o bispo?" Ele: "Não tenho coragem de me encontrar com eles. Não saberia o que dizer. O próprio reitor não entende direito por que eu estou saindo. Ele me disse que eu não lhe apresentei nenhum motivo consistente". Eu: "E você, o que acha?" Ele: "Não sei ao certo. Agora sei que quero sair e fazer uma experiência fora. Mas vou deixar aberta a possibilidade de voltar no futuro, caso mude de ideia e descubra que tenho vocação para o sacerdócio". (11ª visita de observação)

A tática da conversão também parece bastante adequada, e teoricamente seria a que daria ao seminarista as maiores chances de permanecer no estabelecimento e no processo formativo voltado para a ordenação sacerdotal.

Mas não podemos descartar a utilização da estratégia do "se virar" e do "jogo de cintura" pelos seminaristas em sua adaptação e sua permanência no estabelecimento. Constatamos que os objetivos oficiais do seminário parecem estar longe de ser alcançados de modo satisfatório, e a dinâmica própria da vida cotidiana no contexto institucional do estabelecimento parece gerar toda uma gama de fenômenos e dificuldades para os seminaristas, obrigando-os a "se virar" para permanecer articulados à formação sacerdotal.

Os seminaristas percebem as contradições entre o discurso oficial e a prática concreta desenvolvida no estabelecimento: são acolhidos e tutelados, mas não completamente, pois como já vimos a internação no estabelecimento não implica o atendimento automático de todas as suas necessidades; não possuem vínculos formais com suas dioceses de origem e podem ser despedidos a qualquer momento; não há tanta transparência nas relações entre seminaristas e formadores (relatórios secretos, critérios vocacionais pouco claros, testemunho de vida não condizente com o discurso, intolerância com os seminaristas com "problemas afetivos" etc.). Então, diante dessa situação paradoxal em que consiste sua vida no contexto institucional do seminário católico, têm que "se virar" para resolver seus problemas e permanecer no estabelecimento.

Existem ainda outros aspectos típicos do mundo cultural do internado: sentimento de inferioridade, noção do tempo, valor das distrações. O seminário, como algumas outras instituições totais, produz em seus internados um tipo e um nível de preocupações pessoais características (Goffman, 1987, p.63). O seminarista é colocado numa posição social inferiorizada em comparação à que ocupava no mundo exterior, sob a ação do processo de infantilização e de menoridade social ao qual é submetido. Isso cria nele uma sensação de inferioridade e pouca valia. Mas já comentamos acima os aspectos altamente positivos do seminário, que o diferenciam de outras instituições totais extremamente opressoras: estar no seminário significa uma importante ocasião de promoção social e cultural para a maior parte dos seminaristas internados.

Outra característica é que, entre os internados de muitas instituições totais, existe uma forte sensação de que o tempo de internação é inútil, perdido, roubado de sua vida, tempo que precisa ser apagado, cumprido, preenchido ou arrastado de algum modo. Durante sua estada obrigatória, o internado costuma sentir que esteve completamente exilado da vida. Isso indica que internações excessivamente prolongadas têm um efeito proporcionalmente desmoralizador. Condições precárias de vida, perda de contatos sociais, impossibilidade de adquirir dinheiro, de formar relações conjugais e ausência de certidão de estudos realizados são outros elementos que explicam essa sensação de tempo perdido na instituição.

Com relação ao tempo no seminário, pensamos que ele não parece ser experimentado como roubado da vida dos seminaristas, nem parece ser inútil ou perdido. Mas ele costuma ser percebido como rotineiro, lento, bastante controlado e vigiado. Há temporadas em que os seminaristas parecem obrigados a preenchê-lo e arrastá-lo de alguma maneira, pois o modo de funcionamento institucional é demasiado massificante e a vida no internato pode se tornar bastante difícil de ser suportada. Nos depoimentos informais obtidos durante as visitas de observação, ouvimos que os padres em geral não gostam de lembrar do tempo em que viveram no seminário, não visitam o estabelecimento e é difícil encontrar um deles que aceite ocupar o cargo de formador, reitor, vice-reitor, diretor espiritual, pois deve voltar a viver na instituição. Então, parece que esse tempo vivido no seminário precisa ser apagado, tal deve ter sido a dureza da experiência. As condições de vida no seminário são bastante boas, como já afirmamos, os seminaristas obtêm seu diploma de licenciados em Filosofia, quando chegam a concluir o curso oferecido pelo seminário, porém há perda de liberdade, de contatos sociais, dificuldade para adquirir dinheiro, não há formação de relações conjugais.

Tivemos ocasião de observar o alto valor das tardes de saída livre, das atividades de distração, sejam individuais ou coletivas, nesses estabelecimentos: esportes na quadra ou no campo de futebol, festas, coral, teatro, televisão, filmes, jogos de cartas. Essas e outras atividades de entretenimento ajudam o indivíduo a relaxar, aliviando um pouco a tensão produzida pelos diversos operadores microfísicos em funcionamento no contexto institucional.

O mundo dos formadores no seminário

De acordo com Goffman (1987, p.69-70), de um modo geral, as instituições totais funcionam como um depósito de internados, mas elas se apresentam ao público como organizações racionais, planejadas de modo consciente como máquinas eficientes para atingir determinados objetivos e capazes de cumprir certas finalidades oficialmente declaradas. Um de seus objetivos oficiais mais amplos e frequentes é a reeducação dos internados na direção de algum padrão ideal. São verdadeiras máquinas de sobrecodificação da subjetividade. A contradição entre os objetivos oficiais confessados e aquilo que o estabelecimento realmente produz constitui-se no contexto básico do trabalho cotidiano da equipe dirigente (Goffman, 1987; Costa--Rosa, 2000).

Já vimos que a equipe de formadores procura alcançar os objetivos oficiais de preparar futuros sacerdotes para a renovação dos quadros da hierarquia da Igreja Católica, mas o funcionamento concreto do estabelecimento seminário está marcado por contradições entre práticas e discursos que se interpõem como obstáculos e impedem a sua realização.

O trabalho da equipe de formadores se reduz à administração, ao gerenciamento e ao controle dos seminaristas. Como material de trabalho, as pessoas podem também ser reduzidas às características de objetos inanimados e vistas apenas em seus aspectos físicos. Um indivíduo pode ser etiquetado como um produto, numerado, encaixado numa nosografia, inscrito e descrito em relatórios e prontuários que dizem o que foi feito por ele, com ele, e quais foram os responsáveis. Seu registro de caso vai crescendo à medida que passam a ser acrescentados notas e pareceres da equipe dirigente (Goffman, 1987, p.70; Foucault, 1999b, p.159).

Acreditamos que o trabalho da equipe dos formadores na administração dos seminaristas internados acaba por criar uma distância entre ambos os grupos e por levar mesmo a uma certa "coisificação" dos internados, o que permite que a equipe de formadores possa governá-los, tomando inclusive medidas impopulares ou claramente repressivas.

As instituições totais mantêm padrões tecnicamente desnecessários de tratamento em seus cuidados com o material humano. Isso se aplica ao alto padrão de vida que constatamos no seminário. Podemos dizer que os formadores se sentem responsáveis pelos seminaristas e procuram manter padrões humanitários com relação aos internados; trata-se de uma garantia que lhes oferecem em troca de sua liberdade.

Os seminaristas internados costumam ter um *status* e relações no mundo externo, e o Seminário precisa respeitar alguns dos direitos dos internados como pessoas que são.

Diferentemente de outros internados em instituições totais, os seminaristas não perdem seus direitos civis e, portanto, não é preciso dar conta de uma papelada burocrática como a que exige a interdição de um indivíduo internado num hospital psiquiátrico e a transferência de seus direitos e deveres para a tutela de outra pessoa, que se torna responsável e seu representante legal. Os vínculos do seminarista com sua diocese e o seminário são informais, não possuem qualquer efeito legal.

No caso do internado numa instituição psiquiátrica, é preciso administrar as relações eventuais do internado com a sociedade: benefícios da previdência social, imposto de renda, manutenção de propriedades, seguros, pensões, contas pendentes etc. Várias agências da sociedade e os parentes do internado lembram a equipe dirigente de suas obrigações em relação a padrões humanitários e direitos do indivíduo. Os próprios internados podem desempenhar bem esse papel.

No seminário, procura-se valorizar o contato do seminarista com sua família, as atividades pastorais dos fins de semana, as tardes livres para saídas; além disso, o acesso aos meios de comunicação social mantêm os seminaristas em contato com o mundo externo.

As instituições totais funcionam mais ou menos como um Estado, e sua equipe dirigente tem que enfrentar problemas semelhantes aos que têm os governantes de estados (Goffman, 1987, p.72), deparando-se com dilemas clássicos, como por exemplo: conflitos entre meios e fins; manutenção de padrões humanitários *versus* eficiência institucional; esforços para evitar fugas; esconder decisões sobre o destino dos internados; distância *versus* afeição pelos internados; e outras dificuldades específicas no trabalho com pessoas.

As pessoas, diferentemente de outros materiais de trabalho, podem receber instruções e executá-las sozinhas, mediante o uso de ameaça, prêmio ou persuasão. Mas se os seminaristas internados têm capacidade para perceber e seguir os planos da equipe de formadores, também podem opor-se veladamente a estes. A equipe dirigente precisa estar preparada para evitar os esforços organizados para fugas e tentativas de enganá-la ou de dirigi-la.

Vejamos alguns exemplos da equipe de formadores do seminário no desempenho de seu papel de governante:

a) No início do ano letivo, reunidos os seminaristas em assembleia, a equipe de formadores lhes apresentou oficialmente a forma de organização administrativa e burocrática do seminário:

Na assembleia, os formadores entregaram o caderno do Seminário com orientações quanto à vida de comunidade do estabelecimento, incluindo as "Normas internas a serem seguidas pelos seminaristas", o Horário da Casa, o Regimento Acadêmico, a Grade Curricular do curso de Filosofia e o Calendário para o Ano Letivo. ... Os formadores entregaram o Horário da Casa para o presente ano aos seminaristas. Esse horário foi planejado pela equipe dos padres formadores, junto com o diretor de estudos do Seminário, e não foi objeto de discussões por parte dos seminaristas. ... No rodapé da página onde foi impresso o Horário da Casa está escrito: "O seminário será melhor se você for melhor". "Entre vocês não será assim" (Mt 20,26). "Não vos ajusteis a este mundo, e sim transformai-vos com uma mentalidade nova para discernir a vontade de Deus, o que é bom, aceitável e perfeito" (Rm 12,2). Foi organizada também a Lista de Serviços da casa, através de sorteio, na qual todos os membros da comunidade assumiram alguma responsabilidade nas atividades de limpeza, manutenção e serviços gerais. O "trabalho" é realizado duas vezes por semana, à tarde, nas segundas e quintas-feiras. ... O padre reitor apresentou a programação da "Convivência", prevista para os próximos dias, e escolheu-se uma equipe de liturgia encarregada das celebrações desses primeiros dias, até que o seminário inicie seu funcionamento ordinário. ... Em seguida, o reitor explicou sobre a necessidade da elaboração de um "Projeto de Vida Pessoal" a ser entregue dentro de duas semanas e comentou algumas mudanças efetuadas no Horário da Casa com relação ao ano anterior; enfatizou a importância e a obrigatoriedade da participação na missa diária; recomendou discrição no uso do telefone semipúblico; falou das saídas controladas, de que é necessário pedir permissão aos formadores para se ausentar da casa fora dos horários já estabelecidos; pediu empenho e aplicação na execução dos trabalhos, pois trata-se de colaborar com a economia da casa, além de ser um treino da humildade em realizar serviços simples; finalmente, proibiu a entrada de pessoas não autorizadas na despensa. ... O padre reitor, juntamente com o padre diretor espiritual e o vice-reitor entregaram aos seminaristas uma folha na qual estava o "Organograma do Projeto Educativo do Seminário Católico" (Anexo 3), estabelecendo "canais de participação" e cujo lema é: "Educar para a liberdade, responsabilidade e maturidade". ... O organograma termina com a seguinte frase: "Somos todos responsáveis por tudo e por todos e eu mais do que todos". O padre reitor insistiu muito na importância de uma atividade colegiada dos formadores, num diálogo permanente, na participação e no empenho de todos para que o objetivo de formar futuros padres seja alcançado. (Primeiros dias de funcionamento do seminário no início do ano letivo)

b) O reitor emite um relatório semestral sobre cada seminarista para o bispo respectivo, realizando uma entrevista com eles, procurando verificar seu desempenho nas várias dimensões do processo formativo:

> Havia um seminarista no computador conectado na Internet e outros dois lendo jornais. Sentei-me e peguei uma revista. Um dos rapazes me disse: "Você já soube da Avaliação Pessoal que o reitor solicitou que a gente fizesse agora no final do semestre,

para levar na entrevista que teremos com ele?" Eu disse que não sabia de nada e perguntei: "Será que eu posso ver como é essa Avaliação?" Ele consentiu e, abrindo sua pasta, me passou uma folha impressa, que transcrevo a seguir:

AVALIAÇÃO PESSOAL – PONTOS PARA REFLEXÃO

1. ASPECTO VOCACIONAL

Qual é sua maior motivação para a vida sacerdotal? Você procura conservar e alimentar tal motivação? Acha que seus motivos vocacionais são realmente sérios, maduros e suficientes para uma vida sacerdotal futura? Caso contrário, procura descobrir motivações sempre mais profundas?

2. SITUAÇÃO INDIVIDUAL

Pessoalmente você se sente bem ou está vivendo algum problema, alguma dificuldade que o angustia e impede de fazer uma caminhada saudável, de sentir-se tranquilo e satisfeito consigo mesmo? Sua vida humano-afetiva é bem integrada? O aspecto da sexualidade é vivido de maneira bastante equilibrada e normal ou encontra algum desvio, alguma tendência negativa ou qualquer outra dificuldade nesse sentido, seja de caráter homo ou heterossexual? Se você tem algum problema de qualquer espécie, procura alguém para conversar, o Diretor Espiritual escolhido por você e aprovado pelo Bispo, ou vai escolhê-lo ainda? Aceitaria o próprio Diretor Espiritual oferecido pelo Seminário?

3. RELACIONAMENTO COM OS DEMAIS

A vida espiritual, em sentido amplo, é a vivência da fé na caridade, e isso deve acontecer com todos os aspectos da vida de cada dia. Você percebe isso no relacionamento com os outros, numa atitude de amor e respeito para com os colegas, formadores, professores e funcionários? Procura contribuir para um bom clima de convivência entre todos, evitando atitudes não evangélicas, que desunem, distanciam, criam barreiras? Acima de tudo, você se esforça para promover tudo aquilo que leva à concórdia, à paz, à comunhão, ao crescimento de todos e à edificação da comunidade?

4. VIDA DE ORAÇÃO E OUTRAS PRÁTICAS DE PIEDADE

Como cristão e seminarista, você se nutre dos meios de santificação, como a participação nas missas, terços, meditações, horas santas, celebrações penitenciais, vias-sacras, enfim, daqueles meios que ajudem no crescimento da vida cristã? Reza também individualmente? Procura fazer que sua participação nesses momentos seja consciente e proveitosa para sua vida, evitando atitudes mecânicas e rotineiras? Alimenta também sua vida de fé com a meditação de leituras espirituais?

5. DIMENSÃO INTELECTUAL

Você valoriza sua formação intelectual? Entende que a formação acadêmica, ao lado dos demais aspectos formativos, irá lhe ajudar no seu futuro trabalho apostólico para liderar e dirigir bem uma comunidade, bem como evangelizar melhor? Assim, aproveita bem tudo o que o Seminário lhe oferece em termos acadêmicos com boa participação em empenho nas aulas e aplicação nos estudos, bem como leituras de complementação e aprofundamento nas disciplinas? Faz bom uso do tempo disponível? Se realiza trabalhos pastorais nos finais de semana, estes não tomam seu tempo de estudo? Permite um equilíbrio entre a formação acadêmica e outras dimensões da formação?

6. DIMENSÃO PASTORAL

Você acha que com seu trabalho pastoral está contribuindo realmente para a evangelização da comunidade onde você atua? Por quê? Você procura oferecer trabalhos importantes e diferentes daqueles que qualquer outro leigo poderia fazer ou simplesmente faz o que qualquer ... outra pessoa da comunidade poderia muito bem realizar? Você já pensou na possibilidade de preparar novos agentes de pastoral ou capacitar ainda mais os antigos com formação catequética, bíblica, litúrgica através de cursos de preparação? Você, por outro lado, acha que a pastoral o está ajudando, está contribuindo para sua formação? Por que ou em quê, por exemplo? Acredita que o trabalho pastoral possa estar tomando tempo indevido de sua formação? Em que o Seminário poderia ajudar para que se pudesse ter uma melhor atuação no trabalho pastoral?

7. OUTRAS ATIVIDADES FORMATIVAS

Na sua vida de estudo, trabalho e lazer você se aplica devidamente? Leva a sério seus deveres nesses aspectos, aproveitando bem as oportunidades para enriquecer bastante a sua formação cultural e humana? Procura participar e viver intensamente esses e outros aspectos da formação? Você procura ser uma pessoa aberta, disponível, dedicada e serviçal, num espírito de colaboração, ajudando na construção da vida comunitária e nas necessidades da casa, ou alguém simplesmente voltado para si mesmo e para seus interesses particulares? Enfim, procura se preparar seriamente para uma vida sacerdotal bastante rica e significativa para o crescimento e a edificação do Povo de Deus? Tem consciência de tudo isso para seu futuro ministério?

Depois de ler a folha, perguntei: "O que vocês acharam dessa Avaliação Pessoal?" O rapaz sorriu e disse: "Pra ser sincero, a gente não gostou não. O reitor vai preparar um relatório para os bispos a partir dessa entrevista e esse relatório é decisivo para nossa permanência ou não no seminário". Eu: "Você falou em sinceridade. Dá pra ser realmente sincero com o reitor ao responder essas perguntas?" O rapaz me olhou maroto e, rindo, disse: "Só se a gente quiser ser mandado embora mesmo". Eu: "O que é que vocês vão fazer então?" Ele: "O de sempre, a gente vai dizer pra ele o que ele quer ouvir, ora essa! Aí fica tudo bem". (20ª visita de observação)

Desde logo, neste inventário, o tema da sexualidade do seminarista é uma questão fundamental para a sua permanência no estabelecimento e o sucesso no processo formativo. Ingenuamente, busca-se verificar sua adesão à proposta formativa eclesiástica oferecida pelo seminário. O instrumento encontra um grande obstáculo: como ser transparente numa instituição totalitária? Não podemos deixar de pensar que o próprio roteiro funciona como um operador microfísico de exame, vigilância e sanção normalizadora para os seminaristas. Eles reagem estrategicamente: se não é possível ser o que a instituição quer, pelo menos é preciso parecer, adotando um discurso orientado de acordo com a pauta indicada.

c) O padre vice-reitor exerce vigilância para manter a disciplina:

O padre vice-reitor apareceu por ali, para verificar como ia o serviço. Perguntou, sorrindo: "E aí, como está essa limpeza?" Os rapazes disseram: "Está indo bem, padre. Mas a comunidade está sujando muito o anfiteatro. Jogam muita coisa no chão, deixam as cadeiras fora de lugar". O vice-reitor disse: "Vamos recomendar que tenham mais cuidado, na próxima assembleia de comunicações". O padre tinha uma prancheta na mão e fixada nela estava uma Lista de Serviços da Casa. Ele perguntou se todos os responsáveis pela limpeza do anfiteatro estavam trabalhando. Eles disseram que sim. Então ele deixou-os e foi para fora. Quando saiu, eles comentaram: "Ele acha que ser vice-reitor é vigiar a gente. Diz que sua função é manter a disciplina. Até quando a gente sai, ele fica esperando, perto do quadro de avisos onde a gente anota o nome, pra ver quem chega atrasado da rua. Agora está parecendo um fiscal, vendo quem está trabalhando". (10ª visita de observação)

d) O padre reitor fica sobrecarregado com sua tarefa na administração da vida na instituição e busca alguns dias de descanso para se recuperar:

Finalmente, o dono do quarto me perguntou: "Sabe que o reitor não está em casa?" Eu disse: "Sei, sim. Comentaram no jantar". O rapaz continuou: "Ele tirou a semana para descansar. Acho que ele está um pouco estressado". Eu perguntei: "Aconteceu alguma coisa especial esses dias?" O rapaz disse: "Acho que o reitor está cansado faz algum tempo. Ele está parecendo cada vez mais controlador, centralizador, embora viva falando de transparência e participação. Ele quer saber de tudo, tudo deve passar por ele. Mas acho que houve um acontecimento que estressou mais o reitor". Eu perguntei: "E o que teria sido?" Ele contou: "Na última reunião de seminaristas por diocese, os formadores sugeriram que fizéssemos uma avaliação das atividades da casa, desde a recepção no início do ano até agora. Depois, cada seminarista representante de diocese foi para a reunião da 'Equipe do reitor'. Na reunião, quando o reitor pediu que os representantes comentassem a avaliação feita por cada grupo diocesano de seminaristas, vários ficaram quietos, até que um deles começou a relatar as críticas que os seus colegas tinham feito ao trabalho de recepção dos novatos e veteranos no início do ano, que havia sido meio fraco, que não haviam gostado muito da dupla que conduziu os trabalhos naqueles dias iniciais; criticaram a assembleia semanal de comunicações, onde os formadores ficam dando sermões repetitivos e intermináveis, os colegas que se levantam para falar na assembleia repetem o estilo autoritário dos formadores; a assembleia é interminável, repetitiva, enfadonha e estressante para os seminaristas etc. Depois que o colega abriu a porta, os demais tomaram coragem e apresentaram queixas semelhantes, apoiando as críticas apresentadas e trazendo outras ainda". Eu disse: "Imagino que o reitor terá ficado muito chateado com essas críticas". O seminarista disse: "Ele ficou mesmo, balançava a cabeça, de boca aberta. Acho que ele não esperava tantas críticas, pois ele vive dizendo como a casa vai bem, que o curso de Filosofia está bom, comenta sobre quantos serviços a casa está oferecendo aos seminaristas, e enumera: exames médicos para todos, com visitas de clínicos gerais e fisioterapeutas; atendimentos psicológicos com dois psicólogos que vêm uma vez por semana para dar consultas; o casal que está administrando a economia e contabilidade do seminário etc. Mas há muita insatisfação entre nós. Ele não vê o seminário como nós vemos". Eu: "Mas todas essas coisas que ele enumerou não são boas?" O rapaz comentou: "São sim. Não há como negar. Mas há outras coisas que acontecem e não correspondem ao discurso de transparência, colegialidade e participação que ele tanto prega". (12ª visita de observação)

Nesse episódio, vemos como os seminaristas criticam as atividades da casa e detectam a contradição entre o discurso oficial e as práticas de dominação da formação no contexto institucional.

A administração e o gerenciamento de um grupo humano no contexto institucional de um seminário católico não são diferentes em muitos de seus aspectos aos de outras instituições totais. Constatamos que o conjunto das dioceses que mantêm e compõem o seminário pesquisado economiza pessoal e dinheiro, pois apenas poucos padres estão encarregados da vida e formação dentro da instituição. O desafio que esses quatro padres enfrentam não é pequeno. Se cada diocese tivesse sua própria casa de formação, seria necessário ter muitos outros padres liberados para a tarefa formativa. O modelo do grande seminário é muito econômico quando se trata de formadores, mas sua estrutura produz outros inconvenientes, como estamos constatando.

A equipe de formadores apresenta e representa a perspectiva oficial da Igreja a respeito da formação de presbíteros. Sua rotina é estruturada em torno das exigências especiais do trabalho com pessoas (os seminaristas internados) e é realizada num clima moral específico: a equipe dirigente enfrenta a hostilidade e as exigências dos internados e precisa apresentar a eles a perspectiva racional defendida pelo estabelecimento.

De acordo com Goffman (1987, p.77), os objetivos das instituições totais podem ser a realização de alguma meta relacionada à economia, à educação, à instrução, ao tratamento médico ou psiquiátrico, à purificação religiosa, à proteção da comunidade mais ampla. No entanto, muitas vezes elas ficam longe de seus objetivos oficiais.

O esquema de interpretação de uma instituição total entra em funcionamento automático quando da admissão do internado. A admissão é tomada como uma prova concreta de que é com um indivíduo assim que o estabelecimento trabalha. Esse é o centro de um meio básico de controle social.

Os seminaristas internados, quando podem, fazem pedidos ou exigências, e a equipe de formadores apresenta justificações ideológicas para a imposição de restrições. Assim, a equipe dirigente controla os internados e defende a instituição em nome de seus objetivos confessados: os castigos e privilégios que distribui são apresentados numa linguagem que expressa essas metas oficiais.

Vejamos alguns exemplos de como a equipe de formadores apresenta a perspectiva oficial eclesiástica e acentua sua função de autoridade:

a) Discurso oficial da instituição pronunciado pelo padre diretor espiritual:

Às 6h45 da manhã começou a missa, na qual os salmos de Laudes foram incorporados. Notei que havia menos seminaristas na missa. Na homilia, o padre diretor espiritual exortou a comunidade a perseverar nas atividades da casa e no espírito de penitência e conversão da Quaresma. Também afirmou com veemência que o padre é alguém que deve servir aos pobres e não cuidar apenas de sua vaidade ou seus interesses pessoais. Ele criticou os seminaristas que só se interessam por paramentos e cerimônias litúrgicas, incenso, batina e ritual, e não se preocupam com a injustiça social e com o compromisso com os pobres. Disse que esses seminaristas conservadores deveriam pensar melhor sua vocação e seu processo de conversão. Sua homilia foi dura, e o padre parecia exaltado em alguns momentos. A assembleia constituída pela comunidade estava atônita. Os que estavam meio sonolentos despertaram, arregalando os olhos, parecendo verificar se seus ouvidos não estavam se enganando. No café da manhã, os seminaristas conversavam no refeitório sobre a homilia que haviam escutado na missa. Eu comentei com os rapazes que ocupavam uma mesa comigo: "Deve ter acontecido alguma coisa para o padre estar bravo assim. O que terá sido?" Um seminarista, que já é um senhor, um professor com uma vocação sacerdotal adulta, explicou-me: "Você sabe que no tempo do padre diretor espiritual o movimento mais importante na

Igreja do Brasil foi a Teologia da Libertação, e que os temas que apareciam nas homilias eram relativos à defesa da democracia, dos direitos humanos e à reforma agrária. A leitura da Bíblia era feita de uma perspectiva mais marxista e servia para discutir os assuntos de interesse geral para a sociedade. Havia um clima de rebeldia quanto às orientações de Roma. Os padres se envolviam em campanhas políticas e participavam de passeatas. Atualmente, predomina a Renovação Carismática e os temas também mudaram: hoje a tendência religiosa é mais pessoal e intimista, menos social e engajada na política. Nas homilias, insiste-se mais na solidariedade, no sofrimento e nas provações às quais estão submetidas as pessoas. A leitura da Bíblia é mais espiritualista, sendo usada para explorar as aflições pessoais dos fiéis. As novas gerações do clero seguem fielmente a cartilha do papa João Paulo II e costumam ficar longe das discussões partidárias. Ora, o padre diretor espiritual é da geração dos anos 70 e 80. Ele fica muito irritado com os seminaristas que são mais 'papistas que o papa' e só gostam de pompa e circunstância nas cerimônias e não têm nenhuma sensibilidade social nem engajamento". Eu disse que a análise que ele havia feito das mudanças nas tendências da Igreja eram interessantes e pareciam plausíveis. Ele continuou: "Outro dia, um seminarista chegou a casa, vindo da pastoral, usando uma batina. Isso causou uma série de comentários na comunidade, escandalizando algumas pessoas. Acho que essa é a causa da reação exaltada do padre na missa". Eu: "Agora as coisas estão fazendo sentido". Outro seminarista disse: "Aqui é sempre essa briga entre os que se dizem da Teologia da Libertação e os que são da Renovação Carismática. Os da Teologia da Libertação são cada vez menos, os outros, cada vez mais. Quando as pessoas radicalizam, surgem os problemas". Perguntei: "Que tipo de problemas?" Ele disse: "Ah! As pessoas esquecem da caridade, do Evangelho e ficam atrás de ideologias, já seja de esquerda ou de direita, brigando, fazendo fofoca, intriga, rivalidade". (6ª visita de observação)

Neste relato, podemos perceber um certo conflito ideológico no seio da comunidade, produzindo nela efeitos desagregadores, além do descompasso entre a pregação do padre formador e o nível de vida oferecido pelo próprio seminário, que certamente deve propiciar um certo "aburguesamento", mais do que um engajamento social em favor dos pobres.

b) O padre reitor parece ter uma visão oficial da vida na instituição, segundo alguns seminaristas:

> "O reitor tem uma percepção da vida no seminário, os professores também, mas a vida real mesmo dos seminaristas não chega até o reitor." Eu perguntei: "Como assim?" O rapaz me respondeu: "Há muitos problemas entre os seminaristas que não chegam até o reitor, ele vê as coisas desde cima, no conjunto, mas ele não sabe dos conflitos, das brigas, rixas e invejas que 'rolam' em nosso meio. Ele fica muito tempo lá no escritório e tem muito o que fazer para administrar a casa, mas não sabe o que acontece entre os seminaristas. Isso não chega até ele, ele não vê e não lhe dizemos". ... Eu comentei: "Então o reitor não sabe de tudo o que acontece na vida de vocês?" Eles riram. Um deles disse: "Se ele soubesse de tudo o que acontece, muita gente seria mandada embora. A função do reitor é cuidar da formação dos seminaristas e ele pode mandar embora os que não se encaixem no perfil do que se espera de um seminarista". Eu: "Isso é interessante". (7ª visita de observação)

Nesse relato podemos constatar a posição oficial do padre reitor e perceber que os seminaristas são perspicazes o bastante para entender que a percepção do formador é marcada por sua função no estabelecimento, não coincidindo exatamente com a perspectiva do grupo dos internados a respeito do clima predominante no seminário. O reitor tem como parte de suas funções julgar os seminaristas de acordo com um código vocacional e tem poderes para promovê--los ou desligá-los do estabelecimento. Como esse código não é tão claro assim, os rapazes tendem a ocultar coisas do padre formador.

c) A rejeição de um professor como um caso de insurreição por parte dos seminaristas e enfrentamento dos formadores:

Ao terminar o almoço, fiquei com os alunos do 3º ano e fomos para a sala de aula. Apresento um resumo da situação: o professor X já lecionou a matéria Y para a turma. Eles consideram que o professor sabe muito, mas não tem didática e quase reprovou a maioria dos alunos. Já conversaram com ele e não houve nenhuma mudança. Agora não o querem mais como seu professor, mas não se importam se ele der aulas para as outras turmas. Não querem mais ser prejudicados por ele. Perguntam-se o que fazer. Surgem propostas: escrever uma carta na qual possam exprimir sua situação e argumentar as razões pelas quais não querem mais o professor para a turma; mandar representantes da turma para apresentar a carta ao diretor de estudos da casa; preparar um documento que será assinado por toda a turma, no qual se recusarão formalmente a entrar na sala de aula para realizar a disciplina com o professor X. Eles me pediram sigilo, porque o vazamento de informações seria prejudicial para as negociações. Um deles disse: "Além do mais, estaríamos dando um exemplo de insurreição para o 1º e o 2º ano, o que não seria bom". Eu lhes garanti meu silêncio. Então me perguntaram o que eu pensava da situação e o que faria. Disse-lhes que o diálogo com o diretor de estudos me parecia ser o melhor caminho. Era preciso dialogar com os formadores responsáveis. O clima da discussão era tenso, nervoso. Alguns seminaristas estavam exaltados, outros silenciosos. Os líderes, dois rapazes, me pareciam bem radicais na sua proposta de não assistir às aulas com o professor X, caso os formadores não aceitassem sua substituição para a turma. Eles comentavam o temor de ser mandados embora do seminário pelos formadores ou pelos seus bispos. A situação parecia estabelecer um jogo de forças entre duas partes: formadores versus seminaristas. O clima tornou-se bastante persecutório e os líderes pareciam falar desse lugar de autodefesa contra a tirania projetada nos padres formadores. Um dos líderes disse: "O reitor fala muito em participação, em colegialidade entre os formadores, mas na prática às vezes isso parece apenas um verniz sobre uma postura autoritária. O reitor anterior era autoritário mesmo, o atual quer ser muito democrático, mas não vejo muito dessa democracia com os seminaristas não". Formularam um esboço da carta e escolheram os dois líderes para discuti-la com o diretor de estudos. A reunião foi encerrada porque a hora do trabalho se aproximava e eles estavam saturados, repetindo as mesmas questões. Os rapazes se separaram com sentimentos de medo, expectativa e cansaço. (7ª visita de observação)

d) O padre reitor se reúne com os seminaristas do terceiro ano para discutir o movimento de insurreição. Nesse episódio, o padre reitor teve que assumir com clareza sua função de autoridade, defendendo a ideologia institucional, enfrentando o movimento de insurreição dos seminaristas internados. A situação se apresenta como uma disputa de força entre a equipe dirigente e os internados, ambos fechados em suas posições. Novamente aparece a versão oficial da vida na instituição, em contraste com a perspectiva dos internados. Um dado curioso que surge nesse relato é a vigilância entre os próprios seminaristas quanto aos contatos entre os colegas internados e o padre reitor: a mensagem que se lê diz que não é bom procurar muito o reitor. Isso evidentemente aumenta o isolamento do padre reitor e o mantém preso em sua ótica oficial.

e) O segundo ano de Filosofia se rebelou contra o professor X e obteve sua demissão. Com a ruptura dessa turma com o mesmo professor, os formadores não tiveram outra alternativa senão demiti-lo.

Pensamos que, de fato, a equipe dirigente possui uma teoria sobre a natureza humana e sua capacidade moral. Cada perspectiva institucional contém uma moralidade pessoal. Os internados devem ser conduzidos à auto-orientação controlável, e a conduta desejável e a indesejável precisam ser definidas como decorrentes da vontade pessoal deles, definidas como algo que se pode controlar.

Assim, a equipe dirigente tende a criar uma *teoria sobre a natureza humana* que racionaliza sua atividade, estabelece e mantém a distância social com os internados, dá uma interpretação estereotipada deles e justifica o tratamento que lhes é imposto. Essa teoria geralmente abrange as possibilidades adequadas e irregulares de conduta do internado, o valor institucional de privilégios e castigos e também a diferença essencial entre a equipe dirigente e o grupo dos internados. Foucault (1999b) indica o processo de normalização científica que cria e define uma "natureza humana".

Podemos inferir que a teoria sobre a natureza humana desenvolvida no ambiente institucional do seminário parece considerar o ser humano um ser fraco. Para lidar com ele é preciso lançar mão de soluções intermediárias, mostrar consideração, utilizar medidas de proteção. Já apontamos a tutela e a situação de menoridade às quais os seminaristas estão submetidos.

Portanto, o seminário enquanto uma organização total não se limita a utilizar a atividade de seus participantes, ele também delineia os padrões oficiais adequados de bem-estar, valores conjuntos, incentivos e castigos. A própria ação da equipe de formadores ou da administração exprime a concepção que ela tem dos indivíduos sobre os quais atua. Boa parte dos conflitos entre os dois grupos antagônicos, formadores e seminaristas, diz respeito à concepção da natureza e do papel impostos aos internados e às diferentes reações deles a esse caráter presumido pelos dirigentes.

A instituição é uma estrutura que cria suposições de papéis e identidades sociais. Quando o seminarista participa de determinada atividade com o ânimo e a disposição que se espera dele, está aceitando implicitamente que é um determinado tipo de pessoa que vive num mundo específico. Toda instituição, além de incluir uma disciplina de atividade, inclui também um constituição subjetiva específica, ela modela o ser do indivíduo, impondo-lhe um determinado caráter e um ambiente específico onde deve manifestá-lo. Esse ser prescrito, sujeito produzido como objeto de poderes e saberes, essas suposições a respeito da subjetividade costumam ser sistematicamente enfrentadas pelos participantes internados mediante diferentes estratégias de adaptação e, sobretudo, por meio dos ajustamentos secundários, como já vimos. Agir e ser, nesse caso, estão longe de ser equivalentes.

O trabalho é um outro elemento reinterpretado pelas perspectivas institucionais totalitárias. Se no mundo externo ele é realizado para conseguir pagamento, lucro, prestígio, no estabelecimento psiquiátrico ele pode ser redefinido como "terapia ocupacional", por exemplo afirmando-se ao internado que sua realização faz parte do tratamento. As instituições religiosas também apresentam reinterpretações semelhantes para justificar a realização de trabalhos pelos internados.

No seminário, há duas tardes por semana dedicadas ao trabalho doméstico, além das "equipes de cozinha", encarregadas de limpar o refeitório e os utensílios utilizados nas refeições. Vejamos um relato a respeito de umas dessas tardes de trabalho doméstico:

> Como haveria trabalho naquela tarde, os seminaristas foram se preparar. Às 13h30 tocou o sinal do início do trabalho. Cada seminarista foi executar a tarefa que lhe fora atribuída no dia da organização da Lista de Serviços da Casa: faxina das diversas dependências do estabelecimento, jardins, serviços gerais de manutenção, horta, escolha de arroz e feijão etc. O Seminário fervilha de gente que se movimenta no cumprimento de suas obrigações. Enquanto trabalham, ouvem música aqui e ali em volume alto, música popular da moda. Eu me ofereci para ajudar os seminaristas encarregados da escolha do arroz e do feijão. Eles aceitaram minha oferta. Trata-se de retirar as impurezas que vêm com o arroz e o feijão: pedrinhas, grãos estragados etc. Colocamos uma mesa no pátio do prédio escolar e despejamos uma quantidade de arroz sobre a mesa, começamos a separar o arroz das impurezas. Éramos cinco ao redor da mesa. O trabalho começou em silêncio e me concentrei na tarefa, não quis quebrar o gelo e deixei por conta deles a iniciativa de começar um diálogo, se fosse o caso. De vez em quando algum seminarista que passava mexia com os colegas. Íamos escolhendo o arroz e dei-

xando a sujeira sobre a mesa, enquanto ... o arroz limpo era puxado para uma bacia de plástico que mantínhamos sobre os joelhos. De vez em quando, era preciso ir até a despensa, jogar o arroz limpo no depósito. Para isso, era preciso atravessar o refeitório e a cozinha. Os seminaristas que trabalhavam por ali sorriam e me diziam com simpatia: "Tá trabalhando também? Já virou seminarista?" Eu respondia que não havia me tornado seminarista, mas que não custava ajudar, afinal eu também comia juntamente com eles. Trabalhamos até as 16h30. Depois de escolher uma grande quantidade de arroz, escolhemos quilos e quilos de feijão, guardando-os no seu depósito. (3ª visita de observação)

Enquanto trabalhava com os seminaristas, era possível dialogar com eles, permitindo que conhecessem e se familiarizassem com o pesquisador, e vice-versa; tratava-se de um boa oportunidade para estabelecer vínculos com os seminaristas.

Podemos notar que há uma tentativa de interpretar o trabalho como um valor formativo, no melhor estilo medieval, como gracejam os seminaristas. Eles não descartam o valor econômico do seu trabalho para a instituição e demonstram sua ironia diante do discurso ideológico a respeito do valor formativo do trabalho, já que alguns dos padres formadores não tomam parte nele. Trabalho doméstico não é tarefa para padres, apenas para seminaristas. O padre diretor espiritual dá um bom exemplo para os rapazes, ao trabalhar na horta com eles.

Vamos examinar também a dimensão acadêmica do seminário: o curso filosófico. Assim como as instituições totais geralmente contratam *especialistas* para auxiliar no cuidado e no controle dos internados (Goffman, 1987, p.83-4), podemos considerar que o *corpo docente* do curso de Filosofia são os técnicos contratados para auxiliar a equipe de padres dirigentes no trabalho de formar os seminaristas. O curso de Filosofia é interno, desse modo não é preciso mandar os internados para fora do estabelecimento. Além deles há dois psicólogos que atendem os seminaristas: uma freira psicóloga

142   SÍLVIO JOSÉ BENELLI

dedica a isso seis horas semanais, e um psicólogo leigo, dez horas semanais. Estes especialistas podem ficar insatisfeitos com sua participação institucional caso se sintam impedidos de exercer corretamente sua profissão ou venham a ser usados como cativos para dar sanção de especialistas ao sistema de privilégios. Também costuma ser um grupo em conflito com os objetivos oficiais da instituição.

No seminário, há outros empregados, encarregados de tarefas domésticas e de escritório, além dos professores: cozinheiras, lavadeiras, secretária, o casal da contabilidade e a bibliotecária. Esses trabalhadores são chamados de "funcionários da casa", grupo em que não estão incluídos os professores do curso de Filosofia. O corpo docente, embora também seja contratado e pago por seu serviço no estabelecimento, não tem seus membros chamados de "funcionários da casa". Eles gozam de um estatuto de "formadores em sentido amplo" e são convidados a fazer apontamentos "disciplinares" referentes aos seminaristas alunos em seu trabalho pedagógico, colaborando com a equipe de formadores.

O corpo docente conta com vinte professores, dos quais seis são mulheres e catorze são homens; quatro são padres, três são religiosos (não sacerdotes) e treze são leigos. Não há nenhum professor trabalhando como voluntário, todos são assalariados. São sete os professores com pós-graduação; e sete também os residentes fora da cidade onde se localiza o Seminário. Não há nenhum professor em regime de dedicação integral ao curso de Filosofia, quase todos concentram suas atividades no estabelecimento em um curto período de tempo disponível, geralmente quatro horas-aula seguidas, e alguns desenvolvem algum tipo de atendimento ou orientação dos alunos em trabalhos acadêmicos.

Já apontamos acima como os professores estão incluídos no esquema de autoridade escalonada no seminário. Entre as várias dimensões formativas existentes no seminário, pareceu-nos que o aspecto acadêmico é o mais estruturado na instituição. As relações entre a equipe dos padres formadores e o corpo docente são muito boas. Participamos de algumas reuniões ordinárias do corpo docente e presenciamos um nível de diálogo muito franco e elevado no grupo. Não notamos uma postura autoritária por parte dos padres formadores, ao contrário: observamos um clima positivo e democrático no qual todos podiam opinar livremente.

Quanto à dimensão acadêmica, é interessante apontar um certo imaginário elaborado pelo corpo docente e pelo diretor de estudos com relação aos seminaristas alunos. Do que ouvimos em conversas informais, em comentários nas reuniões, percebemos que os professores constatam que os seminaristas alunos vêm para ser padres, não exatamente para estudar Filosofia. Eles acham que a maioria dos seminaristas têm se interessado pelo curso, mas este número parece estar diminuindo paulatinamente. Dizem que os alunos trazem muitas deficiências, desde o ensino básico, de leitura, compreensão e escrita de textos, que não possuem o hábito da leitura. Em alguns casos particulares, nota-se uma franca desvalorização dos estudos. Junto com esse quadro, constatam também uma grande pressão por parte dos bispos, para os quais a nota é quase o critério único, índice do real aproveitamento acadêmico dos seminaristas, já que afirmam que é grande o investimento financeiro para que o aluno tenha todo o tempo para estudar. Esse contexto específico no qual trabalham pode ser um empecilho institucional para a adequada realização de seu trabalho profissional, e os professores têm alguma consciência disso.

Em nossa observação dos balancetes mensais expostos no mural do prédio escolar, relativos à administração econômica do seminário, chamou-nos a atenção o fato de que os gastos com o corpo docente não seja um dos maiores. Aparentemente, não se reconhece que a formação oferecida pelo seminário seja eminentemente acadêmica, e que o eixo atual do estabelecimento seja o curso filosófico. Constatamos esse fato ao observar o tempo que os seminaristas gastam com as atividades acadêmicas, em comparação com as demais tarefas. Além disso, insiste-se com eles o tempo todo que nesta etapa formativa o estudo é prioritário. A burocratização do cotidiano institucional tem como uma de suas causas a submissão do seminário ao modo de funcionamento dos estabelecimentos acadêmicos do sistema social externo.

144 SÍLVIO JOSÉ BENELLI

Esse paradoxo levou-nos a refletir que, provavelmente, o *status* de "formadores" oculta a exploração dos professores, que não são "funcionários". Como a dimensão essencial do estabelecimento pode ser uma das mais baratas? Mesmo considerando que o seminário vive de doações e não tem fins lucrativos, é preciso reconhecer que existe aí um mascaramento ideológico: parece tratar-se da lógica do sistema capitalista e da extração da mais-valia num estabelecimento católico.

Os cerimoniais institucionais no seminário

Goffman (1987, p.84) afirma que nas instituições totais a distância e as diferenças entre o grupo dos internados e a equipe dirigente podem diminuir ou variar em algumas circunstâncias específicas. Geralmente, a imagem que um grupo tem do outro não leva a uma identificação, exceto no caso de internados que aceitam um papel de confiança e passam a desempenhar um cargo nomeado pela equipe dirigente, numa função auxiliar, num processo de "identificação com o agressor". Quando ocorrem relações de intimidade entre os dois grupos, há uma tendência à subversão da autoridade, seguem-se os ciclos de participação, reinstaura-se a distância social, como se fosse um tabu do incesto em ação na vida institucional.

Uma forma de cruzar a fronteira entre os dois grupos é estabelecida pelos cerimoniais institucionais. Trata-se de práticas institucionalizadas que exprimem solidariedade, unidade e compromisso conjunto de toda a instituição, produzem uma maior aproximação dos dois grupos e possibilitam que ambos tenham uma visão mais positiva um do outro e se identifiquem com a situação alheia. Nestes cerimoniais institucionais – em que a participação pode ser relativamente voluntária –, há uma liberação das formalidades, dos papéis estereotipados e da usual distância entre a equipe dirigente e os internados.

O seminário católico, como instituição dedicada à formação, tem características peculiares em relação a outros estabelecimentos totalitários. Seu funcionamento prevê que seus internados se tornarão padres e passarão da condição de internados/seminaristas/formandos à de dirigentes/padres/formadores. O objetivo do seminário é produzir padres, que serão agentes formados e se tornarão, por sua vez, agentes formadores.

No seminário pesquisado encontramos vários dos elementos que Goffman (1987) inclui na definição de cerimônias institucionais, e alguns específicos desse gênero de estabelecimento. Vamos descrevê--los e comentá-los a seguir.

Um órgão de divulgação, como um jornal ou uma revista produzidos periodicamente, é um dos elementos que compõem o cerimonial institucional. Os seminaristas internados são colaboradores e a censura e a supervisão costumam ser exercidas por alguém que se relacione bem com os internados: o diretor de estudos e um dos professores de didática. A publicação trata da vida da instituição e dá um caráter de realidade pública ao mundo externo. O boletim do seminário sobrevive numa situação delicada, devido às dificuldades econômicas para sua publicação. Os artigos e matérias publicados não apresentam nenhum tipo de possível conflito entre os dois grupos que convivem no estabelecimento.

O teatro é outra atividade que funciona como cerimonial institucional. Atualmente no seminário a iniciativa da montagem de peças de teatro tem sido dos seminaristas, e o tema delas não faz alusão à vida institucional, satirizando-a ou criticando membros da equipe dirigente. É vedado aos seminaristas representar personagens do sexo feminino.

Percebemos que o teatro institucional no seminário não tem finalidades contestatórias nem críticas em relação ao estabelecimento. Ele é utilizado como um instrumento para trabalhar a desinibição dos seminaristas e como um meio de evangelização pela cultura. Os seminaristas levam o nome do seminário em suas apresentações, fazendo publicidade do estabelecimento. É interessante notar também sua capacidade de organização, iniciativa e autonomia, demonstradas em seu trabalho de adaptar, montar, ensaiar e apresentar espetáculos, fugindo de um amadorismo vulgar. Nesse sentido,

146 SÍLVIO JOSÉ BENELLI

os esforços realizados pelos seminaristas vão contra uma certa concepção do papel inferior e tutelado designado para os internados nas instituições totais. Além do mais, os ensaios parecem um momento de grande liberação catártica para os atores seminaristas. A equipe de padres formadores apoia o grupo da "Cia. de Teatro Sacroart", inclusive financeiramente, custeando a compra de materiais para confeccionar trajes e cenários.

A sala de visitas (Goffman, 1987, p.91) é um instrumento importante no cerimonial institucional nas instituições totais: sua decoração e o comportamento ali expresso são usualmente mais próximos dos padrões externos do que dos predominantes nos ambientes nos quais os internados realmente vivem. O que os estranhos veem na sala de visitas ajuda a minimizar a pressão que poderiam fazer contra a realidade da instituição, que fica mascarada por esse verniz social enganador. Com o tempo, tanto o visitante como o internado e a equipe dirigente compreendem que a sala de visitas é uma representação maquiada da vida institucional – todos sabem que os outros já entenderam isso e concordam tacitamente em continuar no plano da ficção.

A sala de visitas do seminário conforma-se aos padrões de outras semelhantes encontradas em instituições totais, mas não parece ter a mesma função que pode desempenhar em estabelecimentos nos quais a reclusão dos internados seja mais severa. Na verdade, a sala de visitas no seminário parece ser um elemento que sobra, tal é a possibilidade de contato permitida entre visitas e seminaristas. Não deixa de haver um item nas "Normas internas a ser seguidas pelos seminaristas" orientando que se "evitem levar pessoas que não são da comunidade aos quartos e corredores superiores", mas não parece tratar-se de uma regra seguida demasiado rigorosamente.

Outro elemento que inserimos entre os cerimoniais institucionais é a Semana de Estudos Teológico-Filosófica. Todos os anos, os seminários de filosofia e teologia se unem e preparam um curso de extensão universitária para todos os seus seminaristas. Em um ano, escolhem um tema mais teológico, no seguinte estudam outro de cunho mais filosófico. Tivemos ocasião de participar desse evento durante nossas visitas de observação.

Essa Semana de Estudos parece realmente um cerimonial institucional tipicamente acadêmico, com sessões de conferências formais, mesas-redondas, debates, lançamentos de livros, logotipo, cartazes e pastas para os participantes, produzidos especificamente para o evento. A equipe organizadora é constituída por seminaristas representantes das duas casas de formação.

No seminário existe uma Assembleia de Comunicações que normalmente ocorre às segundas-feiras à noite, depois da missa, com toda a comunidade reunida na capela do estabelecimento. Essas assembleias começam com a leitura da ata da assembleia anterior pelo secretário. Depois o reitor pode tomar a palavra, geralmente com comentários sobre o andamento da casa na última semana. Ele costuma apresentar uma perspectiva otimista, enumerar aspectos positivos e ganhos materiais, e apontar as aquisições recentes e novidades para a assembleia. O padre reitor se alonga nas exortações, às vezes tropeça numa questão de ordem, se eterniza num ponto secundário, dá voltas até conseguir falar o que realmente desejava, enrola-se como quem precisa falar mas não quer dizer; parece que tem dificuldade de lidar com temas dolorosos para si e para os seminaristas. Quando precisa dar uma bronca, os demais membros da equipe de formadores repetem em seguida o que ele disse, o que cansa e irrita a assembleia. Finalmente, quando algum seminarista se levanta para falar, se detém irritado em picuinhas e critica agressivamente os colegas, geralmente usando de mais dureza do que os próprios membros da equipe de formadores. Poderíamos falar de uma prática de "correção selvagem" dos colegas, todo o contrário da "correção fraterna" que deveria haver entre eles. O cansaço e o enfado são patentes no rosto dos presentes. A maioria dos membros da comunidade não se manifesta e, calada, parece apenas esperar o término daquela situação torturante. Os que falam parecem criar dificuldades onde não existem e fecham os olhos para as que existem, sua fala acaba por se tornar acerto de contas entre pessoas, há destaque para boatos, ventilam-se fofocas, suposições e intenções maldosas podem ser atribuídas aos colegas, que parecem ser tratados como rivais e concorrentes, mais que como irmãos de comunidade. Acontece de a assembleia dar as costas para a sua ordem do dia, andar sem rumo: então a situação se torna exasperante, o grande grupo deleita-se com problemas menores, com questões privadas que não são de sua alçada. Também pode negligenciar informações essenciais apresentadas, omitir-se em inteirar-se onde faltam dados, confiar tarefas aos que parecem menos indicados para levá-las a cabo com sucesso. Seus membros podem criticar e destruir tudo o que é proposto, ou então embargar com um silêncio predominante qualquer conclusão, que será esquecida mal terminada a reunião. Vamos ilustrar essa análise com um relato de Assembleia de Comunicações:

Depois da oração, ainda na capela, houve uma assembleia de avisos e comunicações por parte dos padres formadores. Todos estavam presentes: padres formadores, diretor de estudos e seminaristas. Foram apresentadas justificativas para os ausentes. Os formadores ficaram sentados diante da comunidade, que permaneceu sentada nos bancos da capela. O reitor consultou a comunidade sobre a hospedagem temporária de um irmão de um seminarista, e o pedido foi aprovado por unanimidade. Depois comunicou que a entrega do "Projeto de Vida" ficara marcada para o dia 19 de fevereiro impreterivelmente, durante o ofertório da missa. Esse "Projeto de Vida" seria utilizado pelo reitor nas entrevistas com os seminaristas. O diretor de estudos lembrou que estavam atrasando na entrega das fotos e da documentação para a secretaria do curso de Filosofia. Disse também que os coordenadores de cada sala de aula ficavam encarregados de avisar os professores quanto aos horários de intervalo e término das aulas. Avisou ainda que o professor I. estava disposto a organizar um grupo de estudos na casa. O diretor espiritual comunicou a programação da Quarta-feira de Cinzas: os seminaristas iriam para casa durante o feriado de carnaval e deveriam retornar na quarta, até as 16h. Haveria "Espiritualidade", uma palestra de formação, dada por um padre de fora da comunidade, das 17h às 19h. O encerramento desse tempo de formação espiritual seria às 20h, com a missa. Nesse dia, foi proposto e aprovado jejum no jantar. Ele pediu nomes de possíveis assessores para esse momento de "Espiritualidade" e a assembleia indicou três nomes. Disse ainda que as orações de Laudes seriam introduzidas nas missas da sexta-feira de manhã. O reitor insistiu que deveriam ficar no seminário durante o feriado apenas os que realmente necessitassem, procurando incentivar o contato com a família, como um elemento formativo importante. Também disse que estavam sendo colocadas flores e plantas na casa, para favorecer um ambiente mais saudável. Ele informou ainda que dois psicólogos estariam atendendo os interessados da comunidade. Recomendou que os seminaristas de diferentes dioceses deveriam partilhar o uso dos seus computadores. Também recomendou expressamente a participação de todos os alunos do terceiro ano na formatura. Todos deviam empenhar-se para levantar fundos e participar. Os formadores, em sua falas, não foram tão claros e objetivos como relatei, mas alongavam seus comentários, fazendo rodeios. Seu tom não era autoritário, nem arrogante, embora tivesse sempre algo de uma admoestação. Logo a assembleia estava cansada e eram tantas informações que não sabia como se lembrariam delas depois. Finalmente, abriu-se um espaço para que os seminaristas da comunidade pudessem falar, e alguns fizeram as seguintes observações: um convidou todos a formarem grupos de cantos para as missas; o encarregado da perua Kombi recomendou (com firmeza e num tom autoritário) mais cuidado no uso do veículo; outro informou que a capelinha do prédio velho estava interditada para reformas (enrolando-se em sua explicação); outro levantou-se para comunicar que o agendamento para a "orientação metodológica", atividade que acontece semanalmente, na quinta-feira, das 15h30 às 17h, deveria ser feito com ele; outro levantou para pedir (em tom autoritário) maior atenção quanto à limpeza e à conservação do jardim, reivindicando também um melhor atendimento dos telefonemas internos e externos (reclamou bravo, demonstrando certa hostilidade, que não estavam atendendo direito ao telefone); o encarregado comentou sobre a listagem de fitas de vídeo disponíveis na biblioteca; outro pediu que as filas para as refeições fossem respeitadas, assim como o horário de descanso e silêncio, a partir das 23h (seu tom era irritado, estava bravo e como que acusando os colegas); um outro pediu à equipe encarregada da limpeza do jardim a transferência do suporte de lixo de fora para dentro do seminário (justificando longamente sua exigência, mais do que um pedido, propriamente). Notamos que quando os seminaristas se levantavam para falar na assembleia seu estilo era agressivo e hostil, mais autoritário às vezes que o dos formadores. Depois o padre vice-reitor colocou-se à disposição de todos para conversar quando desejassem. O diretor espiritual comunicou que também estaria à disposição para aqueles que quisessem direção espiritual. O reitor disse estar aberto a críticas e sugestões, "trabalhando sempre na transparência e na colegialidade com os demais formadores", encerrando a assembleia com uma oração. Os seminaristas, que já pareciam aborrecidos com a demora da assembleia, saíram da capela reclamando da demora e da "lenga-lenga de sempre". (1.ª visita de observação)

Esse espaço constituído pela Assembleia de Comunicações pretende ser uma instância democrática no estabelecimento, deveria servir para a discussão de temas e a resolução de problemas relativos à vida do grupo todo que constitui o seminário. No entanto, parece incapaz de realizar essas tarefas.

Durante sua realização, pudemos observar que parte dos seminaristas parecia estar ausente, congelada; então, de repente, ressuscitaram apenas encerrada a reunião, abriam a boca e punham-se a tagarelar no refeitório, nos corredores, na saída da capela. Outros pareciam não suportar o silêncio, preenchendo-o a todo custo, reclamando um programa, propondo metas, objetivos e tarefas para

PESCADORES DE HOMENS 151

os quais o grupo não parecia estar nem maduro nem motivado no momento para assumir.

Assim como há os que se calam, parece haver os que sempre procuram liderar, falando, propondo, levantando questões. Quando vaga o posto de liderança, alguns costumam ocupá-lo automaticamente.

Nas várias assembleias que presenciamos, predominaram as ideias repetidas que ninguém parece escutar, repetidas com insistência e formuladas com impertinência. Também testemunhamos a ocorrência de uma reclamação generalizada contra esse instrumento. A assembleia recebe apelidos pejorativos dos seminaristas.

"Reclameia", "desembreia" (a comunidade desce velozmente uma ladeira, desembreada, abalando-se rumo à desintegração?), os seminaristas reclamam que a reunião não presta, que a assembleia é fatigante e eles se limitam a tolerá-la pouco e mal, é interminável, dá nos nervos, é perda de tempo, sozinhos ocupariam melhor esse tempo; ou ainda que é inútil discutir quando não se está de acordo (mas justamente para se chegar a um acordo não se faz necessária uma discussão coletiva?). Os seminaristas dizem que as assembleias patinam, que elas não avançam porque são sempre os mesmos que falam ou que se calam, que seria melhor que os calados falassem e os tagarelas de plantão se calassem (e nos perguntamos o que isso mudaria na estrutura do grupo; parece que nada). Vejamos alguns depoimentos informais nos quais os seminaristas expressam seu parecer sobre as assembleias, coletados durante outra visita de observação:

Eles estavam contentes porque não houve assembleia. Comentavam: "Toda assembleia é a mesma coisa: o reitor fala meia hora, vem o diretor espiritual e repete o que ele disse, depois o vice-reitor repete mais uma vez e, finalmente, o diretor de estudos fala tudo de novo". Outro disse: "A 'reclameia' é sempre a mesma coisa, tem gente que deixa a luz acesa, que não lava o copo que usa, que não limpa o banheiro, que deixa o lixo espalhado... as reclamações são as mesmas, entra ano e sai ano". Eu comentei: "Acho estranho que vocês não gostem da assembleia. Esse é um instrumento interessante para tornar a vida de uma grande comunidade como a do seminário um pouco mais democrática". Eles sorriram com ironia e um disse: "Pode ser que seja bom na teoria, mas do jeito que está sendo feito aqui não dá, não serve para nada, só perdemos tempo e nos aborrecemos". Outro disse: "O reitor fala muito em diálogo, transparência, colegialidade, mas na prática esse discurso não funciona. São eles quem mandam e ponto final. Na Igreja é assim: manda quem pode e obedece quem tem juízo". (12ª visita de observação)

Tempos de "Convivência" oficiais estão previstos no programa formativo do seminário. Logo no início do ano letivo, houve uma primeira Convivência. Aparentemente, há uma percepção velada de que não basta colocar um grupo de pessoas para viver num mesmo espaço físico, submetidas a uma organização burocrática comum, para que esse conjunto de indivíduos se torne uma comunidade. Na verdade, o ritmo rotineiro do seminário não parece muito propício a uma maior integração comunitária dos seus membros. Parece então que a função desses tempos de Convivência deveria ser proporcionar um espaço para a dimensão comunitária – elemento fundamental do programa formativo do seminário – no qual os papéis oficiais de formandos e formadores poderiam ser suspensos momentaneamente. Concluímos que não é possível conviver nas Convivências. Chama-nos a atenção a necessidade de preencher o tempo dedicado à dita Convivência com palestras formativas que parecem acabar transformando esse tempo em mais um período de aula.

Diversas celebrações litúrgicas, tais como momentos de oração e celebração da missa diária, permeiam a vida dos seminaristas: logo após o despertar, toda a comunidade se reúne na capela para realizar orações e celebrar a missa. Esses momentos são obrigatórios para todos. É interessante notar que na execução das atividades litúrgicas as diferenças entre os seminaristas internados e a equipe de formadores são bastante evidenciadas: os seminaristas são apenas leigos que aspiram ao sacerdócio, ao passo que os padres formadores, presidentes das celebrações litúrgicas, são os membros ordenados pertencentes à hierarquia da Igreja Católica cuja função específica é justamente dirigir a comunidade e presidir às celebrações litúrgicas, sobretudo a missa, onde atualizam o sacramento da comunhão eucarística. Ao mesmo tempo que se marcam as diferenças graças a vestimentas oficiais, ações e ritos que uns e outros executam, esses momentos também se caracterizam por uma ruptura nos papéis usuais de internados e dirigentes, unidos na mesma condição comum de fiéis diante de Deus, todos em busca de um encontro com ele por meio da oração e da comunhão.

Apesar do ritmo cotidiano das celebrações litúrgicas, também há momentos de festas religiosas específicas, nas quais as cerimônias e os rituais são preparados com grande esmero e costumam durar mais tempo. Vejamos um relato sobre uma celebração solene em comemoração ao aniversário de um dos padres fundadores do seminário:

Os convidados começaram a chegar pouco antes das 20h, quando se iniciaria a cerimônia: professores, padres ex-alunos do homenageado, freiras, amigos, seminaristas da teologia em um ônibus. A capela ficou repleta. Um coral formado por freiras e seminaristas, postado num dos ângulos da capela, entoou os cânticos da celebração da missa. Um seminarista fez o papel de comentarista e deu início à festividade, acolhendo todos os presentes e apresentando uma nota biográfica a respeito do homenageado, que trabalha nesse seminário desde a sua fundação. Ao som do cântico de entrada, uma procissão adentrou o recinto da capela: dois seminaristas, vestidos com túnicas brancas, traziam duas velas acesas, e um terceiro no meio deles trazia um crucifixo. Depois deles, vinham mais dois seminaristas vestidos com suas túnicas; um trazia o turíbulo, um objeto suspenso por correntes que comporta carvão em brasa, onde se coloca o incenso para queimar. O outro rapaz trazia na mão a naveta, o estojo onde fica o incenso. A fumaça e o perfume do incenso inundaram a capela. Ainda mais outros dois seminaristas: o acólito, encarregado de ajudar o padre no ofertório, e outro trazendo o missal, um manual oficial que contém todas as celebrações da Igreja Católica com as orações e prescrições rituais. Em seguida, vieram muitos padres concelebrantes, todos de túnica branca e usando um mesmo tipo de estola, na vertical, formando um conjunto harmônico. Depois dos padres, vieram três diáconos, estudantes de teologia, usando a estola no sentido transversal, símbolo da sua condição na hierarquia da Igreja Católica. Atrás dos diáconos vieram um bispo e o padre homenageado, seguido por um seminarista da filosofia. O bispo e o homenageado vestiam casulas sobre suas túnicas brancas, espécie de capa redonda usada nas festas e solenidades litúrgicas. O último seminarista da fila exerceu o papel de cerimoniário, aquele que orienta o presidente da celebração na realização dos diversos rituais que compõem a solenidade da missa festiva desse dia. O cerimoniário vestia uma batina preta e sobre ela o roquete, que é uma túnica curta, para ser usada justamente sobre a batina. Todos ocuparam seus lugares no altar e nas cadeiras adjacentes. O cerimoniário indicou o início da missa para o presidente da celebração, o padre homenageado. Depois, o padre incensou o altar e o círio pascal, uma grande vela adornada, preparada na noite do sábado da Páscoa, representando o Cristo ressuscitado, e incensou também uma imagem da Virgem Maria, cuja festa da Visitação se celebrava nesse dia. Houve o ato penitencial, seguido de um cântico no qual os fiéis pedem perdão pelos pecados cometidos. Em seguida, foi proclamada uma leitura bíblica, um seminarista cantou o salmo de meditação. Durante o cântico de aclamação ao Evangelho, a Bíblia foi trazida por dois seminaristas em procissão solene e foi devidamente incensada. O diácono pediu a bênção do presidente da celebração para proclamar a leitura do Evangelho do dia, e o fez, cantando o texto. Depois o padre homenageado fez uma breve homilia, agradecendo a homenagem, o carinho de todos, e comentou um pouco o texto do Evangelho, reforçando as palavras do texto: *"Feliz Maria porque acreditou, feliz aquela que creu. Nós também seremos felizes se crermos e vivermos como Maria, a serva do Senhor, viveu"*. O padre terminou dizendo:

PESCADORES DE HOMENS   155

"Somos todos servos inúteis, só fizemos o que tínhamos que fazer. Eu não fiz nada de especial. Fiz apenas aquilo que devia ter feito". A missa prosseguiu, ainda com muitas cerimônias e incenso. Depois da comunhão, houve uma cerimônia de coroação de Nossa Senhora: uma menina com um vestido branco entrou na capela trazendo nas mãos uma almofada sobre a qual repousava a coroa, que ela apresentou para todos os que participávamos da celebração. O padre que presidia a celebração incensou a coroa e a imagem da Virgem Maria e depois colocou sobre a cabeça da imagem a coroa, enquanto todos cantavam com devoção. Em seguida, ficamos todos de joelhos, ouvindo o padre recitar uma oração de consagração a Maria. Terminado esse momento, todos nos sentamos, e tiveram início as homenagens ao aniversariante. Um seminarista entregou uma placa com uma inscrição na qual o seminário e todos os alunos e ex-alunos do padre agradecem sua generosa dedicação. Outro seminarista entregou ao padre uma orquídea com flores, também homenagem do seminário de Filosofia. Depois dois seminaristas do curso de Teologia também disseram palavras elogiosas e presentearam o padre homenageado. Um bispo que estava presente na cerimônia também fez um discurso, homenageando o padre e agradecendo por todos esses anos de dedicação ao seminário. Finalmente, o padre reitor também fez um breve discurso, falando em nome dos seminaristas, padres ex-alunos, professores e amigos presentes. Em sua fala, ressaltou a importância do homenageado, presente no seminário desde sua fundação. Concluída a celebração, todos os padres saíram em procissão solene, tal qual entraram na capela. Em seguida, todos os presentes se dirigiram para a quadra de esportes, já devidamente ornamentada para o coquetel. Ficamos todos em pé, pois as cadeiras estavam todas na capela, onde se realizou a missa solene. (19ª visita de observação).

Os diversos atores exercem papéis sociais distintos e específicos no seminário. Nos casos de vida cerimonial unificada que observamos, a equipe dirigente costuma representar mais do que o papel de

156 SÍLVIO JOSÉ BENELLI

supervisão. Muitas vezes, um funcionário de alto nível, como o padre reitor, representante da autoridade episcopal no estabelecimento, está presente como um símbolo da administração eclesial e de todo o estabelecimento. Ele geralmente se veste bem, fica comovido com a cerimônia, sorri, faz discursos, dá parabéns, inaugura novas instalações, "abençoa" novos equipamentos, julga as disputas, distribui prêmios. Nessa atuação, desempenha uma interação benigna e demonstra interesse paternal pelos seminaristas, que costumam mostrar acanhamento, deferência e respeito. Isso é muito parecido com a representação de um senhor feudal desempenhando seu papel na festa anual em seu feudo, em plena sociedade moderna. Todos tratam o reitor com uma certa subserviência: funcionários, professores e seminaristas. A dimensão hierárquica parece ser muito valorizada no seminário.

As cerimônias institucionais tendem a ocorrer segundo uma certa periodicidade espaçada, despertam alguma excitação social, todos os grupos do estabelecimento participam e, independentemente de posto ou posição, recebem um lugar que exprime sua posição. Uma sociedade dividida entre internados e equipe dirigente pode ser unida por meio de tais cerimônias. Pode haver indícios ou mesmo um início de rebeldia no papel que os internados desempenham em tais cerimônias: uma cena satírica no teatro, um artigo ácido no periódico da instituição, uma disputa mais acirrada em um jogo do qual participam membros da equipe dirigente, liberdade e familiaridade excessivas durante uma festa. Essas são possibilidades de profanar o superior. A tolerância dessa falta de respeito é sinal da força da direção do estabelecimento. A exteriorização de conflitos, diretamente, por inversão ou por outras formas simbólicas, acentua a coesão social dentro da qual existe o conflito. Exprimir rebeldia diante de autoridades, num momento em que é adequado fazê-lo, é trocar a conspiração pela expressão.

Uma instituição total como o seminário precisa de cerimônias coletivas porque o estabelecimento é algo mais do que apenas uma organização formal. No entanto, essas cerimônias podem ser "forçadas" e insípidas, como no caso das Assembleias e Convivências, porque a instituição é algo menos do que uma comunidade.

Os estabelecimentos totais de qualquer tipo definem seus membros a partir de alguns traços e de algumas qualidades essenciais de caráter, que apresentam diferenças radicais conforme a pessoa se localize na equipe dirigente ou entre os internados. O papel de dirigente e o de internado abrangem todos os aspectos da vida. Mas essas duas caracterizações antagônicas precisam ser desempenhadas por indivíduos que já foram profundamente instruídos em outros papéis e outras possibilidades de relações.

Quanto mais a instituição reforça a suposição de que os dois grupos são compostos por seres humanos diferentes, proibindo a relação informal entre ambos, quanto mais profunda é essa separação dramática, mais incompatível essa representação social se torna com relação ao repertório dos atores, e mais vulnerável a eles. Essas diferenças supostas entre dirigentes e internados não são inevitáveis nem inalteráveis. São comuns anedotas de identidade, nas quais internados e dirigentes são confundidos e trocados uns com os outros, ou, por exemplo, que seminaristas chamem um professor leigo de "padre", ato falho que também demonstra a mentalidade clerical institucional.

Já comentamos que a diferença de papéis sociais no seminário tende a ser superada quando e se os seminaristas alcançam a ordenação sacerdotal: deixam então de ser membros da comunidade formativa do seminário e geralmente vão viver sozinhos em paróquias, ou então passam a ocupar as funções de formadores nos próprios seminários onde se formaram.

Outros aspectos relevantes do contexto institucional do seminário

A equipe dirigente (padres formadores e o diretor de estudos) e os internados não constituem dois grupos homogêneos. No estudo do Seminário, é importante saber qual a diferenciação típica de papéis em cada um dos dois grupos principais. Geralmente existem diferenças que devem ser consideradas no interior dessas duas categorias.

Na equipe dirigente, o padre reitor, nomeado pelos bispos que mantêm o seminário, é o responsável pela representação do estabelecimento nos conselhos da sociedade mais ampla e precisa desenvolver aptidões não institucionais para desempenhar seu papel com eficácia. O padre vice-reitor é o encarregado da disciplina no estabelecimento, como já dissemos. O padre diretor espiritual deve realizar entrevistas de acompanhamento espiritual dos seminaristas que o procuram. O diretor de estudos é um leigo que se responsabiliza pela organização da dimensão acadêmica do estabelecimento, mantendo em funcionamento um curso de graduação em Filosofia. Mas cabe ao padre reitor encarnar a representação de um símbolo pessoal da instituição para os internados, tornando-se um objeto de projeção de diferentes emoções destes.

Há diferenças intragrupais no seminário. A equipe dirigente, constituída pelos padres formadores, e o grupo dos internados, os seminaristas, vivem em comunidade no mesmo seminário. Aparentemente, têm o mesmo interesse, as mesmas necessidades, enfrentam juntos a mesma situação; além disso, escolheram deliberadamente essa condição de vida comum, num estabelecimento fechado, cujo objetivo é a preparação de jovens candidatos ao sacerdócio. Ora, pensamos que isso dificilmente é alcançado a menos que todos fiquem estreitamente solidários.

Tudo parece predisposto para que todos se mostrem cooperantes, benevolentes, disciplinados, unidos. Seu ideal parece ser uma vida grupal na qual as pessoas se ouviriam, se entenderiam, se devotariam a um objetivo comum, se articulariam umas com as outras num todo sólido e flexível. Com razão esse grupo de jovens vocacionados se mostraria indignado diante de qualquer grupo vivo que manifestasse em seu seio tensões, dramas, mal-entendidos, ostracismos, bodes expiatórios, antagonismos, perseguições e autênticas "caças às bruxas". Mas a realidade que constatamos no seminário está muito distante da imagem ideal da "comunidade evangélica". A comunidade que se reúne no seminário professando a fé cristã, a prática da caridade e o chamado ao sacerdócio católico mostra-se afligida pelo ódio, pela divisão e por rivalidades.

Entre os seminaristas há várias coisas que diferenciam os grupos: os rapazes vêm de dioceses diferentes, estão em estágios diferentes do curso de Filosofia, além de apresentar traços mais pessoais de introversão, extroversão ou gosto. Dentro das próprias turmas de seminaristas alunos também é possível observar diferenças. Vejamos outros relatos nos quais procuramos caracterizar algumas diferenças intragrupais que detectamos:

Tocou o sinal para o início das aulas. Fui assistir aula com o 3º ano. Esta era a menor turma do seminário, mas também costumava ser a classe que mais debatia e participava das aulas. O professor apresentou alguns aspectos gerais do contexto histórico da filosofia contemporânea e dados sobre os principais filósofos da época. Os rapazes participaram, fazendo comentários, a maioria dos quais era interessante. Mas quando um seminarista em especial dizia alguma coisa o conjunto dos alunos fazia um ar de desaprovação, como se ele tivesse dito uma grande bobagem. Censuravam-no com comentários murmurados: "Pronto, lá vem o fulano, novamente, dizer bobagem". Isso se repetiu ao longo da manhã de aula. Qualquer intervenção que não a daquele rapaz era bem-vinda e não se notava nenhuma reação especial no grupo-classe. Mas, invariavelmente, quando o rapaz falava algo, havia gestos, caras e murmúrios de recriminação a ele. Numa ocasião, ele foi ridicularizado em voz alta por outro colega, e o professor ainda assim não percebeu o que acontecia. Houve um momento de trabalhos em grupos. Provavelmente, os grupos já estavam constituídos havia muito tempo, haja vista que era o terceiro ano que a turma cursava junto. Notei que quatro rapazes que ficaram juntos num dos grupos eram rejeitados pelos demais colegas. Estes rapazes discriminados pareciam mais feios, mais desajeitados e com um certo ar de estupidez, de simplórios, que os outros não tinham. Talvez eles fossem discriminados justamente por compartilharem essas características.

No plenário, a participação desses rapazes pareceu menos brilhante que a dos demais grupos de alunos. Saímos para o intervalo e nos dirigimos para o refeitório. Perguntei para um dos rapazes se havia algum problema com o seminarista X, porque me pareceu que a classe o discriminava quando ele fazia algum comentário ou perguntava algo na aula. "Ah! Você notou, né?" – comentou o seminarista. "Ele é um tapado, coitado. Quando abre a boca só diz bobagem mesmo. Não consegue fazer uma pergunta decente sequer." Eu disse: "Mas além dele os colegas que se reuniram no grupo com ele também me pareceram rejeitados pela sala". O rapaz confirmou minha impressão: "Você tem razão. Ninguém quer trabalhar com eles, são meio lentos, parece que não entendem as coisas direito". (7ª visita de observação)

Nesse relato, podemos perceber a organização interna da turma do terceiro ano de Filosofia e a discriminação de um dos seminaristas no seio do grupo-classe. Parece tratar-se de um caso no qual o grupo elege um de seus membros como bode expiatório, descarregando sobre ele sua hostilidade. A dimensão acadêmica também se constitui numa arena de competição e rivalidades entre os seminaristas, conforme depoimento já antes apresentado.

Já nos referimos a uma certa *divisão sexual* entre os seminaristas internados no estabelecimento quando tratamos do processo de confraternização, parte integrante dos ajustamentos secundários. É interessante constatar que os estabelecimentos totalitários unissexuais parecem promover a divisão dos seus internados em dois sexos. Aparentemente, isso acontece em prisões (Oyama, 2000) e internatos escolares (Hesse, 1970; 1980; Rego, 1979; Trevisan, 1985; Lautréamont, 1986; Musil, 1986; Pompeia, 1997; Benelli, 2002), e detectamos esse fato também no seminário que investigamos. Perrone-Moisés realizou uma interessante comparação entre a obra de Lautréamont e a de Pompeia: o internato escolar é uma experiência existencial que produziu marcas profundas na subjetividade dos dois autores, e eles a plasmaram nas suas obras literárias. É perfeitamente possível ler essas várias obras utilizando o referencial analítico de

PESCADORES DE HOMENS **161**

Goffman (1987) e de Foucault (1999b), observando a carreira moral que o internado percorre em sua (des)educação escolar – e em todas elas encontramos a divisão sexual na instituição.

Pompeia descreve a divisão sexual e o intenso erotismo que observa nos alunos internados no colégio Ateneu: o grupo dos alunos internados do Ateneu não deve ser considerado de modo homogêneo. Existem várias diferenças intragrupais: o grupo dos alunos pode ser dividido entre vigilantes e vigiados (Pompeia, p.61-2), efeminados e másculos (ibidem, p.53, 183-4), fortes e fracos, belos e feios, angelicais e pervertidos, leais e traiçoeiros, bolsistas (ibidem, p.147) e pagantes. Na descrição que Rebelo faz dos colegas internados, para Sérgio, personagem principal do romance, podemos apreciar a divisão sexual que se produzia num colégio unissexual:

"Conte como uma desgraça ter que viver com esta gente." – E esbeiçou um lábio sarcástico para os rapazes que passavam. – "Aí vão as carinhas sonsas, generosa mocidade... Uns perversos. Têm mais pecados na consciência que um confessor no ouvido; uma mentira em cada dente, um vício em cada polegada de pele. Fiem-se neles. São servis, traidores, brutais, adulões. Vão juntos. Pensa-se que são amigos... Sócios de bandalheira! Fuja deles. Fuja deles. Cheiram a corrupção, empestam de longe. Corja de hipócritas! Imorais! Cada dia de vida tem-lhes vergonha da véspera. Mas você é criança; não digo tudo o que vale a generosa mocidade. Com eles mesmos há de aprender o que são... Aquele é o Malheiro... forte como um touro, todos o temem, muitos o cercam, os inspetores não podem com ele; o diretor respeita-o; faz-se vista larga para os seus abusos... Este que passou por nós, olhando muito, é o Cândido, com aqueles modos de mulher, aquele arzinho de quem saiu da cama, com preguiça nos olhos... ali vem o Ribas... feio, coitadinho! Como tudo, mas uma pérola. É a mansidão em pessoa. Primeira voz do Orfeão, uma vozinha de moça que o diretor adora. É estudioso e protegido. Faz a vida cantando como os serafins. Uma pérola ... hoje é o primeiro dia, ali está de joelhos o Franco. Assim atravessa as semanas, os meses, assim o conheço nesta casa, desde que entrei. De joelhos ex-

162   SÍLVIO JOSÉ BENELLI

piando a culpa de uma raça. O diretor chama-lhe de cão, diz que tem calos na cara... Viu aquele da frente, que gritou calouro? Se eu dissesse o que se conta dele... aqueles olhinhos úmidos de Senhora das Dores... Isto é uma multidão; é preciso força de cotovelos para romper... Os gênios fazem aqui dois sexos, como se fosse uma escola mista. Os rapazes tímidos, ingênuos, sem sangue, são brandamente impelidos para o sexo da fraqueza, são dominados, festejados, pervertidos como meninas ao desamparo..." (Pompeia, 1997, p.53-4).

Assim, podemos afirmar que esse fenômeno não parece ser típico do seminário, como pode acreditar um certo imaginário popular, mas ele também se manifesta ali porque esse estabelecimento se enquadra no perfil das instituições totalitárias, nas quais essa divisão sexual parece se produzir normalmente.

Conforme o relato que apresentamos logo no início da análise do "mundo do seminarista no estabelecimento seminário", um jovem vocacionado, ao ingressar no seminário menor, rapidamente se deparou com esse fato: os seminaristas internados estavam divididos entre os "exus" e os membros do "comando rosa". Vejamos um relato a respeito dessas duas facções:

> Fiquei sentado numa mesa, no refeitório, vendo os rapazes lancharem e conversarem. Alguns conversavam sobre temas das aulas da manhã. Três deles estavam fazendo um jogo entre si, dando-se apelidos femininos. Aparentemente, eles tinham um apelido feminino para todos os membros da comunidade. Gesticulavam muito, fazendo caras e bocas, trejeitos afetados, e riam, se divertiam uns com os outros. Pensei que eram pessoas que se podiam incluir como integrantes do "comando rosa". Eles continuavam se divertindo, barulhentos, falando alto, mexendo com os demais colegas. Alguém disse: "O vice-reitor vem vindo aí". Então os três seminaristas sossegaram e acabaram com seu comportamento espalhafatoso. Eles saíram do refeitório e continuaram rindo lá fora. (12ª visita de observação)

Depois do intervalo, no qual os seminaristas despertaram um pouco mais, houve a divisão da sala em grupos espontâneos para uma discussão sobre fragmentos de textos de Platão. Foi interessante notar como as pessoas se organizaram em seus grupos. O critério subjetivo foi o principal, levando os amigos a se juntarem com seus pares, separando-se dos indiferentes, dos inimigos ou desafetos. Quatro dos rapazes que pareciam ser os mais fracos da turma ficaram juntos, excluídos dos outros grupos. Os que caberiam na categoria de "exus" se ajuntaram. Os grupos não pareciam muito animados com a tarefa, mas se ocuparam com seus textos, movidos pela disputa, para ver quem apresentaria um resultado melhor que os outros. Tratava-se não tanto de aprender, mas de competir com os demais, para se sair melhor. Pelo menos, essa era a posição das pessoas no grupo no qual fiquei. Eu escolhi o grupo que quis e fui me sentar, de propósito, com os machões. Eles não ficaram muito à vontade com minha presença. Mas me trataram com certa cordialidade. Talvez eles me incluíssem no outro grupo (o da brigada rosa), porque os rapazes que mais conversavam comigo poderiam ser incluídos ali. Eles não sabiam nem por onde começar o trabalho com os textos. Platão era literalmente grego para eles. Lemos os fragmentos. Eles disseram umas barbaridades sobre os textos, não tendo mesmo a menor ideia do assunto. Seus comentários eram do mais corrente senso comum e se perguntavam por que tinham que estudar coisa tão estranha, eles apenas queriam ser padres. Que função tinha aquele negócio? – perguntavam-se. Eu quase não me pronunciei, permaneci na posição de observador e quase não interferi com a atividade do grupo. Eles logo chamaram o professor, para pedir explicações e ajuda para realizar o trabalho. (13ª visita de observação)

De acordo com as normas do estabelecimento, casos de homossexualidade claramente constatados, ou com denúncias que levantem sérias suspeitas, não são tolerados pela equipe de padres formadores, nem pelos bispos responsáveis pelo seminário. Vejamos algumas opiniões dos próprios seminaristas relativas ao desligamento de colegas com "problemas afetivos":

Terminado esse momento, saímos para o intervalo do café. Os rapazes comentavam os dados apresentados pelo palestrante sobre as causas da saída do sacerdócio. Os motivos enumerados eram bem conhecidos deles. Ouvi um comentar: "Ainda bem que estão mandando embora algumas pessoas do Seminário agora, antes que elas se tornem padres. Elas iam dar trabalho depois de ordenadas. Iam aparecer escândalos. É melhor prevenir do que remediar". Eu perguntei: "Como assim?" Outro respondeu: "Ninguém falou, mas todo mundo sabe e comenta que os que foram mandados embora tinham problemas afetivos e, provavelmente, tendências homossexuais, para dizer o menos". Outro comentou: "Dos oito que saíram desde o começo do ano até agora, pelo menos quanto a seis deles, paira no ar o problema do homossexualismo. Não há provas contundentes em todos os casos, mas é o que se suspeita e comenta-se entre nós". (14ª visita de observação)

É fácil pensar nas dificuldades que esse contexto institucional cria para os rapazes quanto à sua própria sexualidade: ansiedades, medos, amores, "mistérios dolorosos" e talvez "gozosos" também. Há opiniões controvertidas quanto ao tema da homossexualidade no estabelecimento; alguns assumem o discurso oficial, mas isso não quer dizer sempre que o próprio desejo deles siga nesta direção.

Já aludimos aos conflitos ideológicos entre os membros do grupo composto por seminaristas. Existe entre os seminaristas a disputa entre os defensores da Teologia da Libertação e os da Renovação Carismática, mas o grupo simpatizante ou claramente adepto da Renovação Carismática é muito mais numeroso, e essa tendência parece crescente.

Como os seminaristas internados no estabelecimento vêm de diferentes dioceses, está prevista no Horário da Casa a realização de reuniões quinzenais desses grupos diocesanos.

O objetivo dessas reuniões é buscar maior integração entre os seminaristas que futuramente serão irmãos de um mesmo presbitério diocesano. Aparentemente, esses encontros podem se constituir em mais um espaço onde eclodem conflitos. Pensamos que o fato dessa atividade se realizar de modo não diretivo acaba por propiciar o acirramento de conflitos entre os seminaristas, pois eles não estão acostumados a se auto-organizar. Também observamos uma crítica com relação ao excesso de reuniões no estabelecimento, o que nos remete de novo às considerações que fizemos antes sobre a Assembleia de Comunicações. A utilização inadequada de um instrumento de modo repetitivo e inócuo leva ao seu desgaste.

As manhãs de formação espiritual acontecem nas quartas terças-feiras de cada mês. A equipe de formadores costuma convidar um padre de fora do seminário para assessorar essa atividade. O que geralmente acaba acontecendo é que os seminaristas têm mais uma manhã de aulas, cujo tema são questões de espiritualidade, de oração, de pastoral, e não de matérias da grade curricular do curso de Filosofia.

O modo de recrutamento varia nas instituições totais. Os novatos ingressam com diferentes estados de ânimo. O espectro dos diferentes modos de recrutamento vai do absolutamente voluntário, passa pelo semivoluntário e chega ao involuntário.

No caso do seminário católico, o recrutamento é voluntário, os indivíduos ingressam por livre e espontânea vontade no estabelecimento e se tornam seminaristas. Esse estabelecimento lida apenas com aqueles que se consideram chamados, escolhendo entre eles os que a equipe dirigente julga mais adequados e sérios em suas intenções. A conversão do indivíduo já parece ter ocorrido e a tarefa formativa do seminário se resume apenas em indicar ao seminarista novato as maneiras pelas quais pode atingir a autodisciplina.

O exército representa um tipo de instituição na qual o recrutamento pode ser considerado semivoluntário: os internados são obrigados a servir e têm muitas oportunidades para compreender que esse trabalho é justificável e pode ser exigido, por causa de seus interesses finais. Entradas inteiramente involuntárias podem se dar nos casos de internação em hospital psiquiátrico, reclusão na prisão, incorporação forçada à tripulação de um navio. Neste último caso, os internados oferecem maior resistência ao perfil que a equipe dirigente quer lhes impingir.

O grau de mudança interior do internado, que é explicitamente desejado pela equipe dirigente, também varia de acordo com os diferentes tipos de instituições e suas finalidades. Nas instituições de custódia e de trabalho, o internado precisa apenas obedecer às ações padronizadas e seus estados de ânimo e sentimentos íntimos não são preocupação oficial. Já nos campos de "lavagem cerebral", instituições religiosas e nas de tratamento mental, os sentimentos íntimos do internado são altamente considerados e constantemente monitorados por intermédio de diferentes técnicas: eles devem aceitar ativamente os padrões da equipe dirigente. O seminário exige um alto grau de modificação interna do indivíduo, conforme tentamos demonstrar ao longo deste trabalho.

A permeabilidade à influência da sociedade-ambiente nos padrões sociais institucionais também varia de modo diverso. Quanto maior o grau de influência mútua entre a instituição e a sociedade, mais suas diferenças se reduzem.

Na análise do processo de admissão nas instituições totais, os aspectos impermeáveis do estabelecimento se realçam. O novato sofre um processo de despojamento e nivelamento nesse momento, perdendo as várias distinções sociais que possuía na sociedade mais ampla: idade, riqueza, *status* social, diferenças de idade, inclusive o nome, em certos casos, etc. Um certo nível de impermeabilidade parece ser necessário para a manutenção da moral e da estabilidade da instituição. Paradoxalmente, ao suprimir as distinções sociais externamente válidas, a instituição total mais radical pode ser também a mais democrática. Mas as instituições totais precisarão empregar necessariamente algumas distinções sociais já estabelecidas na sociedade mais ampla, ainda que isso ocorra apenas para realizar as tarefas indispensáveis relativas à sociedade e ser por ela tolerada.

Constatamos que o seminário católico exibe um alto grau de permeabilidade às influências da sociedade na qual está inserido.

Não há restrições maiores ao consumo de bens e produtos à disposição dos jovens no mercado. Há acesso aos meios de comunicação social: jornais, revistas, TV, Internet. O símbolo de *status* da moda, o telefone celular, também é facilmente encontrado entre os seminaristas. Usualmente, os seminaristas aproveitam suas tardes livres de saída do Seminário para passeios tipicamente urbanos: visitam o centro comercial da cidade, *shoppings*, cinemas, vão às compras.

Outra diferença pertinente entre as instituições totais se verifica no destino social de seus egressos. Temos o caso daqueles que têm suas vidas radicalmente determinadas por sua participação original em certo estabelecimento, por exemplo membros de abadias beneditinas e ex-prisioneiros (estes, depois de sua passagem pela prisão, podem orientar suas ocupações futuras para o ambiente do submundo social). Soldados desmobilizados na reserva podem ausentar-se definitivamente do regimento. Ex-doentes mentais podem evitar cuidadosamente qualquer coisa ou atividade que possa relacioná-los com o hospital. Entre esses dois extremos, temos o sistema dos "amigos de turma", que mantêm vínculos festivos com as instituições, típicos de escolas e universidades particulares: os egressos se reúnem eventualmente para comemorar sua passagem pelo estabelecimento.

O seminário é uma instituição totalitária na qual o tempo de permanência do seminarista que ali ingressa voluntariamente já está determinado de antemão. Quando o seminarista, depois de passar pelos longos e árduos anos de formação em regime de internato, alcança a ordenação sacerdotal, ele deixa o estabelecimento e geralmente vai assumir uma paróquia na sua Diocese de origem. Os padres diocesanos costumam viver sozinhos em suas paróquias. Suspeitamos que os longos anos de formação no ambiente institucional que estamos descrevendo levam-nos a oferecer grande resistência a dividir seu espaço com outro padre.

Também pode haver alguns problemas que levam ao processo de desligamento do seminarista do seminário. O objetivo do seminário é preparar os seminaristas para o sacerdócio, e espera-se que depois de vivenciar o processo formativo no estabelecimento onde recebem sua formação em Filosofia prossigam e passem para o seminário teológico, onde receberão sua formação em Teologia, para depois finalmente ser ordenados sacerdotes da Igreja Católica. Os seminaristas podem prosseguir no processo formativo rumo ao sacerdócio, mas também podem abandonar livremente o seminário, ou dele ser desligados, por vários motivos. Durante as visitas de observação ao seminário, pudemos presenciar alguns casos de desligamento involuntários e voluntários da instituição.

Nestes episódios, podemos detectar como a equipe de formadores funciona como um pequeno tribunal inquisitorial, que abre um processo, intima os culpados e realiza um julgamento, apresentando inclusive provas materiais para fundamentar as acusações. Trata-se de um procedimento disciplinar típico em instituições totalitárias, como podemos verificar no "processo do caso Cândida" no romance *O Ateneu* (Pompeia, 1997, p.160-6) e na "Inquisição dos doze" (Trevisan, 1985, p.64-6). Os dois rapazes envolvidos na questão foram despedidos do seminário. Embora o fato não tenha sido apresentado oficialmente pela equipe de formadores para a comunidade dos seminaristas, estes acabaram perfeitamente informados de tudo. Os dois seminaristas desligados se encarregaram de contar aos amigos o acontecido, que espalharam para os demais. Trata-se de um caso curioso de uma prática denegatória no lidar com a informação: todo mundo sabe a verdade, mas finge que não sabe, embora se comente à boca pequena entre os seminaristas. O discurso oficial dos formadores pretende preservar a dignidade dos envolvidos, ao não revelar as causas reais da demissão, mas isso de fato não acontece. A fofoca acaba por revelar a todos o que realmente aconteceu, e se torna impossível preservar a idoneidade dos que foram desligados. Mesmo porque, se eles não anunciaram sua decisão espontânea de sair, e de repente estão indo embora, é porque algo grave aconteceu.

Presenciamos também um caso de desligamento voluntário. A notícia inesperada da saída voluntária de um colega deixa os demais seminaristas consternados e surpresos. É interessante observar o impacto dessa saída nos que permanecem no processo formativo, fazendo-os questionar-se sobre sua permanência no seminário e as causas e os motivos alegados para que um seminarista deixe o estabelecimento: homossexualidade, crises de perda da fé, descobrir que não tem vocação, arrumar namorada, apaixonar-se, cansaço da rotina e da mesmice da vida no seminário, opressão do controle excessivo, não poder dispor do próprio tempo como deseja, ter a vida garantida, casa, comida, estudo, mas não ter dinheiro, não ter liberdade. Podemos concluir que a *tiranização* é um elemento que pode ocasionar o abandono voluntário do seminário. Neste caso, também parece que houve uma certa inabilidade da equipe de formadores para com o rapaz em questão. Provavelmente, faltou uma escuta mais próxima, dificultada por um posicionamento oficial mais distanciado, que deve ser provocado pelo modo de funcionamento da instituição.

Para os seminaristas internados, a vida no mundo externo parece ser idealizada, juntamente com a liberdade. Mas, paradoxalmente, a proximidade da saída do estabelecimento parece criar angústias, e é possível continuar internado no estabelecimento, prosseguindo com o processo formativo, para evitar o problema. O temor é criado pela questão: "Será que vou conseguir me virar no mundo?" Vejamos um relato informal de um seminarista do terceiro ano:

Eu: "Mas como você está vocacionalmente? Pretende ir para a Teologia e continuar no seminário?" Ele: "Olha, é preciso coragem para entrar no seminário e mais coragem ainda para sair. Eles nos dizem que a vida lá fora é muito difícil, põem medo na gente. Não sei ao certo o que vai ser no futuro, no ano que vem. Eu gostaria de continuar, de ir em frente, passar para o seminário de Teologia. Mas estou meio inseguro. Quando eu entrei no seminário, eu tinha um emprego, que deixei. Eu ganhava meu dinheiro, tinha minhas coisas e as trouxe comigo para o seminário. Agora vivo quase sem dinheiro. Se eu saísse, teria que começar a vida de novo, a partir do zero, lá de onde parei". Eu comentei: "Acho que não é exatamente assim. Se você terminar o curso de filosofia e sair do seminário, você sairá formado. Terá um diploma para recomeçar a sua vida. Isso é diferente de quando você entrou, porque não era formado". Ele: "É. Tem razão. Isso é diferente mesmo. Mas espero poder terminar o curso de Filosofia. Ainda tenho muita coisa de que dar conta daqui até o fim do ano". (11ª visita de observação)

A sociedade mais ampla apresenta uma face desafiadora para um indivíduo altamente tutelado e dependente. Vejamos um relato de desligamento, agora involuntário

Diálogo do pesquisador com um seminarista:

Seminarista: "Mas há outras coisas que acontecem e não correspondem ao discurso de transparência, colegialidade e participação que ele [o reitor] tanto prega. Mais um seminarista foi mandado embora esta semana. Não sabemos o motivo. A ordem veio da diocese dele. O reitor o chamou e lhe comunicou que ele estava sendo desligado do Seminário por ordem dos formadores da diocese à qual pertencia e que deveria deixar a comunidade assim que pudesse". Eu: "Penso que cada vez que alguém é mandado embora, assim meio misteriosa e repentinamente, isso cause um impacto na comunidade, gerando um clima de ansiedade e angústia, como se um medo de ser mandado embora percorresse vocês". Ele concordou: "É isso mesmo que acontece. Fica todo mundo muito inseguro e temeroso. Parece que a gente vale tão pouco... Dá impressão de que somos tão descartáveis... Talvez seja por isso que somos tantos, pois ao menor deslize podemos ser jogados fora. Aí a gente fica se perguntando: Cadê o diálogo? A compreensão? O perdão? É só você cometer um erro e tchau!, sem a menor chance de conversar, de ter uma segunda oportunidade". Eu: "Mas imagino que há diferença de tratamento quanto aos tipos de deslizes". O Seminarista comentou: "Claro que há. Nos casos de homossexualidade comprovada são mandados embora sem apelação. Eu já tive um reitor que dizia que não importa se o seminarista seja hetero ou homo, o que importa é a adesão ao celibato. O problema, dizia então aquele reitor, são os 'ismos', a prática. Agora, basta que o reitor saiba que alguém tem uma orientação homossexual para mandar embora". Eu: "Parece que os padres formadores e o diretor de estudos formam uma espécie de tribunal, com poder de ligar e desligar pessoas da participação na vida do seminário". O seminarista: "Eles se reúnem a portas fechadas, no escritório do padre reitor. Quando chamam alguém lá para conversar, a gente fica numa ansiedade só. Sempre que mandam alguém da comunidade embora, ele pode trair e delatar os demais. Então, fica todo mundo preocupado. É nesses momentos que a gente vê quem realmente manda aqui, e que essa história de participação fica parecendo conversa fiada". Eu: "É, acho que essas contradições realmente produzem conflitos entre os seminaristas e os formadores, embora estes estejam imbuídos das melhores intenções". (12ª visita de observação)

Neste relato podemos verificar o ocultamento de informações relativas aos seminaristas internados, uma função específica da equipe dirigente numa instituição total. Verifica-se uma clara contradição entre um discurso mais participativo e democrático dos padres formadores e a prática real que denuncia o funcionamento de um aparelho de dominação com efeitos repressivos, de um pequeno tribunal inquisitorial, como já afirmamos acima. A intolerância com os homossexuais repercute negativamente na comunidade, por meio de um temor contagiante, e fomenta um clima de pânico e persecutoriedade, devido ao medo de possíveis delações comprometedoras. Evidentemente, quem tem alguma "culpa no cartório" realmente deve ficar temeroso, mas a arbitrariedade misteriosa dos critérios utilizados pela equipe de formadores faz que muitos se sintam na berlinda. Parece bastante plausível que essas contradições reais gerem conflitos silenciosos que terminem por minar os esforços positivos da equipe de formadores. Todo esse mal-estar não emerge no discurso oficial na instituição, mas acreditamos que ele corrói as próprias bases da possibilidade de convivência comunitária: a confiança e a segurança dos seminaristas.

Verificamos novamente o efeito da ausência de informações claras da equipe de formadores para os seminaristas: a fofoca causa grandes estragos na reputação dos demitidos, embora talvez o que se buscasse com o silêncio fosse garantir sua dignidade. O motivo dessa demissão involuntária teria sido uma delação, fenômeno típico nas relações que se estabelecem nas instituições totais. O clima da comunidade fica muito mais carregado durante esta temporada. A futura reunião dos bispos responsáveis pelo seminário é esperada com ansiedade e temor pelos rapazes. Parece-nos que toda essa cena é diametralmente oposta ao que seria esperado de uma relação fraterna e paterna dos seminaristas entre si e destes com seus respectivos bispos, em vista de um relacionamento positivo nos futuros presbitérios diocesanos. Se o clero é desunido e não consegue conviver nem se relacionar mais positivamente com seus bispos, talvez esses problemas comecem nos aspectos mais "deformativos" do modo de funcionamento das instituições totais presentes no seminário.

Percebemos a instalação de uma rede de intrigas, calúnias, delações e difamações, motivadas pela vingança, que envolve o seminário. Impossível afirmar a veracidade das coisas que me contou o rapaz. Elas parecem algo fantásticas, mas pelo que pudemos conhecer da realidade do contexto institucional do seminário são plausíveis. O seminário funciona como os bastidores das respectivas dioceses dos seminaristas nele internados. Tudo o que acontece nelas ressoa e repercute no seminário, sobretudo no que se refere à vida do clero diocesano.

Acreditamos que se e quando o seminarista é enviado de volta à sociedade mais ampla ele pode experimentar algumas dificuldades, tais como a angústia, o estigma e uma certa desaculturação.

Embora as instituições totais tenham como objetivo a reforma e a reabilitação, graças às quais o indivíduo recuperaria os mecanismos autorreguladores supostamente perdidos, e pretendam que mantenha de modo espontâneo os padrões nos quais foi reeducado e ressocializado no estabelecimento, isso não costuma ocorrer exatamente assim.

Na prática, raramente se consegue essa mudança. As alterações permanentes que realmente costumam ocorrer não são as desejadas pela equipe dirigente. Exceto no caso de algumas instituições religiosas, os processos de despojamento e os de reorganização não parecem produzir um efeito duradouro. O indivíduo se defendeu da "reforma" imposta por meio dos ajustamentos secundários, graças aos quais se habituou a costumes contrários à instituição, além de se valer da estratégia de "dançar conforme a música".

Parece-nos que o processo formativo oferecido pela instituição seminário, ao padecer das mesmas mazelas estruturais das instituições totais (Goffman, 1987) – apesar da sua especificidade e das diferenças já apontadas – e ao funcionar a partir de um dispositivo tipicamente disciplinar (Foucault, 1999b), segrega e submete os seminaristas. Acreditamos que os efeitos desse aparelho repressivo impedem que a formação oficialmente buscada pela instituição seja alcançada.

A recuperação da liberdade pode deixar deslumbrado o ex-seminarista, maravilhado diante do que a vida normal e cotidiana pode lhe oferecer: possibilidades, escolhas, decisões e prazeres. Do mesmo modo, provavelmente ele pode tender a esquecer a dureza da vida de privações e do clima opressivo que tinha no estabelecimento. Logo começará a aceitar novamente como indiscutíveis direitos seus os privilégios em torno dos quais organizava sua vida no ambiente institucional.

O seminarista percebe que a instituição total pela qual passou deixou marcas indeléveis em sua vida. Como indicam os relatos acima, a vida no seminário pode deixar marcas positivas e outras francamente destrutivas. Quando ingressa no estabelecimento, o *status* pessoal intramuros do seminarista torna-se bastante distinto do de fora, e se e quando sai percebe que sua posição no mundo externo nunca mais será igual à anterior ao ingresso. O fato de ter sido seminarista pode causar-lhe um certo orgulho ou pode representar um estigma, que precisa ser disfarçado e ocultado (Goffman, 1975).

A angústia no tempo da reinserção parece ser produzida principalmente pela desaculturação, que pode ser entendida como a perda ou impossibilidade de adquirir os hábitos atualmente exigidos na sociedade. A recepção do ex-seminarista pode ser fria e o estigma adquirido pode dificultar-lhe a tarefa de conseguir um emprego. Geralmente, a libertação costuma ocorrer quando o indivíduo já domina sua vida no ambiente institucional, que se lhe tornou conhecido e ao qual ele se adaptou de algum modo, conseguindo alguns privilégios dos quais aprendeu o alto valor. Assim, o ex-seminarista pode descobrir que ser livre significa passar do topo de um pequeno mundo já familiar para o ponto mais baixo de uma sociedade ampla, provavelmente fria, indiferente ou hostil.

Quando um seminarista deixa espontaneamente o seminário ou dele é desligado por algum motivo, leva consigo apenas os bens que havia trazido quando do seu ingresso. Na verdade, é despedido sem nenhum tipo de ajuda oficial. Tão informalmente quanto ingressou na instituição, ele a deixa. Não há exatamente um processo de desligamento, a instituição simplesmente se livra do indivíduo, sejam muitos ou poucos os anos que ele passou no processo formativo. Ninguém impede o reitor, por exemplo, de colaborar com aquele que deixa o seminário, mas não há nenhuma obrigação oficial. Quanto mais tempo o sujeito ficou no processo formativo, mais difícil supomos que seja sua reinserção no meio social. Nos casos em que concluiu a licenciatura em Filosofia, pelo menos já está munido de uma ferramenta que lhe permitirá um acesso ao trabalho.

Depois de examinar o seminário católico como uma instituição total e enumerar suas características gerais, podemos concluir apontando as semelhanças que se impõem de modo persistente e decisivo, obrigando-nos a considerar a especificidade desse fenômeno social. Assim, instituições como prisões, hospitais psiquiátricos, colégios internos, conventos, seminários para formação de padres e instituições religiosas em geral têm muitos aspectos em comum, coisa que não parece tão evidente num primeiro momento.

Pensamos que essa organização formal característica desses estabelecimentos totais parece funcionar de modo autônomo, sem que abades, reitores, diretores, comandantes, guardas, superiores, enfermeiros, médicos e psiquiatras possam ser condenados por sua responsabilidade pessoal ou elogiados por seus talentos administrativos. Somente poderemos compreender os problemas sociais e a produção da subjetividade nas instituições totais por meio do estudo das relações sociais subjacentes a esses estabelecimentos.

A experiência de observação participante

A técnica da observação participante revelou-se um instrumento adequado para a realização desta pesquisa. A inserção do pesquisador no cotidiano da instituição foi gradual e positivamente crescente com relação aos vários membros que compõem o estabelecimento. O pesquisador aprendeu a enfrentar o desafio de se posicionar como tal no contexto institucional específico de um seminário católico. Tratava-se de relacionar-se com pessoas diferentes e desconhecidas, desempenhando o papel de pesquisador, abrindo-se à novidade da experiência. Foi preciso superar uma certa resistência e tornar-se mais receptivo, vencendo momentos de angústia e inibição inicial.

O vínculo que estabelecemos com os seminaristas internados no estabelecimento no qual realizamos as observações evoluiu gradualmente e se estabilizou em relações de aceitação, confiança e naturalidade. As supervisões auxiliaram o pesquisador a não perder a atitude científica, embora próxima, diante da realidade e das ações dos membros da instituição observada. Isso nos possibilitou presenciar os hábitos, atitudes, comportamentos e relações interpessoais dos sujeitos, participar de rotinas diárias e diálogos muito interessantes.

No início das visitas de observação, o pesquisador foi apresentado publicamente aos habitantes da instituição. O papel de "pesquisador observador" foi adquirido e construído ao longo do tempo das observações de campo, iluminadas pelas supervisões periódicas. A aquisição desse papel e do enquadre para observar exigiu uma delimitação de terreno muito específica. Trata-se de uma relação peculiar e diferente de uma aproximação familiar, amigável ou profissional.

Eu me sentia meio deslocado e solitário em meio aos seminaristas. Muitos me olhavam curiosos, mas não se aproximavam para conversar. A minha posição de visita e de observador para uma pesquisa parecia ser um obstáculo inicial que incomodava a mim e aos seminaristas. Devagar, um ou outro se aproximava e começava uma conversa, fazendo-me perguntas sobre a pesquisa, sobre meus estudos em Psicologia, sobre onde eu morava. Eu ia respondendo e também aproveitava para fazer perguntas a respeito de questões que me interessavam sobre o cotidiano deles. Era preciso quebrar o gelo, e aos poucos iríamos nos aproximando, construindo um relacionamento no qual estivéssemos mais à vontade. (2ª visita de observação)

Logo o "gelo" foi quebrado, porque a curiosidade dos seminaristas impulsionou-os a abordar o pesquisador, que se manteve no campo, disponível para o contato:

Sentamo-nos nas escadarias do prédio novo e logo se juntaram a nós outros rapazes, que usavam tênis e camisetas. Perguntei se ia haver alguma atividade ali. Disseram que haveria aula de Educação Física na quadra de esportes. Ficamos conversando e outros seminaristas foram chegando. Eles me perguntaram o que eu estava achando do seminário. Eu disse que achava interessante, que o lugar era legal e que a vida que levavam me parecia bastante boa, cheia de atividades, numa casa grande, animada e com muitos recursos. Disse que estava um pouco surpreso e que imaginava que o ambiente de um seminário seria diferente, mas que estava vendo gente normal levando uma vida de estudante, muito parecida com a dos outros estudantes. Riram um pouco e perguntaram o que eu esperava encontrar. E revelando uma autocrítica bem-humorada foram nomeando: "Você esperava encontrar seminaristas de batina preta, rezando o terço o dia todo? Esperava encontrar anjos cheirando a incenso? Gente carregando a Bíblia debaixo do braço, como se fosse desodorante? Gente que morasse na capela e vivesse fazendo jejum, dizendo que tudo no mundo é coisa do diabo? Gente beata, com cara de fanático, ratos de sacristia?" Enumeraram uma série de clichês que fazem parte do imaginário sobre um lugar e pessoas como Seminário e seminaristas. E riam, com deboche, ao apresentar caricaturas daquilo que se supõe ser sua vida. Achei a atitude deles de uma irreverência impressionante. Eles riram muito e um deles disse: "Não queremos escandalizar você. Só estamos brincando. Aqui também há um pouco de tudo isso que dissemos, mas também há muitas outras coisas. É só olhar, tem gente de todo tipo aqui, dos devotos aos devassos". Então ele recebeu uma cotovelada do colega ao lado, que lhe disse: "Mas o que é que ele vai pensar disso? O que ele vai pensar que é o seminário?" Então lhe disse que não se preocupasse, eu não estava lá para julgar nada nem ninguém, só queria conhecer, sem condenar nada. Não era minha função avaliar o seminário. Eles ficaram mais descontraídos. (2ª visita de observação)

Os seminaristas são muito irreverentes e possuem certa autocrítica. Foi só tolerar o desafio de permanecer disponível para que começassem a se relacionar e a falar com o pesquisador. Rapidamente alguns seminaristas sintonizaram com ele. O seminarista encarregado dos hóspedes tinha uma motivação concreta, que era oferecer uma boa acolhida ao pesquisador, mas tornou-se gratuitamente alguém próximo e acessível para o observador. Acreditamos que esse contato com o hospedeiro e sua acolhida positiva funcionou como um indicador para os demais de que não havia perigo em relacionar-se com o pesquisador.

Ouvimos o primeiro sinal chamando para as aulas. Saí do refeitório e fiquei próximo das salas de aula, esperando. Os rapazes foram chegando e vieram me cumprimentar. Começaram a fazer piadas sobre minha provável vocação para o sacerdócio: "Olha, quem vem muito aqui acaba ficando. Nós achamos que você tem jeito para a coisa. Quem sabe você acaba descobrindo que tem vocação e entra para o seminário?" E riam com essas e outras afirmações. Alguns comentaram: "Mas vocês acham que ele vai trocar aquele monte de mulheres que tem lá na faculdade para ficar aqui no seminário?" Parece que havia um desejo de me assimilar, de me igualar a eles, como uma maneira de lidar com a minha diferença de alienígena, de membro estranho ao grupo comunitário. Eu reagi às provocações com bom humor e estabelecemos um bom contato, com risadas e descontração. (3ª visita de observação)

Aprendemos que os vários sujeitos presentes no contexto institucional se acostumam a ser observados e ganham em naturalidade e espontaneidade com o passar dos meses. Foi interessante notar uma resistência inicial, um temor diante de um possível espião ou então uma certa fantasia de cobaia entre os seminaristas.

Para realizar a coleta de dados, procuramos realmente participar de diferentes atividades na vida no seminário: frequentamos celebrações litúrgicas, momentos de oração, missas e outras cerimônias religiosas; assistimos a aulas com os seminaristas, participando de sua vida acadêmica; assistimos a reuniões de professores, assembleias da comunidade, eventos acadêmicos e solenidades festivas, além de participar de atividades de trabalho doméstico, tardes livres de passeio e de manter um contato com a intimidade dos seminaristas, frequentando seus quartos.

Fantasias de espionagem, de possível delação ou de cobaias submetidas a experimentos, relativas ao papel do pesquisador na instituição, foram se repetindo ao longo dos meses de visitas de observação. Aos poucos, tanto o pesquisador como os sujeitos pesquisados passaram a se acostumar um com os outros. Os seminaristas passaram a cumprimentar normalmente o pesquisador e esse comportamento evoluiu para uma maior familiaridade, em que os seminaristas tomavam a iniciativa de se aproximar e conversar com ele.

No desempenho da tarefa de observar, costumam surgir defesas contra esse papel, quando o pesquisador pode sair de seu lugar e assumir papéis mais familiares, como os de amigo, orientador, terapeuta etc. Com o passar dos meses, o pesquisador se tornou quase um confidente de alguns seminaristas. Ele precisou aprender a tolerar as identificações, projeções e demandas dos indivíduos do contexto observado, sem se sentir ameaçado ou invadido, evitando tentar impor-se a eles.

O pesquisador-observador teve também de aprender a lidar com sua tendência a se identificar com um dos grupos que constituem o seminário: a equipe dirigente dos padres formadores e o grupo dos seminaristas internados. Como não se tratava de analisar nem de verbalizar interpretações, o observador pôde estar mais atento e se exercitar na tarefa de conviver com a realidade presente durante a visita de observação, sem se sentir impulsionado a modificá-la, quando ela se tornava insuportável, mas sim pensar sobre ela.

Já descrevemos anteriormente episódios nos quais acompanhamos alguns seminaristas nas suas tardes livres para sair do seminário, em que pudemos presenciar neles um comportamento bastante descontraído e irreverente.

Procuramos desenvolver algumas habilidades, tais como: livrar-nos de ideias preconcebidas e realizar uma coleta de dados livre de interpretações pessoais; aprender a tolerar, sem interferir, na vida cotidiana no contexto institucional e no modo como os diferentes membros da comunidade encontravam soluções para seus conflitos. No decorrer dos meses de observação, as pessoas passaram a relacionar-se umas com as outras de modo natural na presença do pesquisador, inclusive brigando verbalmente entre si, contando piadas irreverentes, incluindo o pesquisador como mais um no grupo institucional.

Buscamos permanecer no campo emocional que permeava o funcionamento institucional, concentrando-nos em observar as relações inter e intragrupais, evitando desempenhar papéis que passaram a nos ser atribuídos ao longo da pesquisa: dar conselhos, aprovação, sugerir soluções, desaprovar ou intervir para mudar o comportamento da equipe de formadores com relação aos cuidados com os seminaristas internados.

Evidentemente, conviver com as contradições e pressões institucionais do seminário foi um desafio ético e emocional considerável.

Muitas vezes a atitude de não intervenção foi mantida com frustração, angústia, persecutoriedade e sentimentos de impotência. Outras vezes, nossos comentários não foram muito imparciais.

As discussões durante as supervisões propiciaram o treinamento da capacidade de observação do pesquisador, ajudando-o a discernir entre fato, conjectura e opinião, partindo dos relatos escritos, que são entendidos como uma seleção feita pelo observador.

Esse trabalho de observação intensa e contínua despertou o pesquisador para o interesse pela vida de pessoas institucionalizadas, proporcionando uma aprendizagem prática e realista da dimensão institucional e do seu impacto na produção e na modelagem da subjetividade, encontrada em cada uma das visitas de observação.

O pesquisador teve a oportunidade de se familiarizar e acompanhar, por meio de uma experiência viva, contínua e participativa, toda a dinâmica própria de um estabelecimento dedicado à formação de pessoas, como o seminário católico, presenciando uma série de fenômenos típicos das instituições totais (Goffman, 1987; Foucault, 1999b) que se atualizam nele. Além de estudar teoricamente estas instituições totais, o pesquisador teve a possibilidade de "ver" e de "descobrir", por si mesmo, o processo formativo que ali se desenvolve. Além disso, tivemos ocasião de começar a captar como os atores institucionais se percebem em suas próprias vivências no seminário.

As relações de formação nas entrevistas com os atores institucionais

O discurso do sujeito coletivo relativo à carreira moral do seminarista católico

Apresentaremos abaixo, em destaque, apenas o resultado do processo de análise das entrevistas, o discurso do sujeito coletivo do seminarista, que explicita como ele experimenta o processo formativo no estabelecimento estudado.

PESCADORES DE HOMENS 181

Tomamos como esquema para apresentar os dados obtidos nas entrevistas o conceito de "carreira moral" proposto por Goffman (1987, p.111). Muitos dos elementos coletados nas visitas de observação participante se confirmaram, e os depoimentos dos seminaristas vieram corroborar algumas análises que já havíamos realizado anteriormente. Entendemos que os seminaristas, no seu processo formativo no contexto institucional, estão submetidos a um processo de normatização do seu comportamento (Foucault, 1999b). Esse parece ser o eixo estruturante das representações dos seminaristas com relação à sua vida no seminário. Essa normatização é instrumentalizada através de diferentes estratégias ativadas no processo formativo, conforme já descrevemos a partir dos dados das visitas de observação. A relação entre os próprios seminaristas é caracterizada sobretudo pelo seu aspecto conflitivo: reina uma guerra silenciosa entre eles. A relação entre formadores e formandos também pode ser vista como um campo de luta onde os seminaristas não são passivos, mas oferecem resistência às estratégias normativas que lhes são impingidas, embora evitem um confronto direto.

A história vocacional: os seminaristas, no relato de sua história vocacional, explicam como optaram por ingressar no seminário. O desejo de ser padre surge na infância para alguns, na adolescência para outros. Geralmente já têm atuação e participação na vida da comunidade, são devotos, rezam muito, vão sempre à missa, fazem acompanhamento com o padre da paróquia, participam de encontros vocacionais promovidos pela diocese, até que decidem entrar para o seminário.

Estava terminando o colegial e pensava no que ia fazer: preparar-me para o vestibular. Sempre tinha dito para minha mãe que queria ir para o Seminário, mas nem ela nem meu pai levavam isso a sério. Comecei a frequentar a missa, foi indo, até que me despertou o desejo de me engajar em algum movimento. Até que tomei um pouco de coragem, procurei o padre da paróquia e falei para ele me acompanhar durante um ano. Através da pastoral vocacional da diocese, fiz encontros vocacionais. No ano seguinte entrei no seminário para fazer o Propedêutico e agora estou aqui na Filosofia.

A ingenuidade inicial do jovem vocacionado: a partir da sua experiência pessoal, o seminarista nota modificações na sua percepção do que seja a vocação sacerdotal, do seminário, e vive um processo de desmistificação:

Eu era bobo, ingênuo e piedoso antes de entrar para o Seminário: ia à missa todo domingo, rezava, conversava com o povo, dava graças a Deus por tudo. Não sabia como era a realidade do seminário. Acho que todo mundo faz isso, pensa que é uma coisa, idealiza, e depois vê que é outra. Eu imaginava que havia problemas, conflitos, que era difícil, mas não imaginava que fossem tão grandes. Muita coisa mudou, porque antes eu estava fora do processo. Era para ser diferente essa vivência do Evangelho, a gente vê que está muito longe do que se espera. Existe muita coisa que se perde, você acaba colocando outras questões, outros problemas e isso fica para trás. A gente deixa certas devoções para trás, são coisas para o povo, mas que a gente não faz mais, porque já somos seminaristas. Rezar, por exemplo, como fazia antes de entrar para o seminário, quando era muito devoto, a gente vê que isso está longe de acontecer aqui, então acaba deixando isso para lá e nos ocupamos com outros problemas. Quando se viveu alguns anos no seminário, depois em qualquer lugar, tira de letra, porque a vida aqui é complicada. Você é obrigado a se adaptar, tem que sobreviver no esquema. Nesse sentido, você amadurece. Porque é aquela coisa, quem pode mais chora menos. Eu dizia com orgulho que ia ser padre. Hoje que estou aqui dentro, me pergunto: será que eu vou ser padre? Será que amanhã vou estar aqui? Será que não vai me dar uma coisa que daqui a uma hora vou arrumar minhas coisas e vou embora daqui?

Podemos notar que a ingenuidade inicial é logo posta em xeque e o seminarista começa a experimentar modificações pessoais: deixa de lado suas devoções particulares, a vida no seminário coloca-o diante de outras questões que exigem respostas. No ambiente competitivo do seminário, aprende-se muito sobre como sobreviver em um contexto desafiador. O resultado é um questionamento da decisão de ter ingressado no estabelecimento.

O seminarista, logo após seu ingresso no seminário menor ou no propedêutico, se depara com uma realidade conflitiva, distante das suas idealizações iniciais.

Entrei no seminário pensando que ele seria um céu, uma vida de anjo, na qual todo mundo cuidava da própria vida, vivia em harmonia, não mexia com a vida dos outros, onde um procurava ajudar o outro e tudo mais. Só que, mais pra frente, conforme fui vendo, não era bem assim: havia muito revanchismo, inclusive a gente percebia que o reitor tinha amizade com uns, com outros não. Então ficava complicado porque se tinha uma imagem do seminário, era uma coisa celeste que ia formá-lo para o sacerdócio, e você chega, é uma realidade contrária, parece até um inferno, porque quando começam a infernizá-lo não o deixam em paz. Só que fui me acostumando, fui crescendo. Mas só que mesmo assim penso que o seminário se distancia muito do que deveria ser. Deveria ser um ambiente mais cristão, mais fraterno, na realidade não existe muito isso, existe mais um espírito de competição. Mas isso a gente vai enfrentando, vai superando. A convivência no começo foi boa, porque há aquele ambiente familiar, mas depois você vai se deparando com os defeitos de um, defeitos de outros, vocês não vão se entendendo, acabam criando aqueles conflitos. Então no fim do ano assim... estava no ponto de não ver a hora de terminar o ano pra a gente poder ir embora mesmo, pra sair de lá, pra sair um pouco daquela convivência que se torna um pouco maçante depois de um certo tempo...a gente se cruzava toda hora, estava se vendo toda hora, não aguentava mais o outro...

Diferentemente de um lugar angelical ou paradisíaco, onde se vive o amor fraterno, os seminaristas classificam o seminário como "um ninho de cobras", "um inferno", um lugar onde "o inferno são os outros". Rapidamente a convivência se torna um foco de atritos e desentendimentos entre os seminaristas. As relações se desgastam, não se sabe gerenciar os conflitos e a única saída parece ser a dissolução do grupo, o afastamento do outro que incomoda. O jovem seminarista se depara, perplexo, com a agressividade e com a sexualidade próprias e alheias no contexto da vida institucional.

A transição entre o seminário menor e o seminário filosófico costuma ser vivida com certa dificuldade:

> No seminário menor, você tem lá um reitor que é autoritário, mas que é como um pai, também, você tem um tipo de paternalismo. Chega aqui, você está jogado, é você quem tem que se virar, porque o reitor não está nem aí pra você, ele cuida lá, ele vê na medida do possível pra fazer o relatório dele, mas não está muito preocupado com você, com a sua saúde, com nada, se você não se manifesta, se você não aparece com algum problema, o reitor não vai atrás de você para saber se você tem algum problema ou não, ao contrário do seminário menor, onde o reitor tem a atenção totalmente voltada pra você, pra ver como é que você está, pra ver como está o seu desenvolvimento humano. Aqui não, é você que é responsável por você mesmo. Então, a grande dificuldade foi essa, passar do paternalismo no seminário menor, e aqui você está totalmente solto, então, no começo, a gente fica meio perdido. Mas agora estou me adaptando melhor, estou me acostumando mais.

O controle, a vigilância e o paternalismo costumam ser experimentados intensamente no seminário menor. Ali o seminarista "perde a liberdade", "tem que entrar num esquema de formação", "tem que aprender a obedecer", pode se encontrar sob a tirania de um reitor autoritário e se adaptar a essas condições de vida. Diante dessa experiência, o seminário filosófico é percebido como um espaço relativamente mais livre, onde o seminarista é chamado a ser autônomo, o que pode ser entendido como um certo abandono pessoal por parte dos formadores. Mas sua vida permanece bastante tutelada, embora seu relacionamento com os formadores possa se tornar mais distanciado.

Em comentários sobre como seriam o seminário e o seminarista ideais, os seminaristas medem sua experiência concreta com base em critérios morais apenas:

> O seminário ideal seria aquele sem fofoca, sem fuxico, onde as pessoas não querem saber umas da vida das outras para ficar usando isso como arma, mas sim para ajudar uns aos outros. A fofoca acaba com a vida das pessoas. O seminário ideal seria aquele lugar onde houvesse realmente partilha, porque aqui dentro não há. Também falta humildade em certos seminaristas, pois alguns são dominadores, pisam nos outros, querem ser os melhores, são vingativos. A partir do momento que nós estamos aqui para servir à Igreja, largamos tudo. O próprio Cristo fala que temos que amar uns aos outros. Eu desejava que pudéssemos ter uma vida mais próxima do Evangelho, porque estamos muito longe ainda. Acho que essas deficiências do seminário são as que tornam qualquer seminário um pouco desgastante, maçante. No fim do semestre todos estão querendo ir embora e ficar longe daqui por um mês. Estão saturados, já não aguentam mais. Nós ainda estamos caminhando para esse seminário ideal, mas falta muito. Com relação a outros seminários, acho que estamos no paraíso. O padre reitor do ano passado dizia: vocês têm montes de regalias, estão no céu, não podem reclamar de nada. Mas ao mesmo tempo que temos tudo isso aqui dentro ainda faltam a humildade, amar mesmo verdadeiramente um ao outro, o respeito, a partilha.

O seminário ideal seria um lugar no qual a vida fosse caracterizada pela vivência dos valores evangélicos: a partilha, o respeito, a humildade, a experiência de Deus através das pessoas, o amor ao próximo. Mas os seminaristas apontam para a realidade do seu cotidiano,

186 SÍLVIO JOSÉ BENELLI

permeado pela intriga e pela fofoca, pela hostilidade e pela dominação dos fortes sobre os fracos, pela vingança. Há também uma certa percepção de que esse ideal deve ser construído, até se idealiza a situação existencial, mas reconhecendo, apesar disso, o clima desgastante no estabelecimento. As queixas dos seminaristas demandam uma normatização da conduta moral que colocasse fim às lutas no seio da comunidade.

Há um imaginário no estabelecimento de que as qualidades necessárias a um seminarista seriam: cooperação e capacidade de trabalhar em equipe; conformar-se e obedecer às regras, perseverar num esforço de melhora moral; ser protagonista da própria formação; capacidade de ascese (embotando a própria sensibilidade e ocultando suas paixões); fidelidade e lealdade à Igreja e à própria vocação; ser justo, sensível, compreensivo, tolerante com os demais; ser capaz de sublimar e identificar-se com o projeto sacerdotal, idealizando sua vocação e o sacerdócio; ser um estudante aplicado, já que essa seria sua função prioritária.

Por outro lado, a queixa imaginária é que o seminarista real é competitivo e individualista; flexível, ele dobra-se e obedece, mas não por convicção interior; é pouco esforçado na busca do próprio aperfeiçoamento moral; não abre mão por completo do seu projeto pessoal para aderir integralmente ao projeto sacerdotal proposto pela formação; não cultiva a ascese e pode viver ao sabor dos próprios desejos; é um estrategista que pode manipular e delatar; é teatral, pois considera a aparência mais importante que a realidade; mostra-se duro, insensível e impiedoso com os demais; é um estudante defasado e pouco interessado em filosofia.

Enquanto estavam no seminário menor, os seminaristas receberam uma imagem do seminário de filosofia para onde seguiriam na etapa seguinte do processo formativo:

> Quando eu estava no seminário menor, a fama do seminário de Filosofia era "Gaiola das Loucas". Os seminaristas daqui falavam: "quando você for para a Filosofia, você vai mudar completamente, lá é um antro de perdição, você vai perder a fé". O

reitor controlava nosso comportamento com ameaças de expulsão, de não vir para a Filosofia. Então eu fazia o que ele queria, e deixei para me preocupar com o Seminário de Filosofia quando viesse para cá. Essa imagem prévia não confere de modo geral. Mas olhando alguns exemplos específicos até ultrapassa, porque há pessoas dissimuladas, que usam máscaras aqui dentro e quando saem, lá fora, são outras. São uma minoria, mas é uma parte considerável. Quando um seminarista se esforça para fazer tudo direito, ele é um seminarista normal. Mas quando um seminarista faz algo errado isso é generalizado e aplicado a todos os outros. É daí que vem a fama do seminário.

A fama do seminário filosófico coincide com o imaginário popular: o estabelecimento é visto pelos seminaristas como um lugar cheio de homossexuais e como um "antro de perdição", uma casa onde reinam a imoralidade e a anarquia. Quão longínqua está essa imagem da idealização primeira! Depois, o seminarista pode constatar que as coisas não são tão pavorosas quanto pareciam, embora haja realmente casos de "mascarados" que têm vida dupla. Mas isso é indevidamente generalizado para todo o estabelecimento.

O seminarista definido por ele mesmo:

Ser seminarista é fazer o exercício de uma futura situação de vida. O seminarista é um "minipadre", porque você já tem que começar a ter atitudes de padre. Suas atitudes e tudo o mais devem estar já refletindo essa vida do sacerdócio. É um estudante de filosofia que almeja no futuro ser padre, mas que não tem nada certo nem garantido, porque é difícil. Desde que a gente entra já tem o compromisso de viver o celibato. Esse não é o maior problema de todos. O mais difícil é o conflito da vida em comunidade. Existe a exigência de você sair da sua casa, entrar num lugar para morar com gente que não conhece, [com pessoas] que são diferentes, provêm de outras realidades. A gente precisa se anular muito para viver em comunidade no Seminário. Os seminaristas podem ser classificados em vários tipos: os romanos, que são aqueles que gostam de se destacar, aparecer, são soberbos e cheios de si; os da Teologia da Libertação são mais radicais. Os seminaristas da Teologia da Libertação combatem os romanos. As duas facções são radicais nos seus posicionamentos. Também há a categoria dos neutros. Tem um outro grupo que é difícil classificar. São aqueles que entram no Seminário para esconder alguma coisa ou para praticar certas coisas sem que os outros percebam. Trata-se de um grupo que pode ser classificado como homossexuais. Uma parte dos seminaristas sofre com isso, sofrem por ser seminaristas. Se o rapaz quer mesmo ser padre, deve estudar, enfrentar problemas de família, problemas que se acumulam e dificultam o processo formativo.

O seminarista se percebe como um indivíduo institucionalizado que precisa adotar uma conduta clerical, a do "minipadre", enquadrado em uma comunidade que se revela altamente conflitiva, dividida em diferentes grupos com características ideológicas antagônicas: os conservadores (romanos), os progressistas (libertadores), os "neutros" e os "homossexuais". Além desses aspectos, existe a dimensão acadêmica (estudante de filosofia), compondo a definição multifacetada do seminarista.

Os diferentes problemas enfrentados pelos seminaristas advêm das diversas dimensões que constituem sua vida no contexto institucional. Problemas acadêmicos, relativos à condição de formando do seminarista, de ordem material, na vida comunitária, no âmbito sexual, nas "crises" que experimenta, no sofrimento advindo da falta da vida fora do estabelecimento, na falta de confiança na relação de formação, no jogo de esconde-esconde entre seminaristas e formadores, na vivência solitária de seus problemas.

Se o seminarista se vê como um "minipadre", ainda está em formação, não é um padre e padece das limitações da sua condição de indivíduo institucionalizado: como aluno, tem desafios acadêmicos a enfrentar; já desenvolve "atividades pastorais", mas precisa ser paciente porque ainda não é padre e deve refrear sua ansiedade; a falta de dinheiro é o indicador da real condição de menoridade na qual se encontra; a formação exige o modelo de vida em grupo, com diversas manifestações de rivalidade fraterna; é preciso viver sob a autoridade dos formadores numa relação que evita dialogar sobre questões espinhosas, numa tática de avestruz; como ser sexuado, tem que se haver com o desejo sexual que o atravessa. O seminarista passa por "crises", nas quais experimenta angústia, tristeza, solidão, saudades da vida fora do estabelecimento.

Segundo os seminaristas, o processo formativo no seminário filosófico contempla as dimensões propostas no Regimento Interno de modo sofrível:

> Temos a faculdade, um estudo e professores bons, a parte espiritual, que fornece um amplo espaço para você fazer as suas orações, a vida comunitária, onde você aprende a conviver com o outro. É com isso que você vai seguir depois a sua rotina como padre. Às vezes me pergunto se a vida no Seminário está sendo uma escola de amor. Acho que é a própria experiência na vida que vai mostrar. A prioridade agora é o seminário, a pastoral a gente vai fazer a vida toda. Neste seminário de Filosofia, predomina o aspecto intelectual. As outras dimensões da formação: espiritualidade, pastoral, vida comunitária, dimensão da afetividade etc. deixam muito a desejar: são precariamente oferecidas e cada diocese é que deve dar conta disso, ou então vira responsabilidade de cada um. A dimensão humano-afetiva é pouco trabalhada e neste aspecto o seminarista é pouco formado. Ele tem que se virar sozinho, senão ele não cresce afetivamente. Não há nenhuma orientação específica quanto a como o seminarista deveria viver sua sexualidade celibatária. Há apenas alguns comentários esporádicos em algum momento. Parece que não se sabe mesmo como se lidar com o tema da sexualidade para o seminarista. Outro aspecto da formação para o sacerdócio que há no seminário é que os seminaristas são tratados como crianças: eles não tomam decisões por si mesmos. Os formadores decidem o que os seminaristas vão fazer. Eles deveriam consultar os seminaristas e deixá-los decidir. A maioria dos seminaristas, por

seu lado, se comporta como criança, adota um comportamento infantil em suas brincadeiras, durante as refeições, diante de certas situações, tirando sarro dos colegas que estão com problemas.

O processo formativo oferecido pelo seminário teria então três debilidades: não se sabe como lidar com a sexualidade do seminarista; os formadores têm um estilo mais diretivo do que participativo em algumas questões e os seminaristas têm um comportamento geralmente infantilizado.

Quanto à equipe de formadores, os seminaristas costumam avaliá-la duramente:

Tivemos vários formadores ao longo de alguns anos de seminário. Os de agora têm boa vontade. Mas de boa vontade o inferno está cheio. Não basta ter boa vontade. E, tendo minha experiência, a pior coisa que se fez e que se pode fazer é colocar padres recém-ordenados como formadores no seminário. Ainda mais se voltarem para um seminário do tamanho deste. E a gente percebe, com muita sinceridade, considerando que eu sou formando e que eles são formadores, que ficam muito evidentes as contradições entre o que dizem e o que vivem, isso choca muito. A gente pode até agir com caridade, são padres novos, têm muito para aprender, são recém-ordenados, mas acho que se têm muito para aprender, esse também não era o melhor lugar para estarem, para virem aprender. Do seminarista se exige a prática, a vivência, tudo mais. E a gente vê que os formadores estão muito longe de viver o que pregam, eles também têm que viver. Fica numa cobrança de um lado e do outro e a coisa não vai para frente. Emperra o trabalho. Isso causa grandes conflitos. Só vontade não basta. Não é pensando nos formadores ideais, mas se fossem pessoas com mais experiência pastoral, que tivessem passado mais tempo em paróquias, depois terem vindo para o seminário, pessoas mais idosas, acho que acertariam mais o trabalho. Dizem que os seminaristas devem ter no reitor um pai. Mas, quando a gente está com um problema, o pai percebe, mesmo que não diga nada. O reitor vê todos os seminaristas com problema, ele não pergunta, não vai conversar, não tem aquela conversa de pai.

Se os seminaristas se sentem vigiados e controlados pela equipe de formadores, eles também estendem um olhar severo e crítico sobre eles: reclamam preparação e competência deles e maior coerência entre seu discurso e sua prática. Os seminaristas parecem se rebelar contra a regra implícita: "façam o que eu digo e não o que eu faço". O desencontro entre a pregação e a ausência de testemunho são causadoras de conflitos para os seminaristas, como se a falta de exemplo os deixasse na incerteza. Observamos que se a tarefa da equipe de formadores é formar ela também se vê modelada pelo olhar exigente dos seminaristas. Há vigilância e controle dos dois lados.

Segundo os seminaristas, alguns instrumentos formativos, tais como a assembleia semanal ("reclameia"), as reuniões de grupos diocesanos e as convivências não são eficazes:

A assembleia de segunda-feira não é um instrumento, um espaço, um lugar que pudéssemos usar para conversar sobre nossos problemas. Ali o tempo e o lugar já são do reitor. Ele fala durante meia hora, quarenta minutos, enrola para dizer pouca coisa, depois só restam cinco minutos para os recados. Chega um certo tempo de Seminário que você vê que não adianta falar, que não vai resolver. Então deixa como está, não conseguiu mudar até hoje, não é a partir de hoje que vai mudar. Não se colocam sugestões concretas para resolver os problemas. Nada vai ser feito e o Seminário não muda nunca. Continuam os conflitos interpessoais, os sexuais, os familiares, acadêmicos etc. Há seminaristas que falam coisas que não têm nada a ver, questões que poderiam ser resolvidas de outra maneira, sem precisar levá-las à assembleia. Isso faz que demore, que percamos tempo. Coisas mais urgentes não são tratadas. Precisamos ser mais objetivos. As reuniões de seminaristas por grupos diocesanos costumam ser maçantes, os seminaristas se reúnem por obrigação e não têm aquele clima fraterno, aquela preocupação com a vida da família diocesana. Trata-se de uma reunião de um bando de rivais e inimigos que atiram no rosto dos outros os erros que eles cometeram, há um individualismo indiferente e intolerância de uns com os outros. Não há um contato humano nem preocupação e acolhida do outro. O pior é que gestos mais fraternos são censurados como "boiolismo". Os dias de convivência são reduzidos a palestras de formação espiritual na sala de aula. Continuamos sendo alunos na sala de aula. Tem seminarista que fica estudando, dormindo, fazendo outra coisa, enquanto os padres vêm dar palestras. Mas onde fica a convivência? Uma convivência deveria ser uma coisa mais informal: um dia numa chácara, um passeio, esportes, atividades livres, almoço.

Aparentemente, esses instrumentos acabaram por adquirir um aspecto muito burocrático, repetitivo, e assim se tornam estéreis, incapazes de realizar suas funções e assim revitalizar a vida no estabelecimento.

Quanto ao curso de Filosofia, os seminaristas se ressentem por não passarem realmente por uma experiência universitária, pois seus estudos são realizados em regime de internato. Por outro lado, os seminaristas também são escutados em alguns casos e modificações são realizadas:

Algumas reivindicações foram aceitas, os formadores enxergaram e tomaram providências. Eles estão aceitando as nossas críticas, procurando corrigir as falhas. Na dimensão acadêmica, houve o problema com o professor fulano, estava um clima superpesado desde quando nós começamos a aula. A turma do terceiro ano não queria mais aulas com ele, 70% da sala ficaram com notas baixas. É preciso ver os dois lados da questão, só que o professor já estava criando problema. A campainha foi suspensa. Os seminaristas viram na universidade, lá não tinha sinal tocando o tempo inteiro, aí acharam legal fazer uma experiência, para nós nos educarmos. Essa proposta partiu do diretor de estudos. Alguns seminaristas levaram a questão para ele, que colocou para a comunidade. Acabou o sinal para despertar e para as aulas. Está em fase experimental, de acordo com os formadores. A parte da alimentação, alguns falam que acham que as mulheres fazem pouca [comida], às vezes até falta. O padre está conversando com elas para ver o que pode ser feito. Os formadores estão procurando caminhar junto com a gente e o que podem fazer para melhorar, acho que estão fazendo.

Os seminaristas são chamados à participação, a assumir pessoalmente seu processo formativo, mas opinam com frequência em assuntos secundários. Espera-se que tomem decisões e sejam participantes, mas ao mesmo tempo que sejam submissos, que não questionem as estruturas e o modo de funcionamento do estabelecimento. A vida comunitária é caracterizada pelos seminaristas como um campo de batalha. Há toda uma geopolítica estruturando o grande grupo dos seminaristas internados no estabelecimento.

A vida comunitária tem aspectos positivos e negativos. As pessoas mais sociáveis costumam se adaptar melhor, são muito procuradas; já as que são mais tímidas e retraídas costumam ser evitadas e mantidas a distância, o que reforça suas dificuldades de relacionamento e contato social. Pode-se viver solitário e isolado ou então intensamente envolvido na vida comunitária. Também há o problema das fofocas, a vigilância entre os próprios seminaristas, as panelinhas que têm conflitos internos e com outros grupos. Seminaristas do terceiro ano do curso de Filosofia podem discriminar os colegas novatos. No seminário, há duas grandes facções ideológicas: os romanos soberbos, que gostam de dogmas, *clergyman* e batina, e os libertadores radicais. As duas facções são incompatíveis e tendem a classificar os seminaristas à revelia, por seus gostos e inclinações, tratando-os como pertencendo a este ou àquele grupo: esse é romano, aquele é libertador, o outro é homossexual, esse é homem, é machão. Temos uma rotatividade de pessoas, cada ano tem uma turma nova, então você pode ter novos amigos, novas possibilidades, diversos momentos. O grupo que compõe a comunidade está dividido em grupinhos, são pessoas que têm certas afinidades que facilitam amizades. Dentro do grupão, você acaba tendo muitos grupinhos. Todo mundo sabe que existem os grupos. Mas é aquela coisa da guerra fria, a gente sabe que está todo mundo em guerra, mas ninguém atira, apenas uma vez ou outra, mas é muito difícil. Ao mesmo tempo que se sabe que os grupos estão definidos, a gente finge que não tem grupo nenhum e está tudo bem. Não há espaço para discutir essa questão, que eu me lembre. Temos os diversos grupos, participamos deles e nós e os formadores fingimos que eles não existem, é essa relação estranha.

O grupo dos seminaristas se divide em facções com orientações ideológicas distintas e opostas. Cada grupo tende a incluir novos membros e excluir outros. A rotatividade de pessoas que chegam e partem todos os anos facilita a flutuação nos relacionamentos. A divisão da comunidade em grupos é algo ao mesmo tempo reconhecido e desconhecido pelos membros do estabelecimento, mesmo pela equipe de formadores.

De acordo com os depoimentos, existem três grupos grandes: os "exus", a "mulherada" e os ingênuos, "que englobam os indiferentes e os misteriosos, que ninguém sabe que apito eles tocam":

> Os "exus" são dos que tomam tereré, mas nem todos, são a turma do futebol, os que vão malhar na academia, são os machões. Alguns deles são extremamente mal-educados, grossos, uns brutamontes. A mulherada é o pessoal mais fino, mais educado, alguns parecem homens, mas quando abrem a boca a gente logo vê que são verdadeiras "ladys", a gente diz brincando que são mulheres. Não se trata de seminaristas com tendências homossexuais necessariamente. Mas a gente brinca muito, gesticula, fala com voz de falsete, rebola, tem um monte de frescura, mas é tudo de brincadeira, só para dar risada, para enfrentar a rotina e as pressões, porque ninguém é de ferro. As coisas aqui

às vezes ficam pesadas. Então, acho que mais de noventa por cento é só brincadeira mesmo. Às vezes aparece algum caso de homossexualismo. Quando a gente chega aqui, os grupos já existem. Você acaba sendo levado, indo mais numa direção, ou na outra. Colocam apelidos femininos na gente, no grupo. No começo, é meio estranho. Depois, a gente acaba se acostumando com o clima de brincadeira e entra na onda. É só para se divertir mesmo, não é sério, não. Todo mundo aqui tem apelido, mesmo sem saber. As línguas são afiadas, tem um nome de mulher, só que às vezes o cara nem sabe, só o grupinho. Não sei por que essa brincadeira de se chamar por nomes femininos ou fazer de conta que é mulher surge no meio dos seminaristas. Talvez as tendências homossexuais de alguns provoquem o início da coisa, mas é uma tradição que contagia uma parte dos novatos a cada novo ano. Mas isso tudo, todo mundo sabe, mas finge que não existe. Só quando alguém é mandado embora, aí o pessoal fica ansioso, treme nas bases. Tem acontecido de dedos-duros falarem e comprometerem pessoas. Tem coisas que são verdade, mas também tem muita calúnia infundada. As calúnias corroem a vida da comunidade, aí as pessoas não se suportam mais, e têm que continuar vivendo junto.

A explicação para as rivalidades e os conflitos entre os diferentes grupos estaria no desejo de dominação. Envolvidos neste panorama, os seminaristas afirmam que a amizade é algo perigoso no contexto institucional do seminário:

É difícil ter amigos no seminário. Você pode confiar em pessoas que se voltam contra você por causa de diferenças ideológicas. Então você pensa que está num lugar onde não se pode ter amigos, porque é difícil confiar nas pessoas que de uma hora para outra se tornam inimigas e podem prejudicar você com o que sabem a seu respeito. Aí temos que viver nossos problemas sozinhos, por causa da fofoca. Seu problema percorre toda a comunidade e volta até você distorcido e desproporcional. Ter um relacionamento de amizade com um colega pode causar falatório na comunidade: "fulano e beltrano estão tendo um caso". De repente, uma fofoca como essa é suficiente para que você seja mandado embora.

Chamou nossa atenção a queixa dos seminaristas relativa ao nível de hostilidade e rivalidade fraterna predominantes no cotidiano da vida institucional. Talvez essa agressividade seja resultado das frustrações e do alto nível de estresse a que os seminaristas estão expostos no claustro, talvez seja uma reação defensiva contra a excessiva exposição na qual vivem.

Curiosamente, o modo de funcionamento do estabelecimento gera um efeito paradoxal na convivência entre os seminaristas: os objetivos oficiais propõem uma vida comunitária como contexto formativo por excelência, mas os seminaristas vivem solitários em meio à multidão de companheiros. O padre diocesano se caracteriza normalmente por viver sozinho na paróquia sob sua responsabilidade. Enquanto seminarista inserido no processo formativo institucional, apesar do grande número de companheiros, ele já vive a solidão.

Diante das dificuldades experimentadas no processo formativo vivido no contexto institucional do seminário, os seminaristas utilizam estratégias adaptativas, sobretudo a "viração":

Como nada se resolve, o seminarista acaba colocando uma máscara: faz de conta que é um seminarista conforme os formadores querem, cria uma casca e se apresenta assim, mas no fundo é outra pessoa. Ele dança conforme a música. Há seminaristas que querem o poder, a glória e o *status* de padre, e por isso aguentam tudo, comem o pão que o diabo amassou, mas tudo passa. Aí quando chegam a ser padres não querem nem olhar para a cara de seminaristas, nem para o seminário, porque foi traumatizante, maçante para eles. Quando você tenta lutar, discutir os conflitos, conversar com as pessoas, dar atenção, apoio, alguém já vê isso como homossexualidade, e a pessoa se fecha novamente. É por isso que ninguém se ajuda aqui: solidariedade parece coisa de "boiola", daí fica cada um na sua, dança conforme a música que o reitor toca, se ele não ama, também não preciso amar, basta fingir. O que a gente vê são as notas das provas saindo. Os bispos querem notas. Os relatórios do reitor também saem, indicando o comportamento dos seminaristas. A gente não conhece o conteúdo do relatório, então isso pode nos prejudicar, por isso é preciso se comportar direitinho, ao menos na fachada. Se der muito na cara, o seminarista se ferra, isso vai no relatório dele para o bispo e ele é logo mandado embora.

Com os seus conflitos e necessidades tacitamente ignorados e/ou desconhecidos, submetidos a instrumentos formativos opressivos, os seminaristas lançam mão da dissimulação como uma estratégia adaptativa, numa manifestação de resistência passiva ao controle a que estão sujeitos.

De acordo com os depoimentos, há diferenças e especificidades também entre as três turmas do curso de Filosofia:

São três estágios diferentes e você tem que dar conta deles no cotidiano, porque são três turmas diferentes vivendo no mesmo lugar. Aí aparecem os conflitos, as coisas boas também. Cada grupo tem sua especificidade. Para o primeiro ano, tudo é novo, é divertido, num primeiro momento tudo é bom, há uma certa ansiedade porque tem que entrar no esquema, fazer isso, aquilo, ir para lá e para cá, primeiro contato com essa coisa de universidade. Ainda não se estudam filósofos tão críticos. O segundo ano é tranquilo, você está em casa, estudando, não tem muito o que falar, tanto faz, tanto fez. Mas já começa a estudar filósofos mais polêmicos, que contestam o cristianismo, o que pode causar dúvidas no seminarista, pode ocasionar crises de fé. O terceiro ano tem muita coisa: estágio, monografia, você precisa elaborar sua saída, decidir sua vocação, decidir se fica ou se sai do Seminário. Tem a crise do terceiro ano, porque todo mundo já sabe que vai embora, que é o último ano, não sabe ainda o que vai ser, se vai para o outro curso ou não vai, e as questões próprias, elas explodem. Parece que os do terceiro ano estão mais desmontados, não acreditam em nada. A filosofia ajuda a se questionar, a pensar as suas questões. E depois de três, quatro anos, para quem já viveu também no seminário menor, então cada turma está num esquema, tem uma preocupação.

Uma das funções do seminário é propiciar ao candidato ao sacerdócio o discernimento vocacional, ajudá-lo a descobrir se possui as qualidades e condições para se tornar padre:

> Antes de entrar para o seminário, a gente tem certeza que tem vocação, depois que entra, a gente fala assim: acho que não é bem por aí não, é mais complicado. Você tem que lidar com muitas e muitas questões, com várias dificuldades. A gente pode acabar caindo no erro de achar que só porque está no seminário vai ser padre, mesmo sem vocação. Vejo que a filosofia também ajuda um pouco em todo o processo. Você entra, antes você tinha uma visão totalmente diferente, depois você vai conhecendo a solidão... mas tem muita gente boa, ainda é possível fazer alguma coisa. No começo, pode ser que não estivesse pronto para lidar com essas coisas. Talvez fosse bom parar um pouco, quando terminar a filosofia, para digerir tudo isso, talvez um ano, para mastigar tudo o que a gente viveu tão rápido. São quatro anos que passam muito rápido e você não se deu conta do processo que viveu. Antes de dar um passo, para começar outra etapa, outro curso, a Teologia, num outro seminário. Vejo que mudou muita coisa, a gente perde aquela ingenuidade do começo, cresce. Certeza, certeza, se a gente tem vocação, hoje não posso dar.

É interessante notar que na prática o processo formativo acaba por colocar os seminaristas em situações altamente conflitivas e questionadoras dos seus ideais e desejos, não apenas mobilizando reações de simulação, mas permitindo realmente que o sujeito se implique com seu projeto de vida. Os estudos filosóficos promovem o desenvolvimento da consciência crítica, o que ressalta as contradições vivenciadas pelos seminaristas. A decisão vocacional, optar por prosseguir ou romper com o processo formativo, é vivida como um parto angustiante e doloroso.

Os seminaristas também observam aspectos positivos na sua vida no seminário:

> Os aspectos positivos na vida de um seminarista são: contato com muitas pessoas de diferentes lugares; possibilidades de viajar e conhecer lugares históricos, participar de eventos culturais importantes; a dimensão acadêmica é um aspecto que faz crescer muito; obter uma formação universitária; fazer teatro e experimentar o sucesso e uma certa realização pessoal; estar se reunindo com as pessoas num cantinho para conversar, embaixo da árvore, ou então estar no quarto de um conversando, as amizades que se criam, os poucos momentos de confraternização; a "pastoral" que está sendo uma escola do que vamos abraçar no futuro. A vida do seminarista também tem suas vantagens: tem desconto no cinema, na farmácia, tem um certo *status* social, e essas coisas não são sofrimentos. Mas no seu íntimo ele tem muitos conflitos que o fazem sofrer.

Apesar da série de vantagens apontadas, do ponto de vista material, profissional e pessoal, elas estão sempre permeadas pelo conflito e pelo sofrimento.

No entanto, se a vida é tão difícil no seminário, por que as pessoas permanecem no processo formativo na instituição?

> São tantas as dificuldades que se fosse apenas o seminário a única coisa a me segurar aqui para ser padre já teria saído, não há como ficar. Por que fico, apesar de tudo? Sinceramente, não sei. Eu estive com uma dúvida que nunca tive antes. Isso me deixou desconcertado. Pensei em ir embora porque não estava aguentando mais. Resolvi ter calma, superar o sono e o cansaço para rezar. Então a gente vai se reanimando de novo, vai aguentando

certas coisas, passa por diversas tribulações... lá na frente, olhamos para trás e vemos tudo o que passamos e nos perguntamos: como foi que passei por tudo isso? Não foi por minhas próprias forças, nem foi o bispo ou o padre formador. Foi Cristo. Aí a gente se sente motivado para continuar. A convivência difícil, o ritmo rotineiro do seminário nos mantêm sempre nos conflitos. Não sei se é Deus que me segura aqui, porque às vezes me pergunto se realmente ele existe. Mas parece que há uma força maior que me acalma, me faz caminhar com prudência. Uma outra coisa que me segura aqui é a formação acadêmica. Pelo menos temos bons professores. Estou recebendo uma boa formação cultural e isso me anima a permanecer aqui. Eu suspendo os problemas para me dedicar aos estudos. Nossa vida aqui é muito conturbada, mas depois eu penso nos problemas. Vejo seminarista do terceiro ano que não sabe o que está fazendo aqui. Quando a gente pensa que ele está animado por estar no último ano, na verdade está cheio de dúvidas se continua no seminário ou se vai embora, por não aguentar mais essa vida. Vendo o desânimo das pessoas, me pergunto: será que depois de três anos de seminário vou chegar lá desse jeito? Não sei o que vai acontecer. Será que vou terminar a Filosofia? São dúvidas que estão sempre aí. Será que vou estar aqui amanhã? Será que meu bispo não vai acordar um dia de mau humor, não vai me mandar embora? Estes problemas estão sempre presentes. Perseverei na esperança de que possa fazer diferente um dia. Vendo o que acho de errado, espero chegar lá na frente e não fazer isso, não fazer assim. Embora eu tenha medo de me acostumar com isso, acostumar tanto a apanhar e a bater, que lá na frente chegue a achar que a vida é isso mesmo. Ficar calejado e não ligar mais. A gente pode ficar com o couro grosso na luta. Mas só não pode ficar com o couro do coração grosso, como diz um amigo meu.

Os seminaristas alegam que permanecem no seminário por razões de fé, apesar de todos os percalços, insistem na sua vocação ao sacerdócio, sem deixar de indicar a importância do fator acadêmico em sua decisão de prosseguir na formação. Uma estratégia utilizada com frequência pelos seminaristas parece ser a suspensão da questão vocacional – um aspecto que concentra os mais variados conflitos – para se dedicarem a ser estudantes de Filosofia, por um certo tempo. Mas no terceiro ano do curso de Filosofia a decisão vocacional torna-se inadiável. A dúvida e a incerteza parecem reinar nos seminaristas, de um modo crônico. Também se permanece no seminário por idealismo, para "fazer diferente quando for padre", mas corre-se o risco de sucumbir na luta, ficar insensível, com o "couro grosso".

O discurso do sujeito coletivo relativo à equipe dirigente do seminário católico

Entrevistamos os membros da equipe de formadores responsável pelo seminário: o padre reitor, o padre diretor espiritual e o professor diretor de estudos, que é leigo. Além deles, entrevistamos um bispo que foi nomeado pelos demais bispos, aos quais se subordinam os seminaristas que se encontram na instituição, para ser o encarregado mais direto do acompanhamento do seminário.

Do mesmo modo que fizemos com as entrevistas dos seminaristas, trabalhamos as quatro entrevistas que realizamos com os formadores de acordo com a metodologia do discurso do sujeito coletivo (Lefèvre et al., 2000). Acreditamos que essa amostra é suficiente e representativa em vista dos objetivos do nosso trabalho.

Os depoimentos revelaram um pensamento institucional específico e comum aos formadores: seu discurso se encontra ancorado no que podemos considerar um discurso eclesiástico, um discurso clerical católico. As ideias centrais, as afirmações centrais do conteúdo discursivo, emergiram dos próprios discursos e também das questões já levantadas anteriormente nas observações de campo e nas entrevistas com os seminaristas. As expressões-chave são as transcrições literais do conteúdo discursivo essencial. O discurso do sujeito coletivo construído a partir da elaboração dos discursos dos formadores nos permite compreender e avaliar o que podem pensar os padres formadores sobre o processo formativo no seminário católico nas atuais condições de possibilidade institucionais.

Pudemos também verificar novamente a aguda perspicácia de Goffman (1987) em sua análise do dizer e do fazer dos membros pertencentes à equipe dirigente das instituições totais.

Vejamos qual é o trabalho do reitor no seminário de Filosofia:

> O reitor é responsável por toda a administração da casa: funcionários, professores. Responde juridicamente pela casa, pelas construções que são realizadas. A administração contábil da casa toma um tempo muito grande. É o responsável direto pela formação e pela disciplina dos seminaristas, juntamente com a equipe. Essa é a parte mais polêmica. Os seminaristas moram aqui, são oriundos de sete dioceses, o reitor e a equipe são os responsáveis diretos por emitir no final do semestre e do ano um relatório sobre o seminarista. A responsabilidade é grande, temos que acompanhar toda a vida do seminarista, apesar de todo o trabalho administrativo, das aulas que ministramos. Os bispos, geralmente no final do ano, pedem um parecer para o reitor, para a equipe. Trabalhar na formação é um desafio, são poucos os que aceitam. Geralmente quem tem condições resiste muito em aceitar, quem não tem condições quer. Temos que contar com aqueles que têm condições.

O seminário está organizado de modo centralizado na pessoa do padre reitor (Conferência Nacional dos Bispos do Brasil, 1995b, p.46), detentor de plenos poderes no estabelecimento. Ele se assemelha ao governante de um pequeno Estado, um príncipe vassalo que deve obediência aos bispos que o nomearam. De acordo com sua índole pessoal, pode ser de tendência mais democrática ou centralizadora. Sua função é administrar burocraticamente a vida institucional: é patrão, gerente, supervisor, formador.

O gerenciamento do seminário absorve grande parte do seu tempo, a formação propriamente dita fica em segundo plano. Como é típico nas instituições em geral, as urgências do cotidiano consomem a maior parte do tempo e das energias dos dirigentes, e a consecução dos objetivos formais fica comprometida. O essencial sempre é protelado para um futuro no qual hipoteticamente haveria mais tranquilidade para enfrentá-lo.

O famoso relatório que emite semestralmente é um mecanismo fundamental e central na tecnologia microfísica do dispositivo institucional, baluarte do poder, influência pessoal e inquestionável que detém o reitor sobre os seminaristas. O relatório, prática não discursiva, tem mais efeito no "processo formativo" do que todos os discursos edificantes e construtores de pensamento crítico que permeiam o cotidiano das orações, aulas de Filosofia e palestras formativas diversas no seminário. Além do mais, tal relatório é uma lacuna nos documentos que regem o processo formativo. Dele não se fala, instrumento sutil e eficaz, peça tática de normatização dos comportamentos.

A responsabilidade principal do reitor é verificar e atestar a autêntica vocação sacerdotal dos seminaristas-candidatos, selecionando, por meio da observação, os indivíduos considerados aptos para o sacerdócio e dispensando os outros.

O reitor realiza uma entrevista semestral obrigatória com cada seminarista, utilizando-se de um roteiro em sua investigação, conforme modelo que já apresentamos. A autêntica vocação se manifesta em sinais, motivações válidas para o sacerdócio (ibidem, p.42-4). O discernimento vocacional realizado pela equipe dirigente (ibidem, p.44) é baseado na observação dos comportamentos. O seminarista é enclausurado para ser mais bem observado, como um objeto expropriado de sua subjetividade que, quando emerge, é tomada como perturbação. A vocação é considerada uma essência passível de verificação fenomenológica. Tal trabalho "formativo" é executado com convicção, apesar dos altos custos emocionais e com grande desgaste pessoal para os membros da equipe dirigente.

A equipe dirigente (ibidem, p.45) formadora possui uma visão específica a respeito de quem são os seminaristas, indivíduos que estão longe do "seminarista ideal":

Ser seminarista é ser um apaixonado por Jesus Cristo, que apesar de suas limitações deseja fazer o seguimento de Jesus. O sujeito tem que ter uma estrutura humana, não pode ser um bom seminarista sem ser antes um bom cristão. A Graça supõe a natureza. Se não houver uma estrutura humana, a Graça não violenta. Um bom seminarista, mesmo com seus limites, é aquele que tem uma opção por Jesus. O sacerdócio de cada um só se realiza no sacerdócio de Cristo, senão não tem sentido, não é uma função social. Se esse amor a Jesus for autêntico, necessariamente vai levar ao bem, ao amor aos irmãos, à Igreja, aos pobres, ao trabalho social. O que a gente percebe é que nem todos, infelizmente, muitos ainda não fizeram essa experiência de Jesus Cristo, ou se fizeram ainda está um pouco ofuscada. Durante a caminhada filosófica ou no início da Teologia tem que acontecer essa experiência de Jesus Cristo, se não acontece, não tem como se ordenar padre, porque aí vai ser uma frustração para a própria pessoa, vai causar um dano para a comunidade. Nós acolhemos os meninos, os jovens que são filhos da pós-modernidade. Aí está o grande problema. Eles chegam aqui com aquela cultura e é difícil inculcar neles o seguimento de Jesus Cristo, o Evangelho, temos sempre citado Jesus: "Entre vocês não deve ser assim". É difícil para o seminarista fazer essa passagem. A gente acaba, às vezes, reproduzindo, nem todos, mas aquilo que acontece lá fora, relações neoliberais, competição, fofoca. Tem muita gente séria, mas são filhos da pós-modernidade. Chegam aqui e o Seminário oferece uma possibilidade de formação, o sujeito não é obrigado a permanecer aqui, a formação tem como ponto central o seguimento de Cristo, os valores cristãos. Se o sujeito percebe que não dá para entrar nessa, tem toda liberdade para sair. Não é também o menino santinho que é o ideal. Também não é o rebelde totalmente. Nós somos bastante tolerantes, não indiferentes. A gente sabe que estão todos num processo de cristianização. É duro falar, hem?! Alguns ainda têm que aprender a ser cristãos, depois ser padres. Muitos já chegam aqui com o objetivo de ser padres, mas não são cristãos nas relações humanas, nos valores. Tentamos justamente no Curso de Filosofia oferecer esta base humana para que o sujeito se sinta gente, pessoa humana integrada, bom cristão, depois ele vai ser um bom padre. É possível ser padre e não ser cristão. O grande

PESCADORES DE HOMENS **205**

desafio é inculcar neles os valores evangélicos. Seminarista é alguém que está em preparo, tem que viver o presente dele, a fase de formação, de ir se preparando para o trabalho futuro como apóstolo. Embora esteja tendo uma vivência que o prepara para o futuro, para o sacerdócio, é alguém que está em fase de discernimento e de formação, de preparação intensa, de vivência, de experiência, para que possa conhecer bem, o mais possível, aquilo que vai abraçar mais tarde. A formação é algo permanente, não termina com a ordenação sacerdotal. O Seminário não pode prever tudo, mas dá um encaminhamento para a pessoa, aqueles pontos fundamentais, a partir dos quais a pessoa vai dar prosseguimento, se autoformar.

A vocação sacerdotal é o objeto institucional do seminário católico. O jovem vocacionado que chega às portas do seminário, ao cruzá-las, é recebido como um seminarista, criatura institucional, ser hipoteticamente dotado de "vocação sacerdotal". Podemos dizer que o paradigma da cristandade construiu a "vocação sacerdotal" como um objeto ontológico e elaborou ao longo do tempo um sistema organizado de teorias, normas e serviços – um processo de discernimento (diagnóstico) que visa a um prognóstico (a certeza da vocação que levará o indivíduo à ordenação sacerdotal).

O "seminarista", sujeito dotado de uma vocação sacerdotal, não existe em sua pureza ideal. Os formadores constatam que os rapazes que entram no seminário são filhos do seu tempo, marcados pela sociedade na qual vivem. É difícil vivenciar os valores cristãos, contrários aos padrões sociais comuns: fofoca, competição, reprodução de relações neoliberais de dominação e subordinação.

Ora, constatamos que a lógica do seminário católico, organizada a partir do paradigma romano,[1] está afinada com as práticas hegemônicas do sistema social capitalista. Embora o discurso institucional

---

1 Cf. capítulo seguinte, p.266, "Paradigmas eclesiais e sua incidência no processo formativo sacerdotal".

aponte para valores evangélicos e cristãos que podem ser considerados contraculturais, as práticas não discursivas estão longe de sintonizar com eles, como estamos demonstrando.

O seminarista é um jovem que tem uma vida institucionalizada na qual ainda não é, não é criança, nem adulto. Não é considerado (ou considera-se) leigo, mas não é ainda padre. É uma forma de vida dirigida para o futuro que se espera que vá constituir-se como um indivíduo adulto ideal, integrado, harmonioso, dotado de uma suposta "maturidade humano-afetiva".

Formar pode ser entendido como algo que remete a "inculcar valores evangélicos", ideias, conceitos, valores abstratos, ao passo que o cotidiano, contraditoriamente, é organizado por práticas diversas. Mas uma forte experiência espiritual é exigida como condição para a sanção da vocação pessoal ao sacerdócio: "fazer experiência de Jesus Cristo".

O seminário ideal seria um estabelecimento pequeno: uma "casa de formação" com poucas pessoas:

> O seminário ideal nós não temos. Este é um Seminário grande: várias dioceses, 80 seminaristas, três formadores apenas. Logo vamos ter mais dois. O seminário ideal seria um seminário formado com pequenas comunidades, grupos menores com um formador, onde a gente se encontra mais, se conhece melhor. Na grande comunidade, as pessoas se escondem, aí é que está a maior dificuldade de acompanhar pessoalmente. Em vista desse sonho de um seminário com pequenas comunidades – a gente sabe que vai ser difícil isso –, mas estamos dando um passo, conseguindo mais formadores, procurando oferecer um atendimento personalizado, isso tudo já é algo embrionário para uma mudança. No momento, é esse o paradigma que nós temos, que a Igreja oferece e propõe, e é assim que a gente tem que tentar formar, com todos os seus limites, não temos um outro modelo. Estamos buscando. Temos o modelo do grande seminário, com algumas alterações e iniciativas nossas para diminuir um pouco o peso e ficar menos desgastante.

A equipe de formadores sonha com uma "casa de formação", contraponto idealizado, remanso pacífico diante dos "desgastes" que impõe o grande seminário. Lá as relações seriam mais próximas, uma verdadeira comunidade se formaria, com encontros e conhecimento real das pessoas e a possibilidade de um acompanhamento personalizado. Utopia da harmonia plena da comunidade de irmãos, onde reinam a partilha, a amizade, a confiança, a ausência de conflitos, avesso da realidade experimentada no dia a dia. Ela detecta ainda que o grande seminário possibilita o anonimato, causa grande desgaste e é um lugar onde o seminarista pode esconder-se.

Um grande grupo confinado, monitorado e governado por uma equipe mínima é uma das características específicas das instituições totais. Acreditamos, porém, que não basta diminuir o tamanho, é necessária uma mudança na própria lógica do dispositivo de formação para que ele possa se aproximar mais dos seus objetivos oficiais.

Origem e percurso formativo do jovem vocacionado:

Os seminaristas são oriundos de famílias pobres, a grande maioria, com deficiências intelectuais, carências, limitações em vários aspectos e tudo mais, são pessoas feridas e que estão procurando também se reencontrar nesse período. Muitos, nessa tentativa de abrir a cabeça, se perdem, entram em crise, alguns acabam purificando a fé, outros perdendo. Entram aqui após terem feito o curso propedêutico, com um ou dois anos de duração, que acontece nos seminários menores das dioceses, como uma fase de introdução, de preparação para a Filosofia. Infelizmente, nem todos se preparam bem nessa fase.

De origem socioeconômica média-baixa (Conferência Nacional dos Bispos do Brasil, 1995b, p.19), os jovens começam o seu percurso formativo no seminário menor, onde fazem o curso propedêutico, preparando-se para o seminário de Filosofia. Constatamos que a maioria dos jovens vocacionados trabalhava antes de ingressar no seminário (ibidem, p.20), quando tiveram de abandonar seus empregos para se dedicar exclusivamente à formação sacerdotal. Tinham emprego, salário, responsabilidade e relativa autonomia pessoal, viviam como adultos capazes de razoável contratualidade social.

Ingressar no seminário menor, porta de entrada do processo formativo, implica sair do mercado de trabalho, retornando muitas vezes a uma situação de adolescência indefinida e duradoura, numa dependência quase completa da instituição eclesial. Mas a tutela oferecida é informal e incompleta, e acarreta diversos problemas, remetidos ao indivíduo. Não se percebe sua produção institucional nem qual sua função: maior controle sobre os vocacionados.

Pensamos que ao ingressar no seminário o jovem vocacionado abre mão do exercício de sua liberdade, trocando-a pela clausura da comunidade seminarística, que implica uniformidade normatizada e segregação. Renuncia a práticas sexuais já pensando no celibato, mas sua sexualidade não fica do lado de fora dos muros do seminário, adentra os portões junto com ele e experimentará muitas vicissitudes num grande grupo monossexuado. Ele se retira do mercado de trabalho, perde sua autonomia e inicia uma longa menoridade tutelada. Contudo, não negamos que no seminário haja algumas possibilidades de promoção social consideráveis para os candidatos ao sacerdócio vindos de classe social média-baixa.

As dificuldades dos seminaristas são particularizadas num processo típico de psicologização ou sociologização das contradições sociais e das conflitivas relações de poder no estabelecimento:

> Alguns seminaristas se fecham a esse cultivo, por "n" problemas, às vezes é uma resistência à autoridade, ao pai, problemas com a autoridade, alguns não aceitam, por mais que você fale, o sujeito resiste, então a planta não cresce, aí chega no final do curso e o sujeito está mal, não se desenvolveu. Estamos chegando à causa de muitos problemas que temos aqui, o seminarista vem para a Filosofia e nosso sistema é o esquema de "liberdade com responsabilidade", um seminário maior com um

curso universitário oficialmente reconhecido que tem uma orientação confessional cristã, mas muito aberta, com professores bastante abertos, até de outras religiões, porque a Filosofia tem que abrir a cabeça.

Nesse sistema de "liberdade com responsabilidade", não se diz liberdade de que ou para que, nem responsabilidade sobre o que. O discurso é liberal, "liberdade" e "responsabilidade" são reduzidos a valores formais, abstratos, e observamos que as práticas são inevitavelmente autoritárias neste modelo de instituição. O seminarista deve ser transparente e não se esconder, pois de observação é que se trata no dispositivo institucional. A hierarquia católica não é democrática, ela se organiza a partir da autoridade escalonada em diversos graus de poder. No seminário, um discurso que se pretende democrático não consegue competir com procedimentos autoritários.

A equipe aborda com cuidado o delicado problema da sexualidade e do celibato:

A vida afetiva deles é bastante complicada, com certeza. Quando optam pelo sacerdócio, sabem que têm que viver o celibato, mas não se vive isso de uma hora para outra, é preciso aprender a se viver isso, pelo menos até enquanto é exigido. Nem todos os seminaristas conseguem, ou pelo menos têm claro que devem viver celibatários se querem entrar nas regras atuais. Podem até lutar para mudar, mas hoje, se querem ser padre, é assim. É preciso interiorizar e trabalhar a dimensão do celibato, há toda uma espiritualidade nesse sentido. O celibato é uma exigência para o candidato e de alguma forma ele vai ter que conseguir lidar ou não poderá ficar. Os rapazes chegam ao seminário muito espiritualistas, individualistas e idealistas demais. Seu conceito do que é ser um padre não vai muito na direção do serviço, de trabalhar para resolver os problemas das pessoas. Dá a impressão de que é aquele tipo de padre que fica rezando a mis-

210   SÍLVIO JOSÉ BENELLI

sa, dando o sacramento, recebendo seu salariozinho, tendo seu carro, sua roupinha, e isso está muito bom, sem ter que sujar muito as mãos.

A indicação é controlar a própria sexualidade a partir da "espiritualidade", superar o individualismo e o idealismo ingênuo, orientando-se para um amor oblativo, mas constata-se entre os seminaristas uma concepção do sacerdócio como mera "profissionalização", um padre "funcionário do sagrado" interessado em viver como classe média alta.

Os formadores também são sensíveis às necessidades materiais dos seminaristas:

> Há uma série de outras necessidades, uma boa relação com a família, com a comunidade de origem, uma boa relação com o povo, e há a questão das necessidades materiais. O seminário oferece casa, comida, estudo. Mas as despesas pessoais, ou eles recebem ajuda das paróquias ou das famílias. Alguns não têm, então isso pode acabar dificultando um pouco, e aí a gente procura outros meios para poder ajudar essas pessoas. Todos aqueles que foram transparentes contaram com nossa ajuda. Estamos aqui para isso, se o sujeito não entende, aí fica difícil, não adianta dar murro em ponta de faca.

Constatamos novamente a situação de tutela informal e incompleta, efeito da opção que exclui os vocacionados do trabalho remunerado como exigência para o ingresso no seminário. Vejamos como os formadores compreendem a "grande disciplina" e a "educação para a liberdade":

> A "grande disciplina" é o horário todo regrado, faltou você já é punido, uma observação constante, muito no pé do sujeito, não aceitar que às vezes o sujeito não está bem, que faz parte a crise. A disciplina é importante, a "grande disciplina", não sei se

ela é boa, se bem que nós temos grandes padres e bispos que passaram por ela, são pessoas extraordinárias, então fica difícil hoje fazer um julgamento. No passado valeu essa experiência, mas neste mundo pós-moderno não dá mais. A gente aqui procura educar para a liberdade, é lógico que é cobrado, o sujeito tem que gerenciar a própria vida se quiser fazer o que bem entender, ele vai ser cobrado, tem que responder por aquilo também. Agora, não existe aquilo de ir lá no quarto todo dia: "você não foi à missa, você faltou nisso", só que os formadores observam, também não é o ficar policiando, mas é para o bem da pessoa, por questão de amor e de caridade, acho que o formador também tem que falar: "olha, desse jeito não dá, será que você não está no lugar errado?". Tem que ajudar o sujeito a se encontrar.

A "grande disciplina" seria caracterizada por uma vigilância ostensiva e permanente, autoritária, policialesca, que deu bons frutos no passado, mas não seria tolerada pelos jovens "pós-modernos" de hoje. A "educação para a liberdade" exerce uma vigilância mais sutil, tolerante, apela para a motivação pessoal, corrige-se o seminarista por amor. No entanto, como temos visto, as práticas não discursivas, os detalhes operacionais técnicos que funcionam e produzem a vida no contexto institucional contradizem esse discurso liberal.

A equipe de formadores aponta inicialmente para valores abstratos que os seminaristas deveriam possuir para aproveitar adequadamente o processo formativo. Em último lugar aparecem as necessidades econômicas dos seminaristas, dificuldade que, como já indicamos, possui grande e problemática incidência no processo formativo:

> Problemas que os seminaristas enfrentam na vida no seminário são muitos: de aspecto intelectual, dificuldade de estudo, de adaptação àquilo que a formação exige, também surgem problemas de formação da personalidade, problemas que eles tra-

zem da família, problemas até graves, que fazem parte da vida. Recebemos as pessoas que vêm de fora, que podem ter virtudes e vícios, então cabe à formação ajudar a pessoa na superação dos vícios e ir entrando nessas virtudes cristãs. Tem problema financeiro, ele é pobre, a família não tem dinheiro, então ele passa por essa dificuldade também. Não encontramos ainda uma maneira satisfatória de se resolver esse problema. Às vezes a dificuldade financeira do pai e da mãe exige que o seminarista saia do seminário para ajudar a família.

O clima institucional é tenso, pois o cotidiano é tecido por relações de poderes e de focos de resistência, movimentos de controle e de sabotagem, intensificados por discursos e práticas contraditórios. A "luta" é o cenário normal do cotidiano e causa desgastes, ressentimentos, recriminações mútuas entre seminaristas e formadores:

> Mas esse esquema de "liberdade com responsabilidade" é mais desgastante, porque a gente deu uma grande abertura para os canais de participação, são os vários canais, e a gente vê que quando a coisa é do interesse deles, tem que ser resolvida rapidamente, quando não é, aí põe em discussão. Há uma certa parcialidade, infelizmente. Querem democracia para aquilo que não é do interesse deles. Aquilo que é do interesse tem que resolver rapidinho, o reitor tem que resolver imediatamente, para as outras coisas, não, então o pessoal não sabe o preço da democracia. Na hora que você é chamado para discutir, ouvir o outro, chegar a um consenso, a gente vê que há muita resistência, então nós tentamos, sabendo que há muitos padres autoritários, educar esses meninos para a responsabilidade. Ninguém vai poder falar que a gente agiu com autoritarismo. Com autoridade, sim. Esse exemplo eles não vão ter aqui. Se virarem padres autoritários, eles não tiveram essa formação, principalmente dentro de tantos canais de participação, de transparência. Mas não estão educados para a liberdade, não.

O seminário de Filosofia é percebido como uma etapa normalmente crítica no processo formativo:

> O seminário de Filosofia é uma etapa crítica do processo formativo porque é justamente quando a fé e a vocação vão ter que ser purificadas pela crítica da razão. Por outro lado, há quase uma coincidência entre a passagem da adolescência para a idade adulta, justamente nesse período. Na Teologia as coisas se assentam. Aqui é a "peneira fina", o sujeito tem que fazer o seu discernimento. Alguns passam o curso todo e não conseguem fazer o discernimento. Vão para a Teologia sem ter feito o discernimento, chegam lá, ficam seis meses e vão embora, ficaram muito presos à razão, não fizeram aquele passo. O objetivo do curso de Filosofia é abrir a cabeça, amadurecer a fé, oferecer formação humana. Também temos complementos: a presença de dois terapeutas, momentos de formação humana, afetiva, espiritual. Não só o curso, mas também uma outra formação complementar que deve caminhar mais ou menos em sintonia com a dimensão acadêmica.

Do ponto de vista da equipe de formadores, o seminarista é um ser em desenvolvimento e em conflito. Ele atravessa uma crise de amadurecimento pessoal. Finalmente, seria considerado maduro e adulto quando bem adaptado à estrutura clerical, tornando-se mais um elemento da máquina.

O curso de Filosofia deve desenvolver o senso crítico em um contexto no qual não se pode criticar muito, o que provavelmente aumenta mais ainda a percepção dos seminaristas do descompasso entre o que se diz e o modo como vivem realmente.

Viver no seminário é considerado tacitamente algo formativo em si mesmo. O isolamento do mundo social mais amplo é uma condição necessária do atual regime de formação. Discernimento da vocação e purificação da fé são algumas das metas buscadas pelo funcionamento institucional do seminário. Constatamos que, na prática, a dimensão acadêmica é o eixo principal do seminário; outros aspectos da formação são literalmente "complementos", acréscimos que não implicam maiores repercussões no clima institucional.

A equipe de formadores, numa avaliação das dimensões formativas no seminário, também constata uma defasagem entre a dimensão acadêmica e as demais:

> A gente tem que melhorar em todas as áreas. As dimensões da formação são seis: a espiritual, a intelectual, a comunitária, a humano-afetiva, a pastoral e a vocacional também. A primeira dimensão é a comunitária e participativa. Precisamos de mais formadores, padres, mais pessoal técnico e especializado, já que nós temos que nos adaptar aí. Deveríamos ter atividades por diocese, seria um espaço e seria um mecanismo também para determinados encontros, ações, atividades, poderia ser por turma, mas ainda assim é grande. Nós devemos ter outros pequenos grupos, as chamadas equipes. O aspecto espiritual é o mais prejudicado de todos. Por quê? Porque é o mais difícil também. Gostar de uma matéria ou de outra e se enfronhar é relativamente fácil. Mesmo no aspecto comunitário, é mais fácil se entrosar numa equipe ou noutra, na sua própria comunidade diocesana, na sua própria turma. A espiritualidade depende de uma mística. E de mística não se dá aula. Aí é que esse tipo de seminário também perde por causa de ter a estrutura que tem. Tudo grande, tudo macro. A mística se faz com um discipulado pequeno, como Jesus tinha doze apóstolos. Ele não ficava parado num lugar. A vida ia correndo e sendo vivida e eles iam vivendo junto com Ele e percebendo o modo dele de viver, percebendo o modo dele de administrar os problemas, as coisas que iam acontecendo etc. e tal. A dimensão intelectual, do ponto de vista de tempo, ganha de todas as outras. Tem o tempo das aulas e ainda um tempo que é dedicado aos estudos, é o que predomina. A vida afetiva não se resolve simplesmente com um acompanhamento psicológico, mas isso ajuda muito. Fazia muito tempo que as pessoas reclamavam de um apoio maior nesse aspecto, e o Seminário começou a dar um acompanhamento psicológico, de terapia de

grupo, dias de formação com palestras, de semanas de estudo teológico-filosófico dedicadas ao tema da afetividade. A espiritualidade não seria só palestra com diretor espiritual ou a própria direção espiritual. Essa talvez seja a dimensão mais prejudicada, juntamente com a dimensão humano-afetiva, porque também são as duas que exigem empatia e um grau de confiança maior entre quem está fazendo o processo formativo e quem está formando. Nesses dois campos, os formadores deveriam ter uma autonomia, deveriam ser resguardados, preservados de ter que participar do papel de interditor dentro da instituição.

Nesse depoimento está delineada uma síntese dos objetivos oficiais do seminário. Esse é o discurso relativo ao que a instituição diz que faz. Já observamos que ela faz menos do que pretende, com o que a equipe de formadores também parece concordar.

Numa tentativa de adequar o seminário clássico a um processo formativo mais moderno e democrático, a equipe de formadores criou diversos canais de participação no estabelecimento: assembleia, comunicações, reunião com a equipe do reitor, o Conselho Lato, a equipe de formadores.

As iniciativas democratizantes da equipe de formadores são louváveis, em primeiro lugar porque não são exigidas nem estão previstas nos documentos oficiais que regem o processo formativo. Estes indicam apenas e vagamente que o "método participativo" (Conferência Nacional dos Bispos do Brasil, 1995b, p.53) é um bom instrumento para a formação, sem fazer nenhum tipo de especificação. Ter tais espaços de participação é fundamental, mas a questão é como utilizá-los de modo realmente eficaz.

O problema está em "colocar vinho novo em odres velhos", reduzindo instrumentos altamente democráticos e participativos, como conselhos e assembleias, a práticas formais, meramente consultivas, multiplicadas, que discutem apenas aspectos secundários e irrelevantes da vida cotidiana no seminário. Esses instrumentos parecem funcionar também como concessões táticas que recobrem e camuflam as manobras microfísicas dos dispositivos institucionais realmente eficazes. Os "canais de participação" não têm maior eficácia, pois não possuem poder normativo e deliberativo real. A decisão final compete sempre ao padre reitor e sua equipe.

É difícil superar uma visão funcionalista que pensa seminaristas, formadores e seminário como objetos independentes, compactos, fechados e completos em si mesmos, relacionados apenas exteriormente.

Os seminaristas se calam diante da tradicional autoridade tutelar dos padres formadores. Já observamos o descontentamento deles com as excessivas reuniões, as "reclameias", e com a "transparência fumê". As ideias de autoanálise e autogestão do seminário pela coletividade que o constitui estão muito longe do horizonte de todos os atores. Mas estão presentes todas as lutas e os embates das forças antagônicas que compõem a realidade institucional. Sentem-se seus efeitos, que são atribuídos a indivíduos particulares.

Em comentários sobre a vida comunitária, membros da equipe de formadores constatam a solidariedade paradoxal entre os seminaristas, o ocultamento da informação, a fofoca destrutiva, o clima superficial de bem-estar, os conflitos e tensões que ardem na surdina. Sua percepção coincide com a dos próprios seminaristas. Percebemos novamente a atualidade das agudas percepções de Goffman (1987):

> Estamos num clima bom, aparentemente, visivelmente falando. Tivemos um momento muito forte aqui – uma festa de confraternização – reunimos professores, funcionários, seminaristas, tudo muito bem preparado pelas equipes. Nós temos momentos fortes, acho que a vida comunitária está boa. Melhoramos bastante, temos que caminhar, tem alguns que ainda se escondem, participam por obrigação, e estamos passando um momento de muita fofoca, de maldade entre alguns, muitas vezes, de seminarista querendo prejudicar o outro. Isso não aparece, aparentemente, por isso dizemos que visivelmente está tudo bem. Mas a gente sabe que há conflitos, que o reitor é o último a saber, mas que há conflitos ideológicos, aí há vários tipos de

conflitos, até de opção de vida e tudo mais. Então isso precisa ser purificado, com mais formadores a gente pode acompanhar melhor. Mas nesse grande grupo é difícil, também porque eles não falam, as coisas não chegam até os formadores, nem tudo chega. Além disso, eles têm dificuldade de falar com a autoridade. O formador pode ter espiões na casa, pode ter todo tipo de informações, mas isso gera um mal-estar na casa, então discutimos uma vez ou outra entre nós, um ajuda o outro, se tem alguma informação, um parecer sobre alguém. Mas sempre foi assim: acontecem coisas que os seminaristas sabem, mas os formadores não ficam sabendo. Há uma cumplicidade entre eles, tanto no bem quanto no mal. Os sujeitos que sabem não querem se comprometer, é uma certa omissão, uma indiferença, "eu cuido da minha vida...". Mas é a Igreja, a instituição que está em jogo. E em meio a isso, tem muita gente séria, que se empenha, que colabora, que tem vida comunitária, é disponível, é a grande maioria. A reitoria não é lugar de fofoca, quem vai, tem que provar, eles sabem que quando levam alguma informação ou queixa vamos encaminhar, não vai ser engavetado, isso afasta os seminaristas dos formadores: se levarem alguma coisa, vamos encaminhar e, se tiver que dispensar, vamos dispensar.

A tranquilidade da comunidade é superficial, e os seminaristas sonegam a informação aos formadores, vistos como ameaça latente de expulsão do seminário. Acreditamos que é difícil que uma instituição total possa vir a funcionar de modo diverso deste.

A equipe dirigente tende a ter uma opinião pejorativa do grupo dos seminaristas, ressentida com os embates não declarados, as resistências e sabotagens, a sensibilidade democrática dos seminaristas:

Essa geração é excessivamente melindrosa. Tudo ofende ou tudo não tem a ver com eles, é sempre com o outro, e quando a gente fala alguma coisa a pessoa se sente sempre ofendida, não é uma geração que acolhe, é um excesso de melindre, eles viram a cara, alguns se revoltam. Jesus falou que o caminho é duro, aí você entende aqueles paradoxos do Evangelho: o seguimento de Jesus Cristo tem sofrimento, há um excesso de melindre: "o padre me ofendeu, ou a paróquia, aquilo me ofende". Talvez seja mecanismo de defesa, desculpa ou fuga. Essa é uma geração frágil, infelizmente. Frágil, frágil. A gente sabe que é difícil agradar a todos e muito mais difícil ainda agradar seminarista, por isso tanta dificuldade em trabalhar na formação. Quando é preciso dispensar uma pessoa, é um momento muito difícil. Não é que o formador esteja aí para isso, está para ajudar a pessoa a crescer, se preparar. Mas às vezes, quando ocorre algum problema grave, a gente tem que tomar alguma decisão muito radical, tendo em vista o bem da pessoa e da comunidade. Acompanhar a caminhada dos alunos é estar exposto aos questionamentos, às cobranças, às vezes eles são exigentes. Têm muitas exigências que são válidas, outras que não podemos suprir. O formador é muito cobrado. Nos conflitos e dificuldades, ele faz o meio de campo entre os alunos e o episcopado. Os bispos exigem, cobram que você seja o intérprete deles na formação, e do outro lado os alunos fazem suas exigências. O formador tem que ser como que um algodão entre os cristais. Precisa conseguir levar toda a programação da formação, realizar a integração entre os bispos e os alunos, fazer que haja uma aproximação entre eles. Os alunos também precisam compreender que a gente não pode aceitar tudo, há princípios, temos um papel a desempenhar. Eles têm a responsabilidade deles, não devem ficar numa pura cobrança, mas atentar para aquilo que conduz à formação. O formador deve saber fazer uma articulação entre tudo aquilo que a Igreja exige e o que é possível fazer com os recursos disponíveis, trabalhar para conduzir a formação a bom termo.

A formação sacerdotal é uma questão político-pedagógica, é algo da ordem de forças, intensidades, poderes – múltiplas pulsações ganham corpo e expressão nas relações institucionais. "Melindre" é o nome que podem dar a uma potência que se lhes opõem. Os seminaristas não têm por que se deixar dominar, e não o fazem facilmente. De seu lado, representando os bispos, a equipe de formadores sente a pressão dos seminaristas.

Notamos um alto nível de agressividade e estresse no contexto institucional do seminário. Os formadores também o observam e interpretam:

A agressividade é um dos maiores desafios para qualquer ser humano em qualquer lugar. Só que no seminário a pessoa está desejando consagrar uma vida inteira justamente a um ideal de amor, de não agressividade, não só não agredir, mas ainda por cima amar. É óbvio que num seminário é muito grave qualquer tipo de agressividade, revela uma incoerência muito grande com esse ideal. Uma explicação possível para a agressividade é a falta de espaços e canais adequados para a comunicação, a verbalização para que diariamente a pessoa pudesse amadurecer a sua forma de se relacionar, de administrar conflitos etc. e, obviamente, pessoas competentes para acompanhar os espaços e estar ali fazendo a moderação. Como não há praticamente esse espaço adequado, o seminarista vai retendo, vai guardando e quando põe para fora já é uma explosão. Faltam mecanismos e pessoal para criar esses espaços. Precisamos de mais formadores, não só dentro do corpo eclesiástico, propriamente dito, mas de um corpo técnico.

Podemos notar nesse discurso a encomenda institucional[2] com relação a uma ciência psicológica: refere-se a um trabalho de ajustamento e adaptação do indivíduo à norma social vigente. Exemplo de que o processo de psicologização do sujeito pode ser entendido como uma estratégia mistificadora que se superpõe às relações de

---

2 Encomenda institucional "... alude aos sentidos não explícitos, não manifestos, dissimulados, ignorados ou reprimidos e ... comporta um pedido de bens ou serviços. Refere-se a uma solicitude ou exigência de soluções imaginárias ou de ações destinadas a restaurar a ordem constituída quando [ela] está ameaçada" (Baremblitt, 1998, p.169).

poder, ocultando-as graças a um discurso lacunar, deslocando-as para a interioridade individual: há uma particularização de fenômenos que são originalmente de ordem social e coletiva; individualização e subjetivação "psicológica" de fenômenos de ordem política.

Os formadores percebem também aspectos positivos no seminário, mas eles vêm acompanhados da tensão institucional, permanente no estabelecimento: o papel de interditor que se destaca no discurso dos próprios formadores tende a atrair de modo contínuo a animosidade do grupo dos seminaristas sobre eles.

Vejamos qual é a função do diretor espiritual:

> A função primordial é o trabalho de orientação dos alunos, na espiritualidade, na vida de oração, na vida relacionada à vivência da fé. [Para] Ajudar os alunos a crescer nesse testemunho de fé, [...] ajudá-los a resolver os problemas que eles têm na vida afetiva, seria preciso aprofundar esse aspecto, [ter a] ajuda de um psicólogo, até de outras especialidades, mas a gente tem algo a dizer. O aspecto religioso envolve toda a vida: estudos, relacionamentos, trabalho, cumprimento dos deveres da pessoa. Seria a própria pessoa, no relacionamento consigo própria, com Deus e com os outros.

O padre diretor espiritual é um antepassado do psicólogo clínico. Pensamos que a clínica psicológica é herdeira dos mestres de vida espiritual dos conventos medievais[3]. A mística católica cavou uma interioridade espiritual na alma do homem ocidental que depois foi psicologizada pelo advento das ciências humanas (Foucault, 1999b; 1999c).

Como é o atendimento do diretor espiritual:

> Os alunos devem procurar o diretor espiritual ao menos uma vez por semestre, para que a gente possa ter alguma coisa para

---

3 Cf. capítulo seguinte, p.251, "O convento católico como matriz das instituições totais".

dizer para a pessoa, manter um contato, conhecer os alunos e também poder ajudar nessa caminhada. Além dessa conversa semestral com todos, independente de ser ou não o orientador deles, depois, o diretor espiritual está à disposição desses alunos, seminaristas, no caso de eles precisarem de uma conversa, além daquelas semestrais obrigatórias. Aí é livre, o diretor fica à disposição da casa.

O diretor espiritual se ocupa dos assuntos de "foro interno", relativos à intimidade dos seminaristas, e sobre eles não deve se pronunciar, obrigado pelo "segredo de confissão" (antepassado do sigilo ético), mas sua isenção é prejudicada por sua participação inevitável na equipe dirigente. Os seminaristas acham difícil confiar nele e acabam comunicando-lhe apenas coisas simples e irrelevantes. Desconfiam do corporativismo clerical e da função de interdição da equipe como um todo.

A direção espiritual é essencialmente uma entrevista psicológica de aconselhamento realizada de modo empírico por um sacerdote católico encarregado dessa função. Não há maiores preocupações ou cuidados técnicos em sua realização. Parece tratar-se de uma conversa mais ou menos formal entre dois atores institucionais, algo bem diverso de uma escuta clínica.

Como já comentamos, a observação do comportamento visível e de sua coerência com o discurso emitido pelo seminarista é tomada como índice de desenvolvimento espiritual e vocacional. Apesar de a direção espiritual ser uma prática que utiliza a palavra, o discurso, com entrevistas realizadas pelo menos semestralmente, notamos que a dimensão do discurso não é prioritária no processo formativo do seminário.

Os seminaristas se calam no cotidiano, ou fazem fofoca, ocultam-se dos formadores. Podemos falar mesmo da raridade do encontro entre seminaristas e formadores, pois o mecanismo essencial do processo formativo baseia-se na observação, na visibilidade e na vigilância normatizadoras. Os seminaristas reclamam que os formadores não os atendem porque estão ocupados com outras coisas ou ausentes do seminário; os formadores se queixam de que os seminaristas não os procuram, por isso dedicam seu tempo a funções administrativas ou buscam trabalho pastoral fora do seminário.

Mas não é essa a percepção que os formadores parecem ter do seu relacionamento com os seminaristas:

> O seminário procura levar em conta as dimensões da pessoa, o relacionamento entre o formador e o formando, um relacionamento mais estreito, de confiança, baseado na transparência, inclusive com o próprio reitor. Tudo isso facilitou uma vida assim de feliz integração. Os relacionamentos procuram ser cada vez mais transparentes e levar em conta a amizade, dando espaço para a pessoa, para o diálogo, numa aproximação maior. Tudo isso favorece o clima de formação.

Essa visão otimista nos parece algo ingênua diante das condições micropolíticas que mapeamos no contexto institucional do seminário.

Por outro lado, a equipe de formadores reconhece que a vida no seminário pode produzir efeitos colaterais no processo formativo. O discurso dos padres formadores distingue a instituição seminário dos seus atores, a instituição é tomada em seu aspecto universal e particular, mas não em sua dimensão de singularidade, como prática cotidiana construída por atores que se instituem mutuamente através de relações múltiplas de poder, saber e direito (Foucault, 1984a; 1999b). Trata-se de uma concepção funcionalista do que seja e do modo como funciona uma instituição.

O processo formativo infantiliza o seminarista, faz dele uma criança irresponsável, vista como melindrosa, dependente, caprichosa e insatisfeita, que se esconde. O trabalho remunerado é uma rara exceção à regra. O alívio das responsabilidades adultas que representam um trabalho remunerado é oferecido para que o seminarista possa se dedicar plenamente ao processo formativo. Pensamos que esta exigência torna o seminarista mais submisso ao processo formativo, pois quem recebe tudo de graça também não tem o direito de reclamar de nada, sob pena de perder os benefícios dos quais usufrui.

Para contrabalançar os efeitos massificantes da vida numa clausura numerosa, sugere-se que o seminarista possa personalizar a formação:

> Os seminaristas também podem personalizar a formação, não simplesmente ficar dependentes do que é dado de um modo geral. Ele também é um protagonista, faz suas escolhas, se organiza na sua vida de oração, vida de estudos. É uma maneira de procurar não se despersonalizar, procurando um aspecto de individualização, que não é um individualismo; se organizar por equipes de vida, fazer uma espécie de individualismo social, pequenos grupos, que se organizam dentro do seminário. Isso é um pouco utópico, mas não é impossível. Problemas sempre vão existir. Não se pode automaticamente dizer que alguém passou por aqui, entrou ruim e saiu obrigatoriamente bom, uma coisa mecânica. Tem a liberdade da pessoa. Esta casa de formação, como toda organização, como todo trabalho formativo, como entidade que se ocupa da formação, nunca vai fazer milagres, nunca vai transformar ninguém automaticamente, isso seria até contra a liberdade da pessoa.

Notamos como este discurso está permeado por uma pedagogia renovada, e ao enfatizar o desenvolvimento da personalidade individual desemboca numa postura ingênua, romântica e voluntarista, ancorada na crença da ilimitada possibilidade do indivíduo para mudar o mundo, não concedendo a devida importância às condições históricas e institucionais nas quais estão inseridos os diversos atores do seminário e a própria instituição. De modo geral, essa tendência pedagógica quase sempre estaciona antes de atingir o questionamento profundo das estruturas institucionais e sociais. Em vez de ir à raiz dos problemas, somente questiona os maus frutos e propõe a terapêutica dos remédios paliativos, baseados no aperfeiçoamento do modelo vigente. Assim, o ideal de promover o desenvolvimento da personalidade individual fica reduzido, na prática – no contexto de uma sociedade de capitalismo dependente como a nossa –, ao desenvolvimento do individualismo burguês.

Esse discurso liberal convive com uma prática pedagógica mais diretiva e tradicional, com a qual conflita. A equipe de formadores estimula uma certa iniciativa pessoal, mas desconfia da capacidade de autodeterminação dos seminaristas: é preciso disciplina e tutela para que eles não se acomodem. Mas será que uma formação autoritária e diretiva pode produzir sujeitos autônomos e responsáveis?

Vejamos como é o trabalho do diretor de estudos:

> O diretor de estudos vai sendo levado um pouco pelas circunstâncias quanto ao seu trabalho. Deveria coordenar o curso e acompanhar as atividades acadêmicas dos alunos. Seria uma função técnica, mas, como participa da equipe de formação ajudando a tentar pensar e coordenar o trabalho no seminário, isso implica atividades cansativas nem sempre agradáveis: ter que decidir a vida dos seminaristas, falar "isso sim, isso não", cansar-se em longas discussões para resolver problemas pontuais. Por mais que não queira, para lidar com tanta gente, acabamos tendo muitas vezes que nos colocar como os que decidem, os que têm o poder. A própria Igreja é assim: tem os bispos que se relacionam com os formadores, e os formadores em relação aos meninos também são uma instância superior, e entre eles vão reproduzindo isso, essa coisa toda que não está legal. O que nós vemos aqui são jogos de poder, que é esse bando de gente, então entre eles e deles com os formadores, os bispos, com os professores etc. Há uma demanda muito grande, não só dos alunos, mas do próprio curso, do corpo docente, e o desafio de ter um tempo limitado para dedicar a isso. Dar conta mesmo da demanda, tem horas que realmente tem que ser tudo correndo, mas não só isso, mas é preciso estudar, pensar, rever sua prática, refletir, reciclar o que você sabe. Da forma como o diretor de estudos está integrado hoje às demais dimensões da formação, é pouco tempo, porque tem horas que você não sabe quem acode: os problemas da casa ou os problemas acadêmicos? O processo de reconhecimento do curso é algo a mais do que o que já tinha normalmente, a demanda do curso que exige uma série de coisas chatas que

você tem que fazer, cumprir burocracias, resolver problemas, mas que fazem o curso funcionar legal. Seria preciso dividir bem as funções, dar conta melhor de outros aspectos da formação sacerdotal já eliminaria alguns problemas da dimensão acadêmica, reestruturar o curso, de modo que os demais membros do corpo docente tivessem uma dedicação maior, ajudassem nas dificuldades acadêmicas que temos.

O diretor de estudos não se limita a uma função técnica, mas foi incorporado à equipe de formadores para gerenciar a vida no seminário. Podemos notar que o conflito entre um funcionamento mais democrático e uma forma de governo mais centralizada e diretiva volta a aparecer. A dificuldade de exercer o papel de interditor, daquele que manda, o desgaste de gerenciar um grupo grande que não se subordina passivamente: "jogos de poder" são a regra no cenário institucional.

A equipe de formadores possui uma concepção específica das condições acadêmicas gerais dos seminaristas:

> A maioria vem de cidades menores ou de ambiente rural, de famílias pobres; estudaram em escolas públicas, em ambientes de famílias que não incentivavam o trabalho de estudo mesmo. Era mais trabalhar, não estudar. Trazem uma deficiência muito grande para o trabalho acadêmico. Não sabem ler, escrever, não estão habituados a pensar. Chegam aqui e têm um choque de ter que dedicar grande parte de sua vida para o estudo, para eles o estudo era só sala de aula. É cobrado em sala de aula, mas não fica ninguém no pé deles, têm um horário livre e têm que se organizar. Alguns ficam realmente perdidos, não conseguem se sintonizar, demora um tempo, outros não, conseguem mais facilmente. A primeira etapa no propedêutico é sofrível, por não ter hábito de trabalho acadêmico, de ler livros, de dedicar um tempo a estudar, que não apenas o tempo da escola.

Este discurso coincide com dados que já havíamos obtido ao frequentar reuniões do corpo docente durante o período de visitas de observação. A instituição se queixa de que os seminaristas não sejam alunos ideais, geniais, prontos e acabados. Como sempre, o problema costuma ser imputado sem mais à clientela.

O seminarista é um candidato vocacionado ao sacerdócio e também um estudante universitário, aspectos distintos, porém implicados, que podem se tornar conflitivos:

> O rapaz vem ser padre, não significa necessariamente que tem o dom para a área de humanas. Pede-se que faça dois cursos nessa área, que supõem muita leitura, escrever, debater. A maioria consegue sim, investe nisso, percebe a importância, claro, alguns se destacam. Outros se esforçam e conseguem atingir um nível normal e tem alguns que realmente o mínimo só. É um paradoxo, se ele não teve uma boa formação como professor de filosofia, às vezes não recebeu nem o diploma, como vai ser padre? Ele será alguém que vai orientar as pessoas, coordenar encontros, dar formação, tem que ter minimamente isso. O padre tem muito mais poder que o professor, o professor fala e pode ser discutido; o padre normalmente não, ainda mais hoje. Ele tem que ser uma pessoa bem preparada, e essa é uma das questões que não trazem quando chegam aqui. Mas setenta por cento conseguem dar conta bem disso, minimamente.

Os seminaristas gastam em média oito anos de vida com formação acadêmica, e se não conseguirem superar as dificuldades supomos que este longo processo poderá ser extremamente sofrido. A equipe de formadores pode enfrentar grandes dilemas ao ter que "decidir a vida" de um seminarista, vocacionado e universitário ao mesmo tempo. Provavelmente, a titulação acadêmica em Filosofia e Teologia, requisitos parciais exigidos para a ordenação sacerdotal, pode ser tomada como uma indicação de que o candidato está apto a receber o sacramento da ordem, o que talvez nem sempre se verifique.

O seminarista não opta pelo curso de Filosofia, que lhe é imposto como uma exigência da formação clerical, que deve ser acatada. Diferentemente de outros profissionais que para seu êxito devem despender grandes esforços para capacitar-se bem e estar em condições de disputar vagas escassas no mercado de trabalho, o candidato ao sacerdócio tem uma perspectiva folgada do seu futuro como padre: a demanda é imensamente maior que a oferta, há grande estabilidade e segurança socioeconômica, diríamos mesmo uma quase intocabilidade. Então, para que estudar tanto, se quem manda na paróquia, quem diz a última palavra é o padre mesmo? Sobretudo, acreditamos que é isso que os seminaristas verificam no ambiente eclesial concreto no qual circulam.

O que realmente parece produzir efeito não são todos os discursos pedagógicos formativos que ouvem e suportam no seminário, mas sim as práticas não discursivas e outros discursos informais que circulam no ambiente socioeclesial, como este por exemplo: "Na Igreja, manda quem pode [a hierarquia], e obedece quem tem juízo [o povo, o seminarista]".

O padre católico é detentor de poder, prestígio e *status* que lhe são outorgados pela autoridade episcopal constituída: poder hierárquico e tradicional. Sua adequada capacitação técnico-acadêmica é um pré-requisito imprescindível, mas acaba relegada a um plano secundário – uma dificuldade típica dos processos institucionais em geral.

O número de seminaristas está em ritmo de crescimento acelerado a cada ano que passa (Conferência Nacional dos Bispos do Brasil, 1995b, p.19) e, consequentemente, o seminário passou a ampliar alojamentos, refeitório, salas de aula.

Há alguma noção da necessidade de um trabalho colegiado da equipe de formadores (ibidem, p.44), concessão que o reitor pode se dar ao luxo de fazer aos seus colegas formadores. Aumentar a equipe de formadores é um esforço com o intuito de oferecer um acompanhamento mais personalizado aos seminaristas. Mas apenas isso não basta para superar o funcionamento totalitário do seminário.

Os membros da equipe dirigente são conscientes de que existem outros modelos de seminário (ibidem, p.46) e apontam algumas de suas características diferenciadoras:

Há vários modelos de seminário, os dois mais comuns são a "casa de formação", que é apenas local de residência, separada do Instituto de Ensino, do centro de estudos, e o modelo tradicional, que une ambas as coisas. A vantagem do primeiro modelo é que as comunidades são relativamente pequenas e o trabalho é mais personalizado, o formador é mais liberado para acompanhar a comunidade, ele não é reitor, não é professor, quer dizer, de certa forma ele é reitor, mas é reitor de um grupo pequeno, acaba sendo mais um pai, um irmão mais velho. As relações são um pouco diferentes. Já nosso modelo aqui é mais tradicional, a residência coincide com a escola. É difícil fazer os seminaristas compreenderem e distinguirem o local da habitação do local da escola, do local da liturgia. Ali no seminarião, onde tudo é misturado, está tudo dentro do seminário, a igreja, a escola, são os professores que vêm ali. Há dificuldade de separar a disciplina, o tempo do estudo. Outra dificuldade no seminário grande assim onde todo mundo mora junto é o anonimato. É fácil um seminarista passar três, quatro anos assim num certo anonimato. Ele acaba não entrando no processo formativo, acaba ficando assim meio que à margem. E é possível iludir-se e iludir também os formadores. Já com um acompanhamento mais personalizado, obviamente seria mais difícil esse anonimato acontecer.

O modelo da "pequena casa de formação" é sempre idealizado como um espaço de convivência íntima e pacífica entre os seminaristas-filhos e o formador-pai. O seminário tradicional facilita o "anonimato" dos seminaristas, o autoengano e o engano dos padres formadores.

Segundo os formadores, há uma série de razões para a opção pelo seminário tradicional e sua manutenção:

Esse modelo tradicional foi se solidificando, por vontade dos bispos, que tinham suas razões. A primeira razão é ideológica, ou teológica: a própria Santa Sé não aprovou muito a experiência de pequenas comunidades, não gostou muito dessa ideia. Um seminário do modelo tradicional torna mais homogênea a formação, principalmente do ponto de vista disciplinar. Talvez a segunda razão seja mais de ordem econômica. Uma terceira razão que é apresentada também para não se estudar numa universidade pública é uma razão de fé: a universidade e os professores são anticlericais, são ateus. Outra razão apresentada muitas vezes também é a falta de padres. Eles dizem: "Mas como é que nós vamos abrir uma comunidade para cada diocese? Nós não temos padres para liberar e destinar para isso", como se fosse um luxo. Boa parte dessas razões não se justifica.

Na base de sustentação do seminário tradicional há razões de ordem ideológica: ele propicia uma uniformização disciplinar da formação sacerdotal, de acordo com as exigências do paradigma romano[4]: um padre católico recebe praticamente a mesma formação em qualquer lugar do globo, o que facilita muito sua transferência e sua adaptação; é um modelo econômico: com um clero escasso, é muito mais prático que poucos padres formadores gerenciem um grande número de seminaristas, e também financeiro, pois os investimentos são concentrados numa mesma instituição com um único quadro de padres formadores, de professores e de funcionários em geral; uma faculdade própria no interior da clausura evita a contaminação e/ou a perseguição ideológica, pois o isolamento do mundo continua a ser uma condição exigida para o processo formativo clerical.

No plano do discurso, os formadores notam as vantagens e desvantagens dos dois modelos de seminários:

> Comparando os dois modelos, no tradicional as vantagens são mais disciplinares e favorecem mais o aspecto intelectual. Só que as desvantagens são a dificuldade de oferecer uma formação mais personalizada, de trabalhar questões mais afetivas, mais

---

4 Cf. capítulo seguinte, p.266, "Paradigmas eclesiais e sua incidência no processo formativo sacerdotal".

humanas. O padre deve ser um coordenador, uma pessoa que sabe lidar com o ser humano, isso é mais importante do que, por exemplo, um padre saber bem as leis da Igreja, saber administrar bem do ponto de vista financeiro. O seminário tradicional apresentou vantagens numa época em que as coisas eram mais pacíficas para os cristãos, o mundo não havia mudado tanto. A família ainda não estava ameaçada, a maior parte do povo aqui no Brasil morava no campo; a coesão social era maior. De repente, em poucas décadas, de 60 para cá, houve toda uma revolução industrial no país, o povo foi saindo do campo para as cidades, e elas foram inchando, e as famílias foram se destroçando, e mudou uma série de coisas. Aquele modelo de seminário que servia para aquela época não serve mais para hoje, obviamente. Um fator importante a ser considerado é o seguinte: o padre está sendo formado para quem? Para que época? Para enfrentar que realidade? É importante responder a essas perguntas. No modelo de pequenas comunidades, o seminarista vai ser formado dentro desse mundo moderno ou pós-moderno. Ele vai ser formado já dentro de um esquema de tal forma que quando assumir a vida ministerial vai estar de fato preparado para ser um homem do seu tempo, para evangelizar, sabendo quais são os caminhos, quais são os desafios, e hoje, mais do que nunca, é importante que um padre saiba conversar, tenha a mente aberta, sem abrir mão da identidade cristã, sem abrir mão do Evangelho. Mas é importante que saiba dialogar com as diversas correntes ideológicas e culturais e saiba lidar também com os conflitos que são próprios dessa época.

Constatam a falência do modelo tradicional, instituição anacrônica que não corresponde aos tempos "pós-modernos" que nos cabe viver. O seminário clássico é uma instituição medieval que só pode preparar padres segundo uma lógica da cristandade, atualizada no paradigma romano. Os procedimentos micropolíticos que produzem a vida no contexto institucional não podem formar um padre do diálogo, preparam um padre investido de autoridade, um homem separado, sagrado, distante da realidade cotidiana dos demais cristãos. Acreditamos que reformas paliativas mantêm tudo como sempre foi: reuniões e assembleias formais, ausência de diálogo em relações sociais verticalizadas, vigilância hierárquica, relatórios avaliativos, enclausuramento, tutela dificilmente poderão formar indivíduos capazes de dialogar com a cultura atual. A proposta das "casas de formação" de Moro (1997) reduz o número de seminaristas, mas mantém intactas as demais estratégias formativas.

Não podemos negar que os padres formadores tenham boas intenções e procurem fazer o melhor que podem. A equipe de formadores situa seu trabalho no contexto de um certo percurso histórico de movimento, de lutas, avanços e conquistas voltados para adequar o seminário tradicional às exigências atuais.

Em seu discurso, a equipe se percebe inserida num processo histórico de construção da instituição seminário. Percebe os avanços e retrocessos institucionais, propõe-se desafios até certo ponto arrojados para a conjuntura eclesiástica atual: aumento da equipe de formadores com o intuito de um acompanhamento personalizado da formação; curso superior oficial para os seminaristas-alunos; busca da futura implementação de diversos especialistas (Conferência Nacional dos Bispos do Brasil, 1995b, p.54) para auxiliar no trabalho formativo.

A equipe de formadores analisa o produto do processo formativo: os padres jovens que passam a integrar os quadros do clero nas dioceses:

> Este seminário produz um tipo de padre. Em muitos casos, sabemos que o que sai é problemático. O modelo tinha que mudar, mas isso é uma coisa que não está na cabeça dos principais responsáveis pelo seminário, eles têm outro parâmetro de formação. Talvez no futuro, mas atualmente isso é uma coisa ainda não muito negociada. Eles sabem que [o seminário] produz um tipo de padre, só que aí localizam as deficiências em outras coisas e não no número de seminaristas, não são capazes ainda de perceber ou, se são, acham que há uma dificuldade interna, mas

não que o modelo em si deva ser reestruturado, mas que dentro do modelo é preciso fazer modificações. A equipe atual acha que deveria reestruturar o modelo, mas isso vai ser uma coisa para conversar ainda. Os bispos acreditam piamente que essa é a melhor maneira mesmo, até porque não estão aqui vendo os problemas. Mas como tem havido problemas com padres novos que saíram e não estão dando certo por aí, por "n" motivos, está havendo não só formadores, mas padres mesmo ou formadores de outros seminários que têm colocado essa questão, discutindo o que está acontecendo, mesmo que não localizem ainda, mas está errada alguma coisa neste modelo. O que está errado? É preciso ter mais formadores, formação mais personalizada. Aqueles que têm mais visão, que estão envolvidos com a formação, já sabem que têm que mudar esse modelo. Os que não estão diretamente envolvidos não têm claro isso, se falarmos, vai haver resistência, vão discutir e argumentar.

A equipe de formadores percebe que o seminário produz um tipo de "padre problemático", algo na instituição é deficitário, há algo de inadequado no funcionamento do modelo de formação. "Padres novos não estão dando certo", constatam. Isso está começando a criar um certo incômodo, uma certa insatisfação e um questionamento generalizado. Mas o que está errado? Onde está o problema? Há um dilema entre o aperfeiçoamento do modelo do seminário clássico que deve ser reestruturado e a mudança do próprio modelo.

As relações que a equipe de formadores mantém com o seminário, da perspectiva da instituição total, de acordo com os depoimentos e nossa observação, são complexas e ambíguas: por um lado, ela tende a encarnar seu papel de agente normalizador e sancionador da "vocacionalidade" dos candidatos ao sacerdócio, mas também sofre as pressões e os processos típicos dessa modalidade de instituição: é bastante difícil encontrar padres que aceitem o cargo de formador no seminário, como disse o reitor. Os formadores estão constantemente sob o olhar exigente e atento dos seminaristas, que também vigiam as eventuais contradições entre o discurso e a prática dos seus superiores. Consideramos que o trabalho da equipe de formadores é experimentado como estressante, desgastante, e em certos momentos isso se manifesta em reações de endurecimento, fechamento, broncas, ameaças e pressão dos formadores sobre os seminaristas. Membros da equipe de formadores sentem-se ressentidos com a "ingratidão exigente" do grupo dos seminaristas, vistos como "resmungões e eternos insatisfeitos". O padre reitor se ausentou algumas vezes do estabelecimento, para descansar e recompor-se, depois de alguns momentos de conflitos mais agudos. Deles também poderíamos dizer que "não sabem o que fazem", pois sua prática muitas vezes segue a lógica totalitária, embora não seja exatamente essa a sua intenção. Pensamos que, quanto maior o tempo que os membros da equipe de formadores permanecem na direção da instituição, mais eles tendem a incorporar o discurso oficial dela e mais se enrijecem em suas funções de mando. "O seminário é uma máquina de moer padres", comentou o diretor espiritual numa conversa informal. Ora, observamos que essa "máquina kafkiana" mói a todos: padres formadores e seminaristas.

Registro do saber eclesiástico relativo à formação sacerdotal

Nesta seção, procuraremos elaborar uma síntese relativa ao processo formativo nos documentos do Magistério eclesiástico e na literatura específica, na tentativa de mapear um campo de saberes. Nossa hipótese é que o *saber eclesiástico relativo à formação sacerdotal* constitui um sistema de regras que se encontram consignadas em documentos oficiais e são capazes de determinar processos de subjetivação propriamente clericais.

Para Foucault (1999c), as relações sociais são organizadas com base no paradigma da guerra: o campo social é permeado por lutas "microfísicas", "micropolíticas", nas quais o poder se manifesta em forças ativas e reativas que atravessam instituições, estabelecimentos, sujeitos, grupos, compondo e decompondo processos de subjetivação.

Nesse sentido, podemos dizer que a Igreja Católica desenvolveu ao longo do tempo uma pedagogia – logística – que costuma ser adotada no processo formativo desenvolvido nos seminários, cujo objetivo é a preparação – de acordo com técnicas específicas – dos candidatos ao sacerdócio. Também é possível detectar estratégias e táticas variadas que permeiam esse processo.

Se, de acordo com Foucault, as modernas técnicas e estratégias do poder na sociedade moderna têm origens eclesiásticas, de onde se desprenderam, ganharam autonomia e sofisticação, a própria Igreja ainda utiliza atualmente as mesmas técnicas primitivas originais, sem deixar de lançar mão de novos recursos ou de dar um novo colorido e significado a antigas práticas, solicitando auxílio das ciências humanas, sobretudo da pedagogia e da psicologia. De certa forma, o arcaico convive com a tecnologia da informática: o processo formativo eclesiástico possui aspectos arqueológicos, camadas de velhos procedimentos técnicos estão expostas e mescladas num cotidiano pós-moderno tecnológico.

Como veremos, o processo formativo parece ser baseado numa psicologia eminentemente racional. Seu funcionamento promove uma grande individuação e subjetivação psicologizante do candidato, promovendo um esforço de auto-observação constante. Também estimula a formação de ideais e busca orientar o comportamento e a conduta do vocacionado para que ele se conforme, modele-se a si mesmo (autoforme-se) de acordo com os padrões institucionais estabelecidos. À auto-observação e ao autocontrole soma-se a observação vigilante dos formadores e dos demais formandos.

Vamos examinar a logística do processo formativo eclesiástico na literatura específica sobre o tema.

Na Igreja Católica, os bispos e o papa são responsáveis pelo Magistério, pela formulação das verdades da fé e das tradições católicas acumuladas ao longo dos séculos. É sua a função da autoridade: manter, defender e fomentar permanentemente esse patrimônio constituído por revelação Bíblica, dogmas, leis, costumes, pensamento teológico, sobretudo por meio do ensino.

As diretrizes básicas da formação presbiteral da Igreja no Brasil estão contidas no Documento 55 da Conferência Nacional dos Bispos do Brasil (1995b). Os fundamentos teológicos do processo formativo, que explicitam sua natureza, seus modos de realização, seus conteúdos, sua disciplina e seus métodos, se encontram na Bíblia e na doutrina da Igreja consignada em seus documentos: textos do Concílio Vaticano II (Igreja Católica, 1982), dos últimos papas, das conferências episcopais latino-americanas e brasileira. As disposições oficiais para a formação sacerdotal estão contidas na *Ratio Fundamentalis Institutionis Sacerdotalis* (ibidem, 1985), no *Código de Direito Canônico* (ibidem, 1983) e na exortação papal *Pastores Dabo Vobis*, de João Paulo II (1992), que foram adaptadas e aplicadas às condições da Igreja do Brasil.

No decreto conciliar *Optatam totius* (Igreja Católica, 1982), o seminário maior é "necessário" e sua meta deve ser "formar verdadeiros pastores de almas, a exemplo de N. Senhor Jesus Cristo, Mestre, Sacerdote e Pastor", para o ministério da Palavra, do culto e da santificação, mediante a celebração da eucaristia e dos demais sacramentos, e da "pastoral", para representarem Cristo bom Pastor diante dos homens. Assim, as diversas dimensões do processo formativo – espiritual, intelectual e disciplinar – devem ser organizadas de modo harmonioso em vista desse fim pastoral.

Historicamente, a progressiva estruturação das exigências da formação sacerdotal e a problematização da vocação deram origem aos seminários, ambientes de maior organização, espaço e tempo disponíveis, que além disso contam com a presença de formadores, programas, instrumentos e métodos. Trata-se de uma instituição cujo objeto é a "vocação sacerdotal", e sua finalidade institucional é a formação e preparação dos futuros sacerdotes da Igreja Católica. Essa instituição precisa logicamente de um estabelecimento concreto onde possa realizar-se.

O discernimento vocacional implica o exame das qualidades do candidato ao presbiterato e o auxílio a fazê-lo também pessoalmente. É uma tarefa cuja responsabilidade cabe aos formadores:

> O discernimento se faz mediante introspecção, experiência e prudência, estimuladas pelo conhecimento das ciências humanas, pela teologia e mediante a ajuda do Espírito, para reconhecer se é sobrenatural ou não a origem das motivações que levam uma pessoa a orientar-se para o presbiterato, e para avaliar suas disposições, as aptidões e as diversas áreas de idoneidade para poder seguir a vocação. (Scherer, 2001, p.1)

A vocação sacerdotal é considerada um dom de Deus e pressupõe a sua livre iniciativa, mas também requer a resposta daquele que é chamado; o vocacionado deve participar da iniciativa divina, desenvolvendo o conhecimento e a consciência de sua vocação específica, assumindo-a e transformando-a num projeto pessoal de vida (Giordani, 1990). Nisso deve ajudá-lo o processo formativo: amadurecer sua opção vocacional e assumir o estado de vida e a missão que dela derivam.

No processo de discernimento vocacional devem ser levados em consideração os sentimentos e as disposições interiores, as condições psicológicas e emocionais, as relações interpessoais, o ambiente socioeclesial e os meios sobrenaturais da graça de Deus. Há uma gradação nesse discernimento: na fase perceptiva, há a descoberta e a tomada de consciência de certos desejos e tendências interiores; na fase cognoscitiva, há um conhecimento mais claro de tais "moções" interiores e mesmo exteriores, a interpretação e a acolhida delas; na fase deliberativa, há um envolvimento da vontade livre e da decisão, quando se definem as escolhas e os comportamentos; finalmente, na fase operativa, o sujeito parte para a ação e o compromisso, em busca da realização coerente da vocação percebida e acolhida. A partir de então, o indivíduo ingressa no processo formativo institucional.

No seminário, o reitor desempenha o papel mais importante e deve conduzir o processo em seus aspectos de "foro externo" (comportamento observável). O diretor espiritual deve acompanhar o formando nos aspectos de "foro interno" (intimidade pessoal). A tarefa de discernimento dos formadores é exercitada ao longo das diversas etapas do processo formativo que o vocacionado percorre: a) exame preliminar do "vocacionado" que pleiteia o ingresso no seminário, desejando ser padre; b) avaliação progressiva do candidato; c) admissão e escolha definitiva.

O discernimento incide, sobretudo, nas motivações, disposições e aptidões dos candidatos. Scherer indica que é possível e útil lançar mão de conhecimentos da psicologia e da pedagogia para realizar exames e diagnósticos diversos, cuja finalidade seria detectar os sinais positivos ou as contraindicações da personalidade dos candidatos (aptidões, interesses, necessidades, equilíbrio psíquico) e as suas motivações para aderir à vocação e à Igreja, suas disposições em relação ao meio e à sociedade.

> Mas acima de tudo é importante que os formadores acompanhem atentamente os formandos no dia a dia, onde se manifestam como são, oferecendo a eles sistemáticas ocasiões de diálogo e confronto. Mais do que as técnicas, neste processo conta a capacidade dos formadores de ouvir, observar, perceber e intuir; e isto requer muito tempo dedicado à companhia dos formandos (Scherer, 2001, p.3).

Scherer apresenta um autêntico inventário, um manual prático com orientações muito específicas para o discernimento das motivações dos candidatos. Os formadores devem verificar a existência de tais sinais e discernir sobre sua tipologia e sua validade, ao mesmo tempo observando e procurando conhecer as reações do formando diante destes sinais de vocação, que podem ser subjetivos ou objetivos – a sua consciência, a recepção ou rejeição deles por parte do indivíduo.

São considerados sinais subjetivos, antes de tudo, a "reta intenção" e a vontade livre, requisitos preliminares e indispensáveis. A intenção corresponde à disposição de ânimo orientada para alcançar um determinado objetivo: ela será reta se for orientada para o que é verdadeiro, honesto e bom.

A experiência secular da Igreja e a reflexão teológica, com o auxílio das ciências humanas, elaboraram diversos critérios de idoneidade e inidoneidade – um código normativo vocacional – com relação aos candidatos ao sacerdócio, recolhidos no *Código de Direito Canônico* (Igreja Católica, 1983, art.241, § 1; art.1051, § 1).

Há sinais negativos, irregularidades e outros impedimentos que excluem a ordenação sacerdotal. Irregular é considerado quem: porta alguma forma de demência ou outra enfermidade psicológica; cometeu delitos de apostasia, heresia ou cisma; tem vínculo matrimonial, ainda que somente civil; cometeu homicídio voluntário ou recorreu a práticas abortivas, mesmo que apenas como colaborador; mutilou dolosa e gravemente a si mesmo ou outros, ou tentou suicídio; realizou indevidamente atos próprios dos ministros ordenados, sem ter recebido poder para fazê-lo.

As irregularidades simples são as seguintes: o estado matrimonial, salvo se o candidato se destine ao diaconato permanente; o exercício de cargos em administrações públicas, vedado ao clero e que até o momento da ordenação não tenha cessado; a condição de neófito, a não ser que, de acordo com o bispo local, esteja suficientemente experimentado.

Mas há também várias contraindicações. É preciso conhecer as condições familiares do candidato, seus antecedentes pessoais, verificar se existem taras hereditárias físicas (epilepsia, alcoolismo, violência sexual etc.) ou mentais (casos de suicídio, desequilíbrio mental, esquizofrenia, loucura etc.) ou outros graves distúrbios no equilíbrio afetivo, que possam ter influído negativamente na estruturação da personalidade.

Do ponto de vista físico, são consideradas contraindicações as taras hereditárias, as deformações físicas graves, os distúrbios congênitos, as doenças crônicas que tornariam o indivíduo inapto para o exercício normal do sacerdócio.

Do ponto de vista psicológico, existem vários tipos de contraindicações: a) anomalias psicológicas e estados psicóticos considerados insuperáveis; b) certas constituições psicóticas que produzem alterações de caráter: indivíduos hiperemotivos, hipocondríacos, introvertidos, obcecados, deprimidos, paranoicos (superautoestima, que se expressa em megalomania, narcisismo exagerado, mania de grandeza); indivíduos com claras características patológicas: tendências à dominação, desconfiança, inquietude, suspeita, mania de perseguição, inveja, falsidade nos juízos e desajuste social; as neuroses, que se manifestam nos estados de angústia, de abatimento, de ansiedade, de medos injustificados, de agitação, de fixações etc., ou então nos estados de imaturidade afetiva que vão além de um certo grau de "normalidade" e se manifestam na necessidade exagerada de compreensão, na busca do isolamento e da solidão, na irritabilidade incontrolável, na impulsividade, na agressividade, no fechamento defensivo em si mesmo, na apatia e na preguiça, na dificuldade de integração com os demais etc.

A exclusão pura e simples dos critérios negativos e de contraindicações ainda não é suficiente para afirmar a existência de vocação autêntica para o sacerdócio: é também exigida a existência de requisitos positivos que levem à certeza moral sobre as capacidades do indivíduo para assumir devidamente a vida e os encargos sacerdotais.

A idoneidade psicofísica do candidato manifesta-se numa suficiente saúde física e num comprovado equilíbrio psicológico. A idoneidade intelectual se verifica na capacidade normal de enfrentar com proveito os estudos requeridos para o sacerdócio, desenvolvimento do senso crítico, da reflexão, da capacidade de dialogar, de exprimir-se com correção, lógica e clareza. A idoneidade moral se avalia com base na idade e no desenvolvimento do indivíduo, observando se o candidato se esforça para cultivar as virtudes cardeais e morais: bondade, veracidade, lealdade, fidelidade, justiça, fortaleza, temperança etc.

Sinais indicadores de consistência vocacional são: a serenidade interior; a suficiente segurança psicológica sobre a escolha feita, depois de motivá-la à luz da fé e da razão; a constância e a capacidade para superar sem traumas certas incertezas e indecisões momentâneas; a vontade firme de evitar o mal e de fazer o bem; a lealdade e a sinceridade em relação a si mesmo e aos outros; a oblatividade afetiva, expressa nas relações satisfatórias para si e para os demais; a disponibilidade ao serviço gratuito, uma atitude substancialmente positiva diante da vida.

A idoneidade espiritual tem como pressupostos o equilíbrio psicoafetivo e o exercício das virtudes humanas. A partir dessa base devem ser avaliadas as disposições propriamente espirituais: a vida de oração pessoal e comunitária, a frequência aos sacramentos como sinais e expressão da fé e da união com Deus e com Cristo, e da docilidade ao Espírito Santo; o amor à Palavra de Deus contida na Bíblia; o exercício das virtudes teologais, que dão a marca específica da vida cristã; a abertura e a disponibilidade para o exercício da missão e do apostolado do presbiterato.

Não devem ser tampouco subestimadas as disposições e capacidades de viver a comunhão eclesial que decorre da ordenação sacerdotal, a obediência leal ao bispo, as disposições e a capacidade de viver a fraternidade presbiteral, com espírito de verdadeira fé e comunhão espiritual.

Quanto à castidade e ao celibato, além da aceitação positiva e generosa das disposições da disciplina da Igreja sobre a questão (ibidem, art.1041, § 3), é também preciso avaliar se no candidato emergem eventualmente incapacidades potenciais para a observância do celibato (como a necessidade incontrolável de manifestações de afeto, a forte e descontrolada propensão à atividade sexual, a visão distorcida da sexualidade); se as disposições atuais do indivíduo são tais que lhe possibilitam viver o celibato sem grande peso e com serenidade, sem arrependimento e com sólida vida espiritual.

No processo de discernimento vocacional e no formativo, Scherer (p.35-6) adverte os formadores sobre algumas situações consideradas de risco, relativas ao celibato.

Afirma que o candidato deve ter uma plena consciência do significado do celibato e de suas implicações. Por isso deve fazer um sério discernimento sobre as próprias condições pessoais para assumir este estado de vida e permanecer fiel a ele. Aponta que não basta um conhecimento teórico, intelectualizado mas não interiorizado.

É preciso verificar se o candidato não vê o celibato apenas como a "condição inevitável" para alcançar o sacerdócio, sem assumi-lo integralmente. O formando poderia ver no celibato um "peso" e não um dom ou um carisma. O celibato como uma imposição e suportado com atitude apenas passiva não parece muito durável.

Scherer alerta ainda os formadores de que o candidato não deve se fiar numa mudança futura da disciplina da Igreja quanto ao celibato, assumindo-o como "algo que poderia ser abolido em breve", com pouca convicção e alimentando essa esperança ambígua. A Igreja tem reafirmado sua doutrina sobre o celibato sacerdotal e não há perspectivas realistas de mudanças.

Também existe o risco de um candidato assumir o celibato em plena "crise afetiva", o que significa que ele estava enamorado ou mantendo relações amorosas com uma mulher, relações homossexuais, casos de desilusão amorosa etc. Nestas condições, não haveria liberdade pessoal nem equilíbrio para uma escolha madura.

Outro caso é aquele no qual o celibato pode ser assumido apenas exteriormente. Como a Igreja não pretende mudar suas regras, pode acontecer que um candidato pretenda assumir o celibato formalmente, apenas "externamente", sem adesão interior e com a intenção premeditada de levar uma vida "pública" celibatária e outra "privada" na qual possa exercer sua sexualidade hetero ou homossexual, uma vida dupla.

Outra motivação inadequada para viver o celibato seria causada por diversos estados patológicos de ordem psíquica: vítimas de abusos sexuais na infância ou na adolescência; inibição neurótica diante da mulher e até mesmo fuga do contato com pessoas do outro sexo; no outro extremo, que também merece cuidados, estão incluídos os mulherengos, os excessivamente carentes afetivos, os "delicados" demais, os tipos de caráter fraco e facilmente influenciáveis, os que procuram demasiadas atenções maternas das mulheres.

Também são apontados os casos dos portadores de eventuais defeitos físicos no aparelho genital, nos quais a busca do sacerdócio poderia ser motivada pela autorrepressão sexual, pelo desejo de esconder seu defeito, por sentirem-se ineptos para o casamento e para enfrentar a própria vida. Indivíduos nestas condições

242 SÍLVIO JOSÉ BENELLI

não são considerados capazes de assumir adequadamente o celibato e o sacerdócio.

Indivíduos de caráter fraco, demasiadamente indecisos, ou muito instáveis, oscilando permanentemente entre euforia e depressão, os muito fechados e isolados, herméticos, incapazes de estabelecer relações de amizade também deveriam ser desaconselhados de assumir o celibato e o sacerdócio.

Filhos de pais alcoólatras são apontados como pessoas que costumam carregar problemas graves, "que tendem a estourar mais cedo ou mais tarde". Suspeita-se que a própria tendência ao álcool pode ser hereditária. Candidatos oriundos de famílias muito problemáticas, destruídas, com pai violento ou excessivamente autoritário e repressor, mãe neurótica, centralizadora ou repressora, merecem especial atenção no processo de discernimento, recomenda Scherer.

Acreditamos encontrar em Finkler um excelente representante do *discurso eclesiástico* relativo ao processo formativo, em sua organização de um *saber* minucioso e específico sobre o tema. Seu livro é um autêntico manual teórico-prático para superiores e formadores aprenderem como se realiza a formação religiosa e sacerdotal.

Finkler (1990, p.7-8) afirma que o método pedagógico denominado tradicional deve ser adaptado ao homem atual, pois a sociedade e a própria Igreja mudaram muito ao longo do século XX. Depois do Concílio Vaticano II, segundo Finkler (ibidem, p.9), as mudanças não foram apenas conceituais, mas mudou "talvez a própria maneira de ler e de viver o Evangelho". Propõe então que a renovação do processo formativo deve ser fiel a três condições: "fidelidade absoluta ao Evangelho de Jesus Cristo; fidelidade ao homem de hoje; coragem para realizar as mudanças pessoais que as duas exigências anteriores requerem".

Finkler constata grandes mudanças nos modos de ser, pensar e agir do homem no mundo contemporâneo: a aceleração do tempo faz que todos vivam preocupados com o futuro; deseja-se sempre o mais novo e moderno; os jovens não acreditam nos valores de seus pais, estão abertos à experimentação, procuram mudanças; as informações se tornaram incontroláveis, parece que não há mais pontos de referência fixos para elaborar valores que moldem critérios de conduta; os jovens já não suportam mais ser objetos passivos no processo educativo, querem ser sujeitos de sua própria história.

Se antes do Concílio eram destacados os grandes valores da ordem, da obediência cega, da pátria, das instituições, da autoridade, das leis, no processo de renovação da formação, passaram a prevalecer a liberdade, a autorrealização, a obediência consciente e responsável, a justiça, a solidariedade, a socialidade, a igualdade, a participação, a comunidade, o grupo. Buscam-se os valores pessoais e o respeito às pessoas. A própria concepção de Deus modificou-se (ibidem, p.15).

Assim, a formação deve ter como objetivo preparar o jovem para inserir-se com eficácia num mundo secularizado e em contínua transformação. Observamos que esse autor encontra-se no bojo mesmo do processo de renovação trazido pelo Concílio. Mas parece que as coisas já estão assumindo uma coloração própria do paradigma hegemônico de reforço da instituição. Apesar disso, Finkler pode contribuir com conceitos muito claros relativos a como o processo formativo é elaborado nos meios eclesiásticos atualmente.

Finkler (ibidem, p.21-2) explicita três elementos que caracterizariam a vocação religiosa ou sacerdotal autêntica: a) "o chamado de Deus", através do qual o jovem se sente intimamente atraído por uma vida de amor total a Deus; b) "a decisão pessoal de dar um sim a esse chamado, para a pessoa ser algo diferente do que é", justificando essa decisão de converter-se em outro, de modificar-se, utilizando-se de explicações tais como: "porque o Senhor é grande, misericordioso e amável a ponto de merecer que a gente deixe tudo para segui-lo... Vale a pena entregar minha vida por ele, pois eu o quero mais do que a qualquer outra pessoa e acima de todas as coisas... Quero ajudá-lo a salvar o mundo pondo-me ao seu serviço... etc."; c) "a aceitação do candidato por parte do superior responsável pela instituição", indicando ao candidato que há motivos suficientes para iniciar um trabalho de formação.

Segundo o autor, não é fácil distinguir o verdadeiro chamado de Deus de motivações inválidas que podem impelir alguém a se sentir chamado. É importante que o sujeito tenha experimentado uma educação familiar sem graves problemas de perturbação na evolução normal da sua afetividade. Uma perturbação afetiva devida à não aceitação dos pais, especialmente da mãe, ou ficar órfão na adolescência e desenvolver um sentimento forte de abandono podem indicar a busca inconsciente de uma compensação neurótica, o que não representaria vocação autêntica.

A convergência dos três elementos que tornam concreta a vocação sacerdotal é efetuada mediante um processo de formação:

> Formar, no sentido de uma tarefa que o formador há de desenvolver, consiste em ajudar o formando a crescer. O crescimento é um processo interno que se dá através de diversos fatores da dinâmica psíquica da pessoa. Os três principais são os seguintes: o conhecimento de si mesmo; o controle da energia e da potencialidade interna; canalização destas energias no sentido do ideal vocacional. (ibidem, p.53)

Portanto, na formação, o candidato tem de dedicar um grande esforço no conhecimento de si, deve aprender a controlar todas as suas energias instintivas no sentido requerido pelo ideal vocacional, que se expressa como uma finalidade existencial: amar a Deus de todo o coração e imitar Jesus Cristo.

O sujeito do processo formativo é o próprio formando, pois a formação significa sempre autoformação. O formador aí tem como tarefa proporcionar um ambiente favorável, dar incentivos eficazes, proteger dos perigos que possam sufocar ou destruir uma vocação incipiente, corrigir atitudes e comportamentos que possam bloquear o crescimento humano e espiritual, motivar e estimular o candidato.

Sugerem-se algumas características para um ambiente formativo favorável: que a casa não seja muito diferente do ambiente físico e social original dos formandos, que o clima psicológico seja constituído por liberdade, confiança recíproca e cooperação.

O objetivo geral da formação é assim descrito: "transformar o homem natural num homem aberto à transcendência"; e o seu objetivo específico seria: "a partir do homem transcendente e cristão, desenvolver a personalidade própria do religioso (ou do sacerdote)". (ibidem, p.54).

Portanto, para o formando, formar-se significa aderir profundamente aos valores evangélicos, doutrinais, e assumir um modo de vida específico, buscando tornar-se cada vez mais semelhante a Jesus Cristo. Há uma Antropologia, uma Psicologia e uma Sociologia teológicas, fruto de uma leitura a partir da doutrina católica, que o formando deve introjetar e que o processo formativo procura lhe inculcar. Trata-se mesmo da constituição de um saber sobre a formação sacerdotal (Rulla, 1977a; 1977b; Brandão, 1984; López, 1985; Giordani, 1990; Finkler, 1990, Scherer, 2001).

A perspectiva psicológica de Finkler pode ser considerada um derivado cristianizado de algumas correntes psicológicas de caráter humanista, sobretudo a rogeriana. Ele considera que o desenvolvimento humano vai sempre progressivamente em direção à plena maturidade e ao altruísmo heterossexual. A pessoa tenderia naturalmente a um desenvolvimento harmônico e à integração de sua personalidade, através de um processo de amadurecimento contínuo. A dimensão do desenvolvimento psicossexual do ser humano é denominada "afetividade", tomada no seu sentido mais genérico de amor, que engloba a sexualidade mas não se restringe a ela. O autor tem uma perspectiva absolutamente imaginária do processo de desenvolvimento da subjetividade humana, desconhecendo seu polimorfismo (Finkler, 1990, p.74).

O formador deve ser um modelo concreto e exemplo desse estilo de vida para o formando; deve fornecer ao jovem informação adequada nos níveis catequéticos, teológicos e morais, uma iniciação teórica e prática na oração pessoal e comunitária, no espírito de fraternidade e na ascese pessoal, motivando-o continuamente a prosseguir no seguimento do Senhor. O ambiente que favorece a educação da afetividade é descrito com traços altamente idealizados, ambiente em que pessoas equilibradas são capazes de vivenciar as melhores intenções que a boa educação e a fé cristã podem inspirar, numa convivência amena e respeitosa entre elas.

Finkler (p.79) indica que muitos problemas de falta de equilíbrio na conduta e na relação interpessoal teriam sua origem numa "imaturidade afetiva", apontando alguns: agressividade destruidora; alcoolismo; homossexualidade; excesso de trabalho ou ativismo; algumas manifestações psicopatológicas como a cleptomania etc.

Com o intuito de elaborar uma psicologia da pessoa consagrada, Flinkler se apoia em Rulla (1977a; 1977b), sacerdote jesuíta que formulou uma teoria cristã (doutrina científica, moral e social) específica sobre esse tema, forjando os conceitos de consistência e inconsistência psicológica das pessoas consagradas. Ambos consideram o homem um ser naturalmente aberto à transcendência – sua racionalidade lhe permite elevar-se acima de seus instintos, capacitando-o para a educação e a formação. Rulla estabelece uma teoria psicológica centrada no eu, no sujeito do conhecimento racional, experiencial, e que se reconhece como pessoa, instância psíquica da qual a pessoa se serve para escolher e decidir.

O aconselhamento pedagógico, psicológico e espiritual tem como alvo os conteúdos do eu-ideal. O autor não deixa de observar que a existência pessoal se dá em meio ao conflito entre os conteúdos e dinamismos do eu-ideal e do eu-atual. É do grau de harmonia que a pessoa possa conseguir estabelecer entre seus ideais e suas necessidades naturais que vai depender o grau de consistência ou inconsistência da sua personalidade.

Assim, a pessoa psicologicamente consistente é aquela cujas exigências do eu-atual soam compatíveis com as exigências do eu-ideal, ainda que o comportamento nem sempre seja coerente. A inconsistência ocorre quando, inversamente, o eu-atual é praticamente incompatível com o eu-ideal, pois as "necessidades naturais" se exprimem de um modo demasiado forte.

Daí se pode concluir que um candidato ao sacerdócio é psicologicamente consistente quando ele é capaz de responder positivamente ao processo formativo, pois seus valores ideais proclamados correspondem ao ideal institucional; seus valores "naturais" (eu-atual), suas energias instintivas, suas "tendências naturais" são compatíveis com seu ideal; sua conduta é coerente: seu crescimento se realiza na direção do ideal.

Um candidato seria inaceitável quando o ideal que ele proclama não correspondesse aos valores da instituição e sua conduta e seus esforços de crescimento não progredissem no sentido previsto, mas se orientassem para outros valores que não são os da instituição.

No processo formativo, trata-se de internalizar os valores morais de maneira tal que fiquem perfeitamente integrados à personalidade do candidato ao sacerdócio. Esses elementos interiorizados devem chegar a se tornar estruturais na personalidade, transformando o indivíduo por meio de um processo psicológico-espiritual de internalização dos valores evangélicos.

> A internalização dos valores vocacionais ajuda o indivíduo a mudar seu modo natural de ser. O homem natural vê, pensa, sente e atua segundo a carne. O cristão e o religioso que internalizam os valores evangélicos começam pouco a pouco a ver, pensar, a sentir e a atuar segundo a palavra de Deus. Trata-se de uma conversão do coração. (Finkler, 1990, p.102)

Espera-se que erros e fracassos ocasionais possam ocorrer, devido a um certo "grau de fraqueza humana". Mas a motivação permanente, baseada no exemplo concreto dos formadores, é o elemento central nesse processo de conversão. Os conhecimentos e informações oportunamente transmitidos também têm sua importância no processo formativo. Como cada um só integra o que descobre pessoalmente, é preciso que experiências emocionais permeiem essa formação teórica.

Para auxiliar o candidato nesse processo de internalização de valores, as tarefas do formador são: ajudá-lo a assumir a opção feita, a discernir sua própria vocação e a aprender a controlar seus instintos.

O formador deve ajudar o candidato a tomar consciência clara da opção feita e a assumir todas as suas consequências. Para que o vocacionado o faça, precisa de certo período de tempo, de apoio na superação de dúvidas, temores, fracassos eventuais ou desânimo.

Finkler (p.110-98) ainda apresenta uma série de instrumentos formativos que podemos entender como expressões de um arsenal tecnológico de modelagem subjetiva: a) elemento importante no processo pedagógico formativo é a motivação; b) revisão de vida; c) prática do discernimento espiritual e comunitário; d) projeto de vida comunitária; e) encontro pessoal periódico com o formador.

Finkler (p.205-6) explica que

> O bem-estar do súdito implica a responsabilidade do superior e obriga o súdito. O superior é responsável para com os súditos em tudo quanto se refira à vida física e religiosa dos mesmos. O fato de assumir as responsabilidades de seu cargo supõe automaticamente a aceitação dos deveres de vigilância, de controle, de ajuda etc. Mas há, ademais, outras atividades cujo controle exige um contato direto e íntimo com o formando e o súdito. Entre elas estão todas as que implicam a vigilância e o controle, seja para conhecer as necessidades dos súditos, sejam as exigidas para conhecer as possíveis irregularidades. ... O dever do formador de vigiar, de controlar, de acompanhar e de orientar o formando tem seu fundamento em seu compromisso natural de corresponder à confiança da autoridade que disso o encarregou. De sua fidelidade dependem, ao menos em parte, a estabilidade e o progresso da instituição.

É bastante clara a função política que o formador desempenha no manejo de toda essa série de instrumentos e técnicas que constituem o processo formativo eclesiástico.

O autor também trata do que denomina "casos difíceis", elaborando uma série de indicações para auxiliar o formador a lidar com eles:

> Acontece, às vezes, de o comportamento de um formando ou de um jovem religioso ser motivo de um grande mal-estar numa comunidade. O superior-formador pode se encontrar ante decisões difíceis de adotar a fim de sanar a irregularidade, que repercute tanto no equilíbrio pessoal do indivíduo como no clima de harmonia e de paz da comunidade e, finalmente, no bom nome da casa. (Finkler, 1990, p.247)

Finkler (p.248-9) se refere explicitamente a critérios jurídicos, colocando o formador num inequívoco papel de juiz. Os "casos difíceis" põem em funcionamento os aspectos de aparelho judiciário (Foucault, 1999b) do processo formativo. É preciso instaurar um inquérito para examinar e apurar a verdade, o que permitirá tomar a decisão mais adequada. Apesar da clara linguagem jurídica, Finkler adverte o formador de que não se trata de assumir diante do acusado ares de juiz de instrução nem mesmo de um severo inquisidor. Isso apenas colocaria o indivíduo numa postura defensiva que dificultaria todo o processo. Mais do que um diretor de disciplina severa e repressiva, o superior-formador está chamado a ser o bom pastor que sai em busca da ovelha extraviada.

4
CARTOGRAFIAS DO SEMINÁRIO CATÓLICO

O convento católico como matriz das instituições totais

Com o objetivo de circunscrever nosso objeto de pesquisa, procuramos investigar uma hipótese que aparece em Foucault (1982; 1984a; 1999b; 1999c), Castel e Goffman (1987), segundo a qual o convento católico pode ser pensado como a matriz original das diversas instituições totais que surgiram no mundo ocidental.

Caracterizamos as diversas instituições totais e apresentamos o fenômeno universal da vida monástica, explicitando esquematicamente o surgimento do convento/mosteiro no Ocidente europeu católico e seu modo de funcionamento, discutindo as principais características da tecnologia conventual e destacando seu aspecto de agência produtora de subjetividade.

As técnicas disciplinares que proliferaram nas instituições fechadas começaram a surgir nos conventos religiosos, que podem ser considerados laboratórios nos quais foram experimentadas antes de ser generalizadas. O convento foi uma impressionante máquina de poder sobrecodificador, que desenvolveu uma tecnologia altamente sofisticada para a produção de sujeitos e de subjetividade.

No asilo (para empestados, leprosos, loucos, delinquentes, pobres) e na prisão essas técnicas desenvolveram sua coerência sistemática e, quando do surgimento da sociedade disciplinar, se encarnaram nas diversas instituições de sequestro (escolas, fábricas, hospitais, internatos etc.) e também nas demais, em que se destacam as funções subjetivadoras.

Antes do aparecimento histórico do leprosário e do asilo para doentes mentais, da prisão e das demais instituições de sequestro (Foucault, 1984a), a tecnologia totalitária foi elaborada no convento e nos mosteiros cristãos.

O convento e o mosteiro são criações institucionais que realizaram plenamente a figura do espaço fechado, pleno e saturado de regras e disciplinas, onde a ruptura com o mundo exterior era um meio de maximizar, em seu interior, as regras disciplinares. Esses estabelecimentos podem ser vistos como máquinas de poder admiráveis e sistemáticos agenciamentos institucionais, como autênticos laboratórios de experimentação sobre o homem, que visam à produção e à modelagem da subjetividade (Castel, 1978; Foucault, 1982; 1999a; 1999c).

O típico convento ideal exemplifica a afinidade entre o isolamento, a disciplina e a transformação da personalidade. Ele se constitui como uma condição de possibilidade para a realização da utopia totalitária: possui um aperfeiçoado código que seleciona os vocacionados novatos (o código religioso da vocação) e finalidades institucionais oficiais específicas (realizar um processo de conversão para "matar o homem velho" e produzir um "homem novo"). Geralmente o vocacionado, ao postular seu ingresso no convento, deseja e aceita o processo de transformação da sua personalidade que a organização da existência na instituição fechada tem por objetivo promover.

Foucault (1982; 1999b; 1999c) sempre se refere em suas análises históricas às origens religiosas e eclesiásticas das modernas técnicas de poder. No entanto, conforme Foucault, sua potencialidade só atingiu a plena eficácia quando essas técnicas se autonomizaram dessa matriz religiosa e se radicalizaram em uma lógica própria.

Isso aconteceu por ocasião da decadência da estrutura do poder medieval/feudal controlado pela Igreja e do aparecimento de novas exigências de poder decorrentes das condições de formação das sociedades capitalistas modernas.

No convento, permeando o discurso teológico que pretende explicitar suas funções positivas (como o homem pode unir-se à divindade?), podemos detectar a emergência de uma ainda rudimentar e incipiente problematização do corpo (a ser individualizado e adestrado), da sexualidade (carne a ser mortificada) e da alma (a ser produzida como consciência subjetiva e psiquismo).

O monaquismo cristão nasceu depois da era dos mártires, com o intuito de substituir ou continuar seu testemunho excepcional e não conformista, como uma provocação contra a ordem instituída. A partir do século IV d.C., os cristãos já estavam integrados como cidadãos e funcionários públicos do império romano. Essa situação de comodidade e de privilégios começou a causar insatisfação em alguns cristãos que desejavam romper com suas comunidades e levar uma vida mais conforme à radicalidade do Evangelho. Deixaram as cidades e foram viver solitários (*monos*: só) e se tornaram eremitas (*eremus*: deserto). Inicialmente solitários, logo foram seguidos por outros que se sentiram atraídos pelo deserto, fugiram do mundo e reuniram-se em torno de um anacoreta (*anachorein*: afastar-se), respeitado por sua experiência, pela qualidade de sua oração ou de seu conselho.

Muito rapidamente, a necessidade de organização fez que os solitários se reunissem em comunidades, os eremitas tornaram-se cenobitas (*koinos bios*: vida comum). O organizador deste estilo de vida comum foi Pacômio, que deu sua primeira regra (Lapierre, 1993) aos monges por volta de 320 d.C. O ideal do monge deixou de ser as façanhas solitárias de Abraão e Elias, ou de Jesus no deserto, para centrar-se na comunidade cristã primitiva descrita nos Atos dos Apóstolos.

Os monges se reuniam em comunidade, fugiam do mundo, recusavam e contestavam o mundo, renunciavam a ele e à sociedade de seu tempo, buscando construir uma vida radicalmente evangélica em um microcosmo isolado. Desejavam viver em comunidade, mas paradoxalmente também ansiavam pela solidão, optavam pelo celibato e buscavam a união com Deus junto com seus irmãos de comunidade. A vida do monge estava organizada em algumas dimensões: a vida comunitária, a liturgia, a oração e o trabalho. O monge procurava viver os conselhos evangélicos de pobreza, castidade e obediência, seguindo o modelo de vida de Jesus, de acordo com os Evangelhos.

Pacômio, nascido por volta do ano 290 d.C., monge inicialmente anacoreta, é considerado o fundador da vida monástica comunitária. De seus discípulos, Pacômio exigia renúncia absoluta aos bens pessoais e a tudo o que viessem a adquirir no futuro, que deveria ser colocado em comum. O monge não poderia dar, emprestar, receber, destruir nem trocar nada sem permissão da autoridade competente. Mas, sobretudo, o monge devia viver em comum, renunciando a sua vontade para submeter-se inteiramente à obediência a um superior em tudo o que diz respeito a trabalho, ocupações, vestuário, alimentos e, inclusive, iniciativas pessoais.

O revolucionário em Pacômio foi criar um sistema monástico no qual submete a uma regulamentação minuciosa a total independência dos anacoretas. Quando o monaquismo se estabelece, ele se traduz através das regras, das convenções para o dia-a-dia, consignadas por escrito. Uma Regra exprime primeiramente a orientação espiritual que o grupo decidido a vivê-la se impõe, num momento inicial, fundador e instituinte. Com o passar do tempo, ela tende a se cristalizar num código prescritivo – mais do que inspirador, se torna uma instituição.

A vida comunitária pacomiana (Gómez, 1996, p.228) se organizava em torno de três aspectos: colocação dos bens em comum, sinal da negação do ego do monge, que nada possui de próprio; submissão e serviço mútuo, como instrumento de purificação; fidelidade a uma Regra, exigida pelo próprio desenvolvimento da comunidade.

Pacômio introduziu um novo elemento na vida monástica: ele encerrou toda a vida dos monges no recinto formado por um alto muro protetor. O mosteiro murado com uma única porta é o símbolo mais evidente do estilo pacomiano. Tudo o que é exterior a esse muro é o mundo; quem entra pela porta no convento sai do mundo e ingressa na comunidade dos santos (separados). O trânsito dos monges para trabalhar nos campos externos e o acesso das visitas eram controlados pelo porteiro designado pelo superior do mosteiro. Dentro do recinto murado havia várias casas para mais ou menos vinte monges cada. Os monges tinham, ao menos no princípio, cada um a sua cela. Quando o seu número aumentou, vários monges passaram a partilhar a mesma cela. Havia uma série de edifícios comuns para todo o mosteiro: igreja, refeitório, cozinha, despensa, além de pátios, jardins e da hospedaria. O traje era comum para todos os monges; cada hábito era marcado com um sinal de identificação do mosteiro e da casa à qual pertencia a pessoa.

Cada mosteiro era regido por um superior; os diversos mosteiros estavam unidos entre si e reconheciam a autoridade de Pacômio e de seus sucessores. Os monges de todos os mosteiros se reuniam para celebrar a Páscoa e depois para prestar contas da administração anual, o que indica que os mosteiros rapidamente passaram a se tornar centros econômicos. Também eram eleitos os superiores dos mosteiros e os diversos encarregados, embora não se saiba muito bem como isso se realizava, pois não há especificação na Regra (ibidem, p.231). Nesses encontros ocorriam ainda confissões públicas de culpa e reconciliação entre os monges.

No mosteiro pacomiano, o trabalho se converteu numa lei absoluta e imprescindível, em busca de responder aos múltiplos problemas materiais típicos de uma comunidade numerosa. Podemos inferir que a vida no mosteiro pacomiano possui uma formação quase militar e que o claustro se parece com um grande quartel, instituindo um estilo de vida fortemente caracterizado pela uniformidade.

A Regra de São Bento (Lapierre, 1993), organizada em 73 capítulos, é um exemplo clássico de como a tecnologia monástica foi se desenvolvendo e se consolidando ao longo do tempo, com o estabelecimento de uma série de mecanismos que visavam à formação de pessoas no contexto institucional. A "estabilidade" constitui um dos pilares da vida beneditina: consiste em permanecer com os membros do mosteiro, praticando com eles a obediência ao abade, que representa Cristo, todos sujeitos a uma Regra.

A vida comunitária e fraterna é o principal objetivo da Regra beneditina (ibidem), pois é em comunidade que os monges serão autênticos servidores e discípulos do Senhor. O princípio *ora et labora*, apesar de não se encontrar escrito na Regra de São Bento (Benito, 1984), sintetiza claramente o espírito das abadias beneditinas: a vida estável e fraterna no mosteiro é a condição na qual cada monge trabalha no seu próprio aperfeiçoamento pessoal, mediante a oração contemplativa e o trabalho solidário. É uma oração que se faz trabalho e um trabalho que se faz oração.

São Bento organizou o "Ofício divino", orações cantadas a partir dos salmos bíblicos, oração comunitária e oficial do mosteiro. Depois de cantar os louvores de Deus, os monges realizavam comunitariamente o trabalho: trabalho intelectual, ao qual o monge estava obrigado a dedicar pelo menos três horas por dia, lendo a Bíblia e outros autores cristãos (*Lectio divina*: leitura espiritual que leva à meditação e à contemplação); e trabalho manual, para ganhar o sustento de cada dia.

Baseando-nos em Gómez (1996, p.49-53), procuramos desenvolver as características da tecnologia conventual, apontando sua incidência produtiva no corpo e na alma dos homens, assim como alguns de seus efeitos atuais nas instituições totalitárias e de sequestro:

1. *Isolamento do mundo exterior, por meio do enclaustramento, num rompimento com as influências não controláveis do ambiente mais amplo que poderiam desordenar e perverter o candidato à vida religiosa conventual.* A sequestração é a primeira condição imposta pela formação religiosa do vocacionado. As condições adequadas para a formação do candidato são reunidas e concentradas em estabelecimentos totalitários específicos. A vida é organizada separadamente do mundo e da sociedade: os muros criam o distanciamento e normas de conduta que isolam do contato com as pessoas da redondeza. Detectamos aqui a origem do

isolamento pedagógico-terapêutico, pois visa ao cultivo da vocação, isentando o indivíduo do contágio do mundo[1].

2. *Organização formal do convento*: com base na necessidade de ruptura com o mundo exterior, emergiu a necessidade complementar de construir, a partir do início, um novo laboratório social no qual toda experiência humana pudesse ser reprogramada. A vida cotidiana do monge no claustro é tecida através de uma rede de regras que constituem a ordem conventual: articula rigorosamente lugares, ocupações, uso do tempo, hierarquias. O convento funciona então como uma sociedade ideal, no sentido de idealmente submetida a uma lei ordenadora poderosa.

3. *A continência ou virgindade, geralmente observada durante toda a vida.* Este costume ser o aspecto social mais distintivo e diferenciador do monge com relação à sociedade mais ampla. Esse elemento expressa a exigência de unidade e exclusividade na adesão ao absoluto de Deus na vida do monge, que tende naturalmente a relativizar e a excluir todo o resto. A atividade sexual nas instituições totais costuma ser proibida, suspensa ou vigiada, para efeitos de controle e de tratamento, incidindo diretamente no corpo dos indivíduos.

4. *Proeminência da oração na organização da vida cotidiana. A oração inclui não apenas diversas formas de meditação, mas também leitura de textos sagrados, rituais litúrgicos etc.* As diversas técnicas de direção espiritual, de autoexame, de exame de consciência, de confissão estão na base do processo de constituição da modalidade de subjetividade privatizada que caracteriza o homem ocidental (Foucault, 1982; 1999c).

5. *Cultivo de práticas penitenciais que, de um modo geral, comportam uma austeridade habitual e implicam também momentos espe-*

---

1 Podemos estabelecer aqui um interessante paralelo com o significado do manicômio, de acordo com Esquirol: "Uma casa de alienados é um instrumento de cura; nas mãos de um hábil médico ela é o agente terapêutico mais poderoso contra as doenças mentais" (Castel, 1978, p.61).

ciais de sacrifício pessoal: flagelações, jejuns, abstinência de carne e vinho etc. O ascetismo consiste fundamentalmente no fato de que o homem se impõe sacrifícios e privações voluntárias que têm como finalidade tanto a expiação religiosa como a educação moral. Pelo pecado, o homem estabeleceu relações inadequadas consigo, com os demais e com Deus. Nesse contexto, a ascese recebe sua justificativa e sua especificidade religiosa. Decidido a expiar seus pecados e a submeter ao império da razão seus sentidos e instintos, o monge submeterá seu corpo à vontade racional, num estilo de vida austero em relação a alimentação, vestuário, moradia etc. As diversas técnicas de "mortificação do eu" (Goffman, 1987, p.24) e de adestramento do corpo (Foucault, 1999b) podem ser pensadas como uma sofisticação dessas práticas penitenciais.

6. *Sujeição a uma Regra ou regulamento de vida* (Lapierre, 1993), imprescindível na vida monástica comunitária, mas que também existe para monges solitários, que demarca pelo menos algumas diretrizes gerais de comportamento e tem por objetivo que as demais pessoas os reconheçam como monges. O mosteiro é regido pela Regra de Vida, sob a autoridade do superior, o abade. A Regra é o programa que organiza a vida da comunidade, instituindo o modo de funcionamento do estabelecimento, desde o ingresso dos novatos, as funções de cada membro, seus lugares, direitos e deveres. As diversas instituições totais possuem seu "regimento interno", pauta de conduta prescrita aos seus integrantes.

7. *Submissão a um superior, cujas atribuições estão especificadas na Regra.* Também existe o diretor espiritual, ao qual se recorre em busca de uma orientação para o próprio comportamento. Há o estabelecimento de uma relação de autoridade que une o superior hierárquico aos seus subordinados e ao candidato vocacionado, no exercício de um poder sem reciprocidade e constantemente aplicado. O superior encarna a lei viva do convento e o convento é um mundo construído à imagem da regra que ele encarna. O espaço conventual concentra e potencializa seus pode-

res e, inversamente, a ordem inscrita nas coisas ganha vida como ordem moral por ter como suporte a vontade do superior. O poder e a autoridade do professor, do médico, do psiquiatra, do psicólogo podem encontrar aí sua provável origem.

8. *Pobreza, que implica um despojamento voluntário e radical de bens materiais*, para viver do próprio trabalho, cujos frutos são partilhados com todos da comunidade. O despojamento dos doentes e presos tem geralmente uma justificação racionalizadora: visa à eficiência institucional (Goffman, 1987).

9. *Tempo de iniciação ou noviciado exigido necessariamente para o ingresso na vida conventual, a fim de que o candidato se instrua e demonstre ter capacidade suficiente para abraçar esse estilo de vida.* O diretor espiritual tem como função acompanhar o noviço no processo de discernimento vocacional. O tornar-se religioso opera-se por meio da interiorização, pelo candidato, de uma ordenação racional estabelecida no código das regras que organizam a vida conventual. Um único centro de autoridade deve estar presente para que o noviço aprenda a controlar-se, a submeter-se ao modelo de formação proposto. A formação do noviço no convento é como um tratamento moral, uma estratégia na qual o poder religioso e/ou eclesiástico do superior se apoia em todas as relações institucionais que geralmente foram articuladas de modo a lhe servirem como intermediárias. O processo formativo pode então ser concebido como uma luta, uma relação de forças entre um polo formador (superior, regras) e um polo sujeito à formação (noviço). Normalmente, o noviço deseja transformar-se e se submete de bom grado à modelagem subjetiva. É nos seus momentos de resistência que se torna necessário dobrá-lo, dominá-lo, mediante uma relação formativa (pedagógico-terapêutica) semelhante a uma luta entre as forças do bem e do mal. O noviço só pode reconquistar sua humanidade, transformada por um ato de fidelidade a uma potência soberana encarnada em um homem, numa relação caracteristicamente tutelar. Podemos designar esse processo, com base em

Goffman (1987, p.111), como o início da "carreira moral" do indivíduo na instituição.

10. *Ao ser admitido definitivamente, o novato recebe um nome novo, que significa, por um lado, renúncia a toda a sua vida anterior, e por outro, a novidade da vida que se inicia.* Nas prisões e instituições do gênero, o internado recebe um número que substitui seu nome, por exemplo. Ou recebe um número de identificação, necessário a ele como membro do estabelecimento.

11. *Vestimenta específica ou hábito monástico, que pode incluir o corte ou o raspado parcial ou total do cabelo (tonsura).* Este ato representa o distanciamento moral com relação ao modo costumeiro de vida da sociedade circundante. É comum o uso de uniformes em instituições totais, incluindo um corte de cabelo mais "higiênico" ou "disciplinado".

12. *Sistema penitencial e punitivo para aqueles que desobedecem às normas de conduta do grupo monástico.* Pode tomar muitas formas e chegar, nos casos mais extremos, à excomunhão ou expulsão temporária ou definitiva do grupo. Podemos perceber aí talvez a presença original desse micropoder judiciário (Foucault, 1999b, p.120) que passou a permear as modernas instituições de sequestro, estabelecendo microprocessos inquisitoriais e processos de desligamento.

Graças aos estudos de Castel (1978), Goffman (1987) e Foucault (1982, 1999b, 1999c) podemos observar como toda essa tecnologia conventual foi recuperada pela medicina, pela psiquiatria, pela pedagogia, pelo sistema judiciário e pela psicologia nascentes. As técnicas de controle e disciplinamento relativas ao corpo e ao psiquismo, surgidas na vida monástica, migraram para as instituições totais (hospitais, prisões, manicômios, escolas) do século XIX, onde foram aperfeiçoadas.

O convento recruta indivíduos em meio à população, tomando-os ao seu encargo, arrancando-os do seu meio para transplantá-los num espaço fechado a fim de maximizar a eficácia das técnicas disciplinares que lhes serão impostas: aprendizagem da regularidade, da obediência, do trabalho etc. Essas operações têm como finalidade inserir os reclusos no circuito da normalidade, quando as técnicas de disciplinamento são vitoriosas, ou pelo menos neutralizá-los definitivamente, se necessário, por meio da segregação. O objetivo é anular ou reduzir a distância que certos comportamentos mantêm em relação à norma dominante, corrigir os indisciplinados, obrigar os ociosos ao trabalho, prevenir possibilidades de desordem e agitação.

Podemos afirmar que o convento é um estabelecimento construído como um aparelho especializado na formação de noviços vocacionados; ele os identifica a partir do código vocacional e em seguida apodera-se deles. A sequestração parece uma medida bastante natural, pois a necessidade do isolamento se fundamenta na natureza do próprio processo formativo. O convento, em si mesmo, é considerado um elemento indispensável no processo formativo.

O convento realiza uma instrumentalização do poder absoluto, concentrando-o nas mãos do superior hierárquico, consignando-o nas regras que tornam seu exercício eficaz e racional. Essa tecnologia conventual unifica três princípios de obrigação heterogêneos quanto ao seu fundamento: respeitar o regulamento, rezar e trabalhar. Todas as atividades são caracterizadas como formativas: princípio justificativo do qual se deduz que a organização da vida cotidiana, a submissão aos superiores/formadores e o trabalho são elementos formativos. O processo formativo conventual organiza-se como uma tecnologia englobante que aparentemente unifica internamente a diversidade das coerções (administrativas, comunitárias, acadêmicas, espirituais, econômicas, pessoais etc.) impostas ao noviço.

No convento encontramos o duplo jogo da instituição totalitária: neutralizar e reeducar. O controle exercido sobre o noviço pode se dar segundo dois modelos antagônicos: a exclusão e o esquadrinhamento disciplinar. Essas duas estratégias não são mutuamente excludentes. A segregação pode representar uma primeira operação complementada pela aplicação, num espaço fechado, de todo um sofisticado programa de ressocialização.

Por que esse modelo ideal fracassou ao ser implementado em outras instituições totalitárias? O prisioneiro, o louco, a criança, o velho não têm *a priori* nenhuma razão para ser moralizados, normatizados. Existe uma defasagem entre o código social e moral que os seleciona, o programa de ressocialização e a finalidade readaptativa da instituição que lhes é imposta de fora.

As instituições totais em geral pretendem obrigar o internado a romper com sua cultura, a rejeitar sua pertença a um grupo e a uma classe social específicos, em nome de um projeto de regeneração que não tem nada a ver com ele, mas expressa apenas a lei hegemônica que representa a vontade dos senhores. Essa situação propicia o aparecimento de uma relação de forças entre a equipe dirigente e o grupo dos internados: a força dos fracos se expressa mediante a dissimulação, o complô e a sabotagem, que desviam e corrompem a lei que devia imperar no estabelecimento, podendo bloquear eficazmente seu funcionamento. A equipe dirigente que dispõe do poder precisa de uma tecnologia específica – a disciplinar – para instrumentalizá-lo e implementá-lo adequadamente.

O surgimento do seminário católico

Cabras (1982, p.75) afirma que já a partir do século IV a Igreja começou a se preocupar com a formação de um corpo clerical especialmente preparado e com dedicação exclusiva. Mas, de acordo com Tüchle & Bouman, até o século XV a formação sacerdotal era extremamente simples: o futuro padre vivia desde a sua adolescência na casa de algum sacerdote, onde aprendia rudimentos de latim, o rito da missa e da administração dos sacramentos. O núcleo inicial de um processo mais estruturado e formal pode ser encontrado nas escolas que começaram a ser criadas ao lado das catedrais. O acesso a essas escolas e às dos mosteiros só era possível para um número reduzido de candidatos ao sacerdócio. O curso universitário era uma exceção e, como não proporcionava uma formação específica, a partir da segunda metade do século XIV começaram a surgir colégios reservados aos candidatos ao sacerdócio ao lado deles, onde estes tinham uma vida comunitária e uma preparação complementar. A maioria dos sacerdotes diocesanos não passava por uma formação religiosa e ascética num seminário.

Havia problemas de todo tipo entre o clero diocesano: não obrigatoriedade de residência nas suas paróquias, deixadas sob a responsabilidade de vigários desatentos; concubinato frequente, falta de vigor dos tribunais diocesanos que não conseguiam coibir abusos; os padres se ocupavam apenas com as cerimônias litúrgicas, com a realização dos sacramentos, não pregavam muito nem se dedicavam à catequese, não tinham preocupação pastoral, como o cuidado da comunidade.

Os bispos eram quase todos de origem nobre, criados na administração e fruição dos benefícios da sua condição, formados nas universidades apenas em Direito Canônico, muito jovens e movidos pelos interesses da família, envolvidos em disputas políticas. Muitos nunca punham os pés em suas dioceses, que eram apenas trampolins para a carreira eclesiástica. Dioceses eram oferecidas como prêmio por serviços prestados, tanto pela Cúria Romana como por reis, que utilizavam bispos em missões diplomáticas pela Europa. Os bispos não tinham noção das implicações teológicas e sacramentais de suas obrigações episcopais, eram apenas magistrados e administradores; não havia muita diferença entre a Cúria Romana e as cortes reais.

Essa situação mudou radicalmente com o Concílio de Trento (1554-1563). Um decreto conciliar ordenou a fundação de seminários, por parte de todos os bispos, com a finalidade de preparar os futuros sacerdotes diocesanos. Os jesuítas são os grandes impulsionadores da formação sacerdotal nessa época, com a fundação de colégios, internatos e seminários. O trabalho educativo dos jesuítas foi fundamental na restauração religiosa e nas disputas teológicas com a Reforma protestante.

Os jesuítas interessavam-se exclusivamente pelo ensino superior, deixando o encargo do ensino elementar para outras entidades. O plano de estudos de então distinguia três graus: o Ginásio, que tinha seis classes, onde o ensino do latim e do grego eram destaques; a Faculdade de Filosofia, que durava três anos, na qual se aprendia inclusive Matemática e Ciências Naturais; e a Faculdade de Teologia, como coroamento deste processo.

Essas escolas jesuítas eram internatos nos quais a missa, a pregação, a leitura espiritual, a frequência regular dos sacramentos em comunidade, exemplo pessoal do mestre, eram os instrumentos da formação religiosa dos alunos. As Congregações Marianas que surgiram em 1563 trouxeram um novo impulso para a educação moral e religiosa da juventude, incidindo fortemente nos seminários nascentes.

No seminário católico, a coincidência entre o interesse do seminarista internado e a finalidade oficial do estabelecimento parece muito real. A credibilidade do estabelecimento repousa nessa identificação dos interesses entre a vocação do seminarista e a formação proporcionada pelo seminário com o sacerdócio como meta. A monopolização do poder pelos representantes da hierarquia, os padres formadores oficiais do estabelecimento, é justificada por razões internas à ideologia eclesiástica: se o candidato tiver realmente vocação, ela será sancionada e adequadamente cultivada no seminário por intermédio da ação da equipe de padres formadores. Não há nada imposto de fora; as imposições obedecem a uma lógica própria do paradigma conventual.

O Seminário ou Colégio Germânico foi fundado em Roma em 1552. Fliche-Martin atribui ao cardeal Morone a inspiração de sua fundação. Morone buscou auxílio junto ao fundador dos jesuítas, Inácio de Loyola, que assumiu o projeto e o levou a cabo, junto com seus seguidores. A criação desse seminário implicou a criação de um modelo original que depois se espalhou por todos os países católicos, pois os seminários para a formação dos padres tornaram-se fundações obrigatórias pelo Concílio de Trento, cujo modelo foi esse primeiro ensaio.

O Concílio prescreveu a instituição dos seminários porque entendia que a juventude se achava necessitada de formação e seria arrastada pelos prazeres do mundo se não recebesse uma boa educação. Por isso, era necessário começar desde cedo a inculcar a piedade e a religião nos jovens. O modo de obter bons sacerdotes consistia então em prepará-los desde a infância. O seminário deveria ser uma "sementeira contínua de ministros de Deus".

O decreto conciliar prescreveu, portanto, que todas as dioceses fundassem seminários, colégios nos quais fosse acolhido determinado número de meninos que ali seriam educados na religião e formados na disciplina eclesiástica. Deveriam ser admitidos no seminário meninos que fossem filhos legítimos, a partir dos 12 anos de idade, que já soubessem ler e escrever e dessem, por seu caráter e sua vontade decidida, sinais de querer consagrar-se perpetuamente ao ministério sacerdotal.

O programa formativo previa o estudo das humanidades e também da Bíblia e dos autores católicos. Também prescrevia uma formação religiosa e moral: os seminaristas usariam a tonsura, o hábito eclesiástico, assistiriam diariamente à missa, confessariam pelo menos uma vez por mês, comungariam seguindo o conselho do seu diretor espiritual e participariam das diversas celebrações litúrgicas.

As visitas frequentes do bispo ao seminário queriam garantir que os regulamentos vigentes fossem sempre cumpridos. Nesse estabelecimento deveria reinar a mais estrita disciplina. Recomendava-se vigilância e desconfiança para com os que tivessem mau comportamento e fossem difíceis de educar, com punição mediante castigos e até mesmo a expulsão, se necessário. A preferência da escolha devia recair sobre os meninos pobres, que seriam educados gratuitamente. Somente aos ricos estava estipulado que custeassem a própria educação.

De acordo com Gabriel (1988), no século XIX o seminário tridentino tornou-se o instrumento da reforma da formação sacerdotal nas mãos dos bispos. Eles assumiram o compromisso de inspirar nos seus seminários um espírito de eclesialidade viva, utilizando para tanto a fiscalização espiritual, a direção e exercícios. O seminário tornou-se então o lugar de preparação de um clero modelado ano a ano com maior uniformidade. Colocou-se em prática um estilo de vida disciplinar e de costumes reproduzíveis a qualquer momento, que passou a desempenhar uma importância central. Uma canalização das forças e a formação de costumes normativos e normalizantes já começavam propriamente com a introdução do seminário menor na infância. Técnicas de disciplina corporal inspiradas na disciplina monástica, técnicas de controle e adestramento do corpo, aperfeiçoadas nas instituições totalitárias do século XIX, penetraram na disciplina do seminário católico. Influências da ideia de um controle social educativo total incidem ainda na arquitetura dos seminários. A lei do celibato, inculcada e aplicada regularmente, tornou-se central na disciplina eclesiástica. Podemos ver aí a incidência do dispositivo de sexualidade (Foucault, 1982) no âmbito eclesiástico, caracterizando-se como uma das mais importantes técnicas de poder sobre o corpo.

O padre de então era um homem sagrado, "separado", no interior de uma sociedade cristã; era o padre que vivia numa sociedade hegemonicamente cristã, a cristandade, na qual a religião cristã se apresentava como a força principal, se manifestava como a "dona da verdade", portadora de uma verdade eterna à qual todos deviam se submeter.

As exigências do Concílio de Trento no Brasil só foram cumpridas tardiamente: em 1793 foi fundado o Seminário Conciliar do Rio de Janeiro; em 1749 o de Belém do Pará; o de Mariana em 1740 e o de Olinda em 1800. A Lei do Padroado deixava a Igreja do Brasil nas mãos da coroa portuguesa, e isso significou um empecilho à implantação de seminários no país. Somente depois da proclamação da República e da separação entre Estado e Igreja, efetivada em 1890, o episcopado começou a ter liberdade para organizar seus quadros, trabalhando intensamente no recrutamento e na preparação de candidatos para o sacerdócio (Cabras, 1982).

Paradigmas eclesiais e sua incidência no processo formativo sacerdotal

Utilizaremos o referencial de análise institucional dos modos de produção de subjetividade (Costa-Rosa, 2000; 2002) para mapear paradigmas predominantes no contexto eclesial católico contemporâneo. Detectamos a existência de dois paradigmas contraditórios, que denominamos "romano" e "libertador". O dispositivo de formação sacerdotal atualmente existente é produzido a partir dos modos estruturais e conjunturais da própria instituição católica. O seminário católico que se caracteriza como instituição total é uma produção, e consequência lógica, da hegemonia do paradigma romano no contexto eclesial católico.

Com base nos estudos de Boff e Libânio (2000), vamos apresentar as características desses dois paradigmas predominantes e em conflito no contexto eclesial católico. Adaptando os índices de análise de Costa-Rosa (2000), estudaremos quatro aspectos fundamentais que indicam as contradições principais entre ambos os paradigmas: 1) a concepção do "objeto" e as técnicas pedagógico-evangelizadoras; 2) a organização das relações intrainstitucionais; 3) a relação da instituição com a clientela; 4) efeitos típicos da instituição em termos de *performance* e de ética.

Na configuração dos paradigmas que apresentaremos em seguida, com base nesses indicadores, quando esquematizamos pares em oposição entendemos que são apenas pontos extremos formal-abstratos de uma realidade material complexa e dinâmica, que convive com intermediários.

Não podemos aspirar a compreender o seminário católico, o que ele produz e o modo como o faz – com relação à subjetividade – sem inseri-lo no contexto eclesial no qual ele emerge e se constitui, e na estrutura e na conjuntura atuais da Igreja Católica.

Portanto, vamos aplicar esses instrumentos de análise à Igreja Católica com o intuito de situar o seminário que estamos estudando em seu contexto socioeclesial, o que nos permitirá entender a lógica predominante no seu contexto institucional e verificar que tipo de subjetividade se produz no seu funcionamento. Há dois projetos que atravessam a instituição católica na atualidade (Boff, 1996).

O Processo de Estratégia de Hegemonia (PEH) nos permite analisar e compreender o jogo de forças que na Igreja Católica se mostram na contraposição de saberes, práticas, aspectos jurídicos e ideológicos do que denominaremos paradigma romano aos do paradigma libertador. Acreditamos que é entre ambos que se dá a contradição essencial na organização católica.

No plano das práticas discursivas, a Igreja Católica, organização que se situa no conjunto das instituições religiosas, apresenta funções positivas: ofertar a Salvação de Deus Pai, através de Jesus Cristo, seu Filho; santificar os homens através da ação do Espírito Santo; transformar o mundo no Reino de Deus.

Suas funções negativas se dividem em três: a) produção de mais-valia, com a utilização dos produtos de outras instituições; b) reprodução das relações sociais de dominação, com concentração do poder no estamento clerical e (re)produção de subjetividade serializada; c) contraposição às relações sociais estabelecidas, com a criação e o exercício de outras formas de relações, produzindo uma subjetividade singularizada, sintonizada com a emergência das demandas do polo subordinado: leigos e pobres.

O paradigma romano é a expressão dos interesses, opiniões, concepções teórico-técnicas, éticas, ideais e interesses econômicos de um setor social no contexto eclesial – a hierarquia eclesiástica – que se identifica e está alinhado com os interesses do polo dominante na atualidade (Cabras, 1982).

Segundo Boff, trata-se de um projeto centralizador, levado em frente pelas forças do centro – o Vaticano, com o papa e a Cúria Romana –, dotado de uma face dupla: conservador por dentro e libertário por fora:

> Trata-se do projeto de uma Igreja centralizada (para dentro) e com o intuito de uma presença social forte, compacta (para fora). O eixo aí é a autoridade hierárquica, com seu poder de mando a exigir obediência das bases. Aí a "restauração" interna da autoridade é vista como condição da "reconquista" cristã da sociedade. Mas tanto para fora como para dentro trata-se de uma Igreja "autoritária" ou "de poder". É a imagem de uma Igreja "mestra". Ora, esse projeto é hoje claramente hegemônico. (Boff, 1996, p.129)

O paradigma libertador apresenta-se como alternativo ao anterior e emerge diretamente das pulsações do segmento subordinado:

os leigos, os pobres, membros do clero e das congregações religiosas alinhados com os interesses subordinados.

Trata-se de um projeto de participação: seu eixo seria a própria comunidade dos fiéis em sua vida e missão. Em seu interior, seria uma Igreja de diálogo, e para fora uma Igreja socialmente engajada e profética. Nesse projeto, a Igreja se mostra como "irmã" e "companheira" de caminhada.

Podemos considerar ambos os paradigmas alternativos no sentido dialético, contraditórios, pois a natureza da produção e do produto de cada um deles é essencialmente diferente quanto à teoria, à técnica e à ética, produzindo subjetividades distintas: serializada ou singularizada.

Libânio (2000, p.15) descreve o cenário de uma *Igreja da instituição*, caracterizada pelo reforço de seus três centros principais: a Cúria Romana, a diocese e a paróquia; pela insistência na visibilidade institucional expressa nas vestimentas clericais e numa forte presença na mídia; esse paradigma dá maior relevância ao direito canônico, à lei, às regras, às normas, aos ritos, às rubricas; a partir dele, a Igreja dará prosseguimento à tradição romana, excluindo o pequeno lapso de tempo do Concílio Vaticano II; predomina a tradição garantida pela autoridade.

Temos a configuração do paradigma romano, cujo "objeto" seria a instalação de uma neocristandade (Cabras, 1982), num projeto que objetifica o homem como ser pecador, excluindo a subjetividade. As técnicas pedagógico-evangelizadoras visam à normatização das condutas, numa forte rejeição da modernidade. Ser católico é a expressão da perspectiva do homem branco de cultura ocidental, europeia.

No que se refere à organização das relações intrainstitucionais, há uma centralização autoritária no tripé Cúria Romana (papa), diocese (bispo), paróquia (pároco), essencialmente clerical. Predomina uma teologia oficial, uma doutrina ortodoxa e a exegese bíblica controlada pelo Magistério eclesiástico. Um único Catecismo (Igreja Católica, 1992) cumpre a função de manter a unidade e a uniformidade institucional. A liturgia permanece sob estrita vigilância, lugar de expressão apenas das conquistas julgadas válidas pelas instâncias oficiais. Os cristãos leigos têm como papel reforçar a instituição, inseridos em seus quadros, submetendo-se ao clero e dando visibilidade à Igreja. Movimentos eclesiais sociais e politicamente engajados enfrentam conflitos e rejeição por parte da hierarquia.

O fluxo do poder decisório e de execução é caracterizado por uma hierarquia poderosa que detém hegemonicamente o poder de decidir pelo conjunto da instituição, é assimétrico, verticalizado, corporativista, autoritário, baseado na heterogestão e na obediência. O organograma formal e informal é clericalizado e verticalizado, os cristãos leigos são considerados "não sacerdotes", pois o clero concentra o poder. A divisão do trabalho segue o modelo *taylorizado*: o clero planeja e decide, os cristãos leigos são reduzidos a "tarefeiros", mas não opinam nas questões relevantes. Os bispos são escolhidos pela fidelidade e pela obediência visível à instituição. A organização arquitetônica e do mobiliário caracteriza-se pela centralidade da paróquia, nas quais se observa a prevalência dos privilégios clericais e a precariedade dos cristãos leigos.

Segundo Libânio (2000), um novo modelo de sacerdote é produzido por esse contexto: o "clero do altar", do sacramento, das celebrações, da organização paroquial, centrado em sua posição sacral na Igreja. Seria aí que o sacerdote encontraria seu reconhecimento social e adquiriria maior segurança no exercício das suas funções. Permanecendo no espaço intraeclesial, ele evitaria o confronto diferenciado com a realidade – insiste-se na importância da manutenção do celibato sacerdotal. Trata-se de um retorno do clericalismo por intermédio de uma geração que não conheceu as agitações criadoras do período pós-conciliar dos anos 1970, formada na instituição padrão do seminário. Ele prevê também que haverá um crescimento do número de seminaristas, que buscarão no sacerdócio uma vida mais estável, definida, conhecida e sem sobressaltos.

Quanto à relação da instituição com a clientela, observamos que no plano geográfico predominará o território paroquial, caracterizado pelo atendimento da encomenda: sacramentalização, assistencialismo, espiritualismo desencarnado. No plano imaginário, a Igreja será percebida como espaço sagrado e sacralizante, como instituição autoritária e paternalista, inclusive como repressora. No plano simbólico, constatamos que a Igreja, neste paradigma, vai utilizar instrumentos dissociados dos seus objetivos positivos, não conseguindo produzir o que se propunha, ao atender à encomenda social que normalmente é feita à religião (Maduro, 1981, p.172).

O seminário, de acordo com prognóstico de Libânio (2000), será pautado pelo *Código de Direito Canônico*, com o reforço da disciplina eclesiástica, na tradição tridentina. O seminário, como instituição total, entrará em conflitos e contradições cada vez maiores com o espírito de liberdade e autonomia da modernidade e mais ainda com o da pós-modernidade.

Do ponto de vista dos efeitos típicos da instituição em termos de *performance* e de ética, a Igreja Católica, neste paradigma, se converterá em suporte ideológico do sistema vigente:

> Sem chegar ao grau quase cínico do neoconservadorismo americano, poderá, no entanto, pregar alguns valores cristãos que se tornem salvadores do capitalismo, tais como a laboriosidade, a austeridade (poupança), o espírito de coragem empreendedora (esperança). Atualizará a tese weberiana de que o espírito do capitalismo tem raiz cristã. O sistema recorrerá à Igreja pedindo que ela colabore na solução da crise espiritual do capitalismo. Sem diretamente responder a tal solicitação, facilmente cumprirá o papel de amortecimento da crise. (Libânio, 2000, p.41).

Podemos afirmar que a Igreja Católica, nesse paradigma, ressalta as duas primeiras características negativas das instituições, produzindo mais-valia e reproduzindo as relações sociais de dominação e exclusão, tendo em vista uma subjetividade serializada, ao buscar uma adaptação do indivíduo ao sistema.

Ainda de acordo com Libânio (2000), este cenário tradicionalista e neoconservador corresponde ao lado hegemônico da modernidade e tem se imposto no contexto eclesiástico de forma majoritária. Apesar disso, ele não é único, pois convive com outros cenários: o de uma *Igreja carismática*, que é seu oposto, na qual predominam o subjetivo, o clima religioso e a exuberância da emoção; o de uma *Igreja da Palavra*, caracterizada pela catequese, pela teologia, na qual o anúncio e a evangelização ocuparão lugar central; o de uma *Igreja da práxis libertadora*, na qual a opção pelos pobres será o eixo estruturante, produzindo mudanças profundas na organização eclesial: as estruturas paroquiais pesadas serão substituídas por ágeis comunidades eclesiais de base.

O cenário de uma Igreja carismática expressa os movimentos de determinado conjunto segmentar no interior da Igreja Católica, articulando pulsações e ações instituintes e efeitos instituídos: clima religioso, privatização da religião; a militância se desloca para a mística, para a valorização da subjetividade entendida como interioridade psicológica. Mas podemos caracterizar tais interesses segmentares como simplesmente diferentes do paradigma romano, com o qual entram em conflito, mas não chegam a ser contraditórios. A subjetividade produzida nesse cenário é predominantemente normalizada: valoriza a experiência humano-religiosa e seus efeitos psicológicos e emocionais, reduz os problemas gerados pelo sistema capitalista a questões privadas, pessoais, auxilia os pobres sem consciência crítica, valoriza apenas a conversão interior, sem implicação sócio-histórica: tende a particularizar fenômenos produzidos coletivamente e a psicologizar eventos de ordem política, tangenciando a implicação subjetiva e política.

Pensamos que o cenário de uma Igreja da Palavra é perfeitamente englobado pelo da Igreja da *práxis* libertadora, que entendemos configurar um paradigma realmente contraditório com o romano, que denominamos paradigma libertador. Vamos apresentar suas características como fizemos com o anterior.

No paradigma libertador, a Igreja, superando qualquer possibilidade de retorno ao tempo da cristandade, procurará evangelizar um mundo complexo, moderno, pós-moderno, pluralista, sem o autoritarismo da primeira evangelização. Os grupos de estudos populares da Bíblia predominam, alimentando a esperança e a utopia, como uma resposta positiva diante da cultura neoliberal, buscando alternativas viáveis. Busca-se uma unidade na pluralidade, caracterizada pelo diálogo inter-religioso, em um ambiente de liberdade teológica.

Do ponto de vista do "objeto", o homem não é considerado um objeto passivo que deve ser evangelizado, mas o que se busca é a inculturação do Evangelho, na qual o sujeito pode reelaborar a experiência da fé no seu contexto sócio-histórico. O que se visa é uma aproximação radical e crítica entre o Evangelho e as diversas culturas, a inserção, o diálogo com a cultura dos oprimidos.

Há um confronto com o neoliberalismo globalizado, que reduz cada vez mais a atuação do Estado em benefício da hegemonia do mercado, o que gera consequentemente uma grande massa de excluídos, cria uma cultura da privatização – na qual as coisas públicas são relegadas, malcuidadas, sucateadas – e fomenta um individualismo radical. Critica-se sua perversidade e buscam-se alternativas.

O eixo estruturante da Igreja, neste paradigma, é a *opção pelos pobres*, com incentivo à leitura popular da Bíblia contextualizada na realidade sociopolítica, econômica e histórica. A Teologia da Libertação continuará seu trabalho a partir do método ver-julgar-agir-celebrar-avaliar, enfrentando novos desafios vindos da realidade econômica, política, cultural e religiosa, desmascarando a ideologia do sistema neoliberal. Ocupar-se-á também com os temas da dominação religiosa, étnica, ecológica, de gênero.

Quanto à organização das relações intrainstitucionais, a Igreja será construída por comunidades eclesiais de base (CEBs) que se autogovernam e autogestionam. Os fluxos do poder decisório e de execução são caracterizados pela autogestão, pela articulação horizontal e democrática, fundadas no consenso e na livre adesão, na cogestão, na participação e no diálogo constante. O organograma formal e informal será horizontalizado e predominará um laicato ministerial; o padre será um agente qualificado a serviço das comunidades. Quanto à divisão do trabalho, a comunidade se organiza em equipes de serviço que se autogovernam, o padre não ocupa um lugar central nem determinante. A formação do clero passa a ser reformulada de acordo com as novas funções. A organização arquitetônica e do mobiliário revela uma descentralização eclesial em pequenas comunidades auto-organizadas e interdependentes, ágeis, que se deslocam com facilidade e flexibilidade.

A relação da instituição com a clientela é de produção mútua e integral: no espaço geográfico, caracteriza-se pela organização em rede de comunidades pulverizadas e interligadas; no plano imaginário, apresenta-se como espaço pluralista, democrático, solidário, de interlocução, libertador, agência de promoção humana dos mais pobres. No plano simbólico, podemos dizer que a Igreja busca criar instrumentos compatíveis com a demanda popular, evitando as armadilhas da encomenda social que lhe costuma ser imputada, aproximando-se do cumprimento dos objetivos institucionais.

Quanto aos efeitos da Igreja libertadora, em relação à sua *performance* e à sua ética, ela enfatiza a autodeterminação do sujeito e a autoprodução de si e do mundo, visa à implicação subjetiva e sociocultural, promovendo a produção de subjetividade singularizada:

> Os ideais de Marx não se opunham às conquistas da Revolução Francesa, mas pretendiam ampliá-las. Ele via no modo de produção capitalista o entrave de tal processo e pensava o modo social de produção como condição para as liberdades democráticas. O grande equívoco foi o Partido único. Ele foi o grande derrotado na queda do regime do Leste Europeu. Sua pretensão de ser guia e educador das massas, organizando sozinho toda a sociedade e o Estado, tornou-se insuportável e fatal. Abre-se então a possibilidade de pensar um socialismo democrático a partir das maiorias populares que incorpore os valores da revolução burguesa e os universalize. (Libânio, 2000, p.120)

Boff e Libânio (2000) afirmam que a estrutura formal da Igreja Católica é historicamente centralizadora. O projeto romanizante autoritário não seria meramente conjuntural, mas representaria uma estrutura histórica que possui um milênio de existência. Teria começado com o papa Gregório VII a virada eclesiológica que teria conduzido a Igreja a um modelo centralista. Conjuntural tem sido a sua retomada pós-conciliar, vigorosa sob o pontificado de João Paulo II. O período posterior ao Concílio Vaticano II (Igreja Católica, 1982) pode ser dividido em dois: a primeiro cobre aproximadamente vinte anos (1965-1986), no qual teria predominado, quase como um hiato, o projeto participativo; no segundo período (1986-1996) deu-se a ascensão crescente do projeto centralizador, que hoje desfruta uma tranquila hegemonia.

Em contraposição a essa tendência, há ilhas de participação num oceano de autoritarismo: comunidades, paróquias, dioceses, conjunturas muito localizadas. Há também conjunturas globais precárias, sem garantias de continuidade, controladas, transitórias: trata-se de alternativas consentidas pela autoridade, que não tocam nas estruturas tradicionais. O projeto centralizador tende a recuperar e reabsorver as novas pulsações e a neutralizar seu caráter revolucionário e transformador.

Uma análise de conjuntura eclesial hoje deve considerar três planos: uma conjuntura propriamente dita, atualmente bem definida como centralizadora; a estrutura histórica da Igreja, fortemente centralista já há um milênio; a natureza dogmática (bíblico-teológica), de acordo com a qual a Igreja é a comunhão/comunidade dos fiéis.

> Se o primeiro milênio foi "de comunhão" e o segundo "de poder", quem sabe se o terceiro possa ser do "poder da comunhão" e da "comunhão no poder", em termos de corresponsabilidade e serviço recíproco. (Boff, 1996, p.131)

O que unifica a estratégia global (interna e externa) do projeto romano é o conceito de poder e autoridade sagrada (hierarquia), entendida como a dimensão central e nuclear da vida eclesial. Essa autoridade clerical pretende colocar-se a serviço da manutenção da ordem no plano interno, por meio do controle disciplinar e da oportuna intervenção social no plano externo.

> Trata-se, na melhor das hipóteses, de um "autoritarismo" paternalista, benevolente, amoroso (para dentro) e defensor dos fracos, defensor dos oprimidos (para fora). Num e noutro caso, temos sempre uma relação de cima para baixo, vertical, assimétrica. Aqui ideias como diálogo, participação, corresponsabilidade desaparecem ou só funcionam de modo muito marginal (localizado e precário). (ibidem, p.131-2)

Boff traça um perfil da Igreja *ad extra*, na sua frente externa, caracterizada como libertária (plano das práticas discursivas). Trata-se de uma Igreja que no plano universal apresenta-se ativa, socialmente visível, detentora de prestígio público, fortemente presente, interventora e "poderosa". Embora autoritária, assume posições socialmente libertárias: a Igreja se apresenta como tutora dos direitos da pessoa humana. O grande agente/ator do projeto centralizador é o papa, tanto para dentro como para fora, um líder mundialmente reconhecido e independente. Em suas viagens pelo mundo, o papa ergueu-se como defensor dos direitos humanos, da paz, dos pobres do mundo, da própria teologia da libertação, criticou o capitalismo neoliberal, lançou um ambicioso projeto pastoral cujo objetivo era uma "nova evangelização".

No plano público, vemos uma Igreja de dissenso cultural. Durante o pontificado de João Paulo II, as igrejas locais perderam muito do seu relevo: papa grande e bispos pequenos. Os episcopados mundiais estão desacelerando e conservam uma profecia social de baixa intensidade. Escândalos sexuais da hierarquia têm arranhado a imagem e a reputação da Igreja pelo mundo. Na Igreja do Brasil também se nota uma evidente desaceleração, em virtude da inibição do centro (Vaticano), das condições adversas produzidas pelo neoliberalismo e do fracasso da esperança socialista. O refluxo político mudou o perfil da Conferência Nacional dos Bispos do Brasil, com a eleição de uma presidência mais conservadora, o que, apesar de tudo, não significou o fim da manutenção de uma linha profética e socialmente engajada.

Na Igreja *ad intra*, na sua frente interna (nível do dispositivo), Boff aponta a incidência forte do neoconservadorismo: Roma nomeia bispos segundo seu agrado, homens incondicionalmente leais ao centro, dispostos a enfrentar grupos críticos na Igreja; bispos pouco expressivos foram nomeados para grandes sedes e capitais, e vice-versa; houve uma desvalorização e um enquadramento das conferências episcopais; o Sínodo Africano e a Conferência de Santo Domingo foram fortemente condicionados por Roma. Teólogos foram enquadrados disciplinarmente, o "dissenso" teológico foi proibido, impôs-se aos professores de teologia a exigência canônica da "profissão de fé" e do "juramento de fidelidade". Exerceu-se um controle severo no ensino teológico de faculdades e seminários, recomendou-se evitar a "mistura" de seminaristas com leigos(as).

Houve pressão sobre as grandes ordens religiosas para que mudassem sua linha de governo. Quanto à formação sacerdotal, deu-se uma volta ao regime de internato nos seminários, com exclusão de leigos(as). O padre é apresentado como alguém distante e distinto do povo, um "homem sagrado", que se destaca com o uso do hábito eclesiástico; a lei do celibato encontra-se proscrita de qualquer pauta de discussão.

Os movimentos leigos foram valorizados e reforçados com o intuito de fortalecer o projeto centralizador. Os leigos ainda estão longe de obter a maioridade eclesial. Apesar do elogio inédito ao "gênio" feminino, o papa proibiu terminantemente seu acesso ao sacerdócio, numa declaração "definitiva". Os recasados continuam proibidos de ter acesso, sob qualquer hipótese, à comunhão eucarística.

Diante do quadro esboçado acima, chamam a atenção as medidas de controle e o modo autoritário como esse controle é feito: de cima para baixo, com ausência quase completa dos interessados e da Igreja em geral.

Essa conjuntura restauradora procura dirigir objetivamente a Igreja em direção de sua estrutura histórica centralizada mediante mecanismos de normalização, tais como o *Código de Direito Canônico* (Igreja Católica, 1983) e o *Catecismo da Igreja Católica* (idem, 1992). Esses dois documentos são decisivos, empenham a instituição a longo prazo e foram aprovados sem grande consenso, nesse contexto de restauração vitoriosa. Ambos espelham e perpetuam a situação atual. A Igreja exerce seu poder *sobre* seus membros, quando não *contra* eles. Não é difícil observar como a utilização dessas estratégias mantêm a Igreja distante dos seus objetivos primordiais. Ela tende a copiar, a produzir e a reproduzir o modelo hegemônico da sociedade atual, a despeito de todo o seu discurso teológico.

Boff também enumera alguns indicadores da persistência da Igreja da participação: são forças menores que lutam nas poucas brechas que se mantêm abertas, combatem na defensiva. Existem pontos de resistência e alternativas para muitas das posições conservadoras apresentadas anteriormente, que vivem atualmente numa situação marginal.

Há bispos autônomos e proféticos. Os novos bispos nomeados não possuem uma proposta eclesial bem articulada, ela depende do outro de cima, das diretrizes da cúpula da hierarquia eclesiástica. Parte do clero e dos(as) religiosos(as) estão de tal forma inseridos de modo orgânico nos meios populares que é difícil enquadrá-los. Os teólogos reagem com força ao cerceamento do seu trabalho. A Teologia da Libertação prossegue o seu trabalho. As grandes ordens religiosas mantêm a sua tradição de autonomia e profecia, com diversos projetos de inserção popular e inculturação. Nos seminários, muitos jovens são críticos e favoráveis à democracia, interessados e partidários da libertação do homem. Os leigos reagem à onda restauradora na Igreja, resistem à nomeação de bispos indesejados; surgem da base iniciativas em política, cultura e espiritualidade. As CEBs avançam como processos basicamente leigos no seio eclesial, detentoras de um forte potencial de autonomia e criatividade.

Concluindo sua análise, Boff propõe as seguintes orientações: insistir numa Igreja participativa, dotada de múltipla legitimação teológica e espiritual; prosseguir na missão de profetismo social, tomando o pobre e o moderno como sujeito, em busca da transformação profunda do sistema capitalista de mercado; avançar na construção de uma Igreja inculturada em sua liturgia, sua linguagem e sua organização; recuperar as raízes espirituais e místicas do cristianismo, enquanto sentido para a vida e a ação dos cristãos. Um projeto global aponta para um paradigma alternativo ao centralizador (denominado romano): o paradigma libertador.

Com base no contexto eclesial esboçado anteriormente, podemos observar os rumos que tomaram a formação sacerdotal na história recente da Igreja Católica, e teremos assim a possibilidade de entender o atual seminário clássico que caracterizamos como instituição total (Goffman, 1987).

De acordo com Benedetti (1999a), o Concílio Vaticano II, realizado entre 1962-1965 (Igreja Católica, 1982), representou fundamentalmente uma abertura da Igreja Católica ao mundo moderno e coincidiu, historicamente, com a grande internacionalização do capital, primeira etapa do atual processo de globalização. A Igreja, no contexto do crescente processo de secularização, típico da modernidade, procurou se posicionar, organizando as diversas forças que se movimentavam dentro dela. No Concílio, a Igreja experimentou um momento claramente "carismático", no sentido de instituinte, superando a tendência a manter-se numa inércia instituída, já milenar. Isso significou uma imensa crise para toda a Igreja, com repercussões fortes e imediatas sobre o clero, pois sua formação se chocava com o novo modelo de padre proposto pelo Concílio e com a nova sociedade, diversa do modelo da cristandade, na qual devia trabalhar. A grande valorização do laicato colocou em crise o papel típico do padre como líder que concentrava em si todos os poderes na comunidade, questionando profundamente sua identidade. A evasão do clero foi grande.

Depois do Concílio, com todas as mudanças ocorridas na Igreja devido ao seu projeto de inserção no mundo, a formação sacerdotal entrou em profunda crise, pois o modelo então vigente era todo baseado na separação do mundo (Beozzo, 1993). No Brasil, um dos primeiros efeitos dessa nova posição foi o fechamento dos seminários menores, e houve também um colapso dos grandes seminários maiores, que entraram em crise.

Paradoxalmente, no entanto, houve um florescimento e uma revitalização eclesiais, e investiu-se fortemente na formação e na reciclagem do clero, dos religiosos e religiosas e, sobretudo, dos leigos. Surgiram institutos de pastoral que ofereciam formação nos campos da liturgia, da eclesiologia, das ciências humanas. Os documentos do Concílio, a realidade e a Bíblia tornaram-se o eixo dessa formação. Tratava-se de uma formação pastoral para todos os que tinham tarefas e encargos pastorais: clero, leigos, religiosos(as), e cunhou-se o nome de "agentes de pastoral" para os que cumpriam tarefas de animação e coordenação mais geral. Esse preparo buscava ser encarnado: uma resposta às necessidades regionais e locais, tanto no campo social como no religioso-cultural.

Nesse novo contexto, de acordo com Beozzo, a formação sacerdotal também se modificou: busca de unificação na formação do clero e dos diversos agentes de pastoral, com abertura para que ambos frequentassem os mesmos cursos de Filosofia e Teologia; criação de um curso integrado de Filosofia e Teologia com duração de seis anos, com ênfase nas ciências humanas; surgimento de cursos adaptados às necessidades regionais específicas – nos quais se procurava não retirar o formando do seu mundo próprio –, por intermédio de grupos volantes de assessoria; corpo docente constituído por homens, mulheres, leigos, padres e religiosos(as); criação de institutos centrais de estudos para toda uma região, agrupando recursos; separação entre as casas de formação (residência) e o local de estudos; criação de pequenas comunidades inseridas na vida da população, integrando vida acadêmica e engajamento pastoral, social e político; surgimento de institutos teológicos inseridos na estrutura universitária oficial, abertos ao diálogo com as ciências e à participação na vida acadêmica mais ampla.

O momento pós-conciliar no Brasil coincidiu com a ditadura militar e com o desempenho, pela Igreja, de um papel político relevante, no qual serviu como conduto político das aspirações e dos interesses de vários grupos e classes (Benedetti, 1999a). Surgiu a geração das comunidades de base e da teologia da libertação, defensoras dos oprimidos.

Esse quadro sofreu nova modificação com a abertura política no país e com o pontificado de João Paulo II, caracterizado por um forte movimento de "restauração", no qual voltou a predominar o polo instituído, tradicional, mais centralizador, normatizador.

A partir dos anos 1980, Roma passou a estimular os bispos a uniformizarem novamente a formação sacerdotal, abandonando muitas das iniciativas criadas imediatamente após o Concílio, no bojo do movimento mesmo de abertura eclesial característico da década de

1970 (Beozzo, 1993). Procurou-se restabelecer os cursos obrigatórios e distintos de Filosofia e Teologia; separou-se a formação do clero da dos demais agentes de pastoral; o seminário foi recuperado como local de formação – residência e estudos unificados numa única comunidade – e os formandos foram retirados das pequenas comunidades inseridas; procurou-se desvincular os estudos do candidato ao sacerdócio da estrutura universitária, onde o controle eclesiástico devia considerar o regimento acadêmico, e assistiu-se à criação dos cursos internos, a maioria sem validade oficial. Tratou-se de um amplo movimento de recuperação estratégica.

Todo esse retrocesso foi vivido com muitas tensões entre a Igreja do Brasil e a Santa Sé (ibidem). Roma indicou quinze bispos-visitadores para vistoriar todos os seminários e casas de formação do país em 1987. Essas visitas apostólicas ocasionaram o fechamento de importantes institutos teológicos por decreto, indicaram o seminário maior como necessário à formação sacerdotal e condicionaram a pertinência da experiência com "casas de formação" (Moro, 1997) a exames posteriores. Podemos dizer que houve uma volta "à grande disciplina" (Libânio, 1984). Depois de viver um reflorescimento pós-conciliar que durou apenas uma década, a Igreja Católica, nos anos 1980, ingressou num movimento de centralização romana e reforço da disciplina interna. A própria Conferência Nacional dos Bispos do Brasil, tão engajada e progressista nos anos 1970, embora nunca tivesse sido um bloco monolítico, passou a ser comandada por um "partido romano", mais centralizador e defensor das tradições. Houve grandes embates nas esferas do poder, divulgados pela mídia: divisão da Arquidiocese de São Paulo; o veto a professores de seminários e faculdades de teologia; pressão sobre editoras católicas; reprimendas a bispos, como D. Pedro Casaldáliga, o caso Leonardo Boff etc.

Dez anos depois da reorganização dos seminários no país, a CNBB realizou em 1983 uma pesquisa para avaliá-los (Conferência Nacional dos Bispos do Brasil, 1984), seguida de uma outra em 1993 (idem, 1995a).

De acordo com os dados da pesquisa de 1983 (idem, 1984), 56% dos seminaristas eram filhos de agricultores e apenas 10% provinham do setor industrial. Isso indicaria que os seminaristas não tiveram sua vocação marcada pela renovação eclesial, mas pelo padre tradicional das pequenas cidades do interior. Parece que os jovens das classes operárias tinham mais dificuldades para chegar ao seminário. As aspirações dos seminaristas se orientavam para as formas tradicionais do trabalho pastoral, os desafios de trabalhar com intelectuais, presidiários e outras minorias sociais não eram considerados atraentes. Os seminaristas mostravam uma acomodação à formação que recebiam, considerando-a boa, e se constatou também o risco de o seminário produzir um "desclassamento" nos candidatos ao sacerdócio, oriundos, em sua maioria, de famílias pobres.

A pesquisa seguinte, dez anos depois, veio confirmar o seminário como agência privilegiada de formação sacerdotal – outras possibilidades alternativas à disciplina oficial proposta por Roma praticamente desapareceram.

Nota-se entre os seminaristas uma tendência a renunciar aos valores mundanos e a internalizar os valores específicos do mundo eclesiástico, afinados com a classe média. Ao longo dos últimos vinte anos, é patente o declínio da "opção pelos pobres": o número dos seminaristas dispostos a trabalhar com realidades sociais de pobreza e de minorias caiu 50% entre as duas pesquisas. As pastorais tradicionais, desenvolvidas sobretudo nas paróquias, continuam fortes e estáveis. Parece haver um aumento do interesse pelo meio estudantil e pelo ensino, mas isso pode indicar o desejo de um trabalho remunerado, como professor. Não parece haver grandes desejos de mudanças, mas nota-se um cuidado com a própria realização pessoal.

Haveria um conflito de socialização entre a experiência familiar mais pobre do seminarista e o ambiente formativo mais conforme aos padrões da classe média. Aponta-se ainda um declínio crescente do nível intelectual dos seminaristas, cuja vida de estudos se reduz cada vez mais ao cumprimento das tarefas acadêmicas, com dissociação entre estudos e pastoral.

Aparentemente, seminaristas que apreciam pouco os estudos tendem a preferir atividades pastorais mais simples e tradicionais. Se o seminário é a única instância oficial que possibilita o acesso ao sacerdócio, talvez os candidatos mais inquietos, questionadores ou brilhantes não se adaptem ou sejam convidados a se retirar, já que neste contexto de restauração o sacerdócio parece ser percebido predominantemente como poder – aqui interessariam padres mais "obedientes" e submissos às normas.

Na pesquisa de 1993 (ibidem), os seminaristas filhos de pais agricultores eram 42% e os de pais empregados na indústria eram apenas 10,4%, isso num país em acelerado processo de urbanização. Provavelmente, o mundo urbano exige um padre qualificado para o serviço e o diálogo com o homem citadino, que estaria mais próximo do projeto dos anos 1970, interrompido pela disciplina romana imposta e vigiada rigorosamente no seminário como única agência de formação.

Ainda de acordo com a mesma pesquisa (ibidem), 80% dos seminaristas se encontravam satisfeitos com a formação recebida. Já o clero jovem, por outro lado, em seus encontros nacionais reclama muito da formação recebida, segundo Benedetti (1999a). Ele afirma que haveria uma falta de realismo na autoavaliação dos seminaristas, pois a estabilidade reinante no seminário seria somente aparente. Foi o que também constatamos nesta pesquisa, de acordo com os dados que obtivemos.

As análises de Benedetti (ibidem), sociólogo e padre formador que trabalha com seminaristas desde 1974, coincidem com a que realizamos no seminário católico e esclarecem, contextualizando, muitos dos aspectos que nosso estudo detectou no modo de funcionamento e nos efeitos do processo formativo eclesiástico institucional. Benedetti também opera com o referencial de Goffman (1987) e caracteriza assim o clero atual: os padres novos gostam de sinais distintivos de sua condição: festas, vestes, poderes; não possuem inquietação com relação aos destinos da sociedade e da Igreja; têm pouco amor pelos estudos e nenhuma paixão pelo ecumenismo e pela justiça social. Padres preocupados com sua identidade sacral, padres *high-tec*, que combinam apologias fundamentalistas com recursos mercadológicos da comunicação de massa. Embora reconhecendo que se trata de uma caricatura, ele a afirma como conjuntural e que veio para ficar, conforme indicam as práticas formativas atuais.

Segundo Benedetti, estaríamos caminhando para dois tipos de padres no momento presente: aquele que tem uma proposta séria de diálogo com o mundo de hoje, para o qual se prepara, e aquele que quer simplesmente reproduzir-se como "padre", dotado de um poder institucional efetivo em si mesmo. Esse padre estaria sendo formado no seminário, em um esquema de vida até certo ponto rígido – horários, atividades, disposição espacial –, criando um universo pronto, autorreferenciado, que se contrapõe a um mundo externo, o fora, e a um tempo prévio ao ingresso no estabelecimento.

Ao analisar o seminário católico atual, Benedetti elabora um quadro que coincide muito de perto com o que também constatamos:

> No seminário, cada um se fecha sobre si mesmo, e o clima das relações interpessoais é mais ou menos tenso, dependendo diretamente do carisma do formador. Além do mais, os seminários voltam cada vez mais para o rigor dos horários e do cumprimento de tarefas. Estas acabam por definir o bom seminarista. Qualquer um que mostre espírito de liberdade, autoconfiança, opinião própria tende a ser visto como elemento desagregador. E isso gera um "silêncio" obediente e tenso. Uma acomodação, pois subjaz a ideia de que o ritmo da instituição forma o indivíduo para a tarefa. E o ritmo da instituição, centrado em rituais religiosos – a missa diária, a oração comum –, adquire cada vez mais um caráter sagrado. (Benedetti, 1999a, p.114)

Segundo Benedetti (1999a), a realidade mostra um caminho de restauração eclesial e clerical, tal como aponta também Libânio (2000). Parece que a urbanização exigiria um novo tipo de padre. Surge uma pergunta inevitável: esse novo padre seria aquele formado no movimento do Concílio Vaticano II, através de canais alternativos, experiências cortadas pela centralização do seminário como lugar exclusivo de formação? Será que o seminário atual forma para o mundo urbano?

Benedetti (1999a) afirma que com a restauração não apenas temos a volta aos seminários no modelo tradicional, mas este tipo de instituição formativa por si só expressa um modelo de concepção da Igreja, do padre e do seu papel, das relações Igreja/mundo. No seminário enquanto instituição total, o acento é colocado na sacralidade da identidade clerical, em detrimento de sua função eclesial como ministro qualificado do diálogo e do serviço.

> A geração Vaticano II voltou-se para o mundo. A geração atual tende a voltar-se para si mesma, pela mediação institucional da Igreja, que lhe dá um lugar, um poder e os símbolos associados a esse poder, a esta identidade. São poucos e, assim sendo, têm seu lugar assegurado na sociedade. Pode-se falar de uma espécie de "narcisismo do *métier*". O discurso sobre a falta de padres agudiza esse narcisismo ao inculcar nos jovens a ideia de sua importância, a necessidade que o povo tem deles. Aguça neles o sentido de "competência própria". Essa consciência da "competência própria" faz dos jovens estudantes pessoas pouco problematizadoras, pouco inquietas. Ao longo desses 20 anos a consciência foi mudando: há 10 anos a preocupação era preparar-se, fundamentar-se. Era fundamental pôr-se a pergunta: "ser padre ou não?". Hoje, sendo simplista, entre os estudantes de teologia predomina a "certeza" e a pressa de ser padre. Hoje é fácil ser padre. Exige-se pouco. A Teologia não é vista como exigência: "por que vou estudar literatura profética se já faço reunião com catequistas? Já estou envolvido na pastoral. Já vivo no meio de trabalho. Para que estudar tanto?". (ibidem, p.122)

Benedetti coincide em grandes linhas com Libânio (2000) no diagnóstico que traça do "novo clero":

> Após um período de indefinição no imediato pós-Concílio, a identidade do padre se delineia marcada menos pela abertura ao novo do que pela volta ao passado. A preocupação com o poder sacerdotal prevalece sobre o espírito de diálogo e de serviço competente ao mundo de hoje. O "novo" clero carrega as marcas do moderno, do gosto pela festa e pelo espetáculo, e do arcaico – a tendência mágico-fundamentalista, o legalismo, o cultivo dos sinais distintivos de poder e *status*. O perfil do "novo clero" se forja no seminário, como instituição total – lugar do controle e tempo da prova. (Benedetti, 1999a, p.88)

Se o Vaticano II trouxe como novidades as comunidades eclesiais de base, um empenho dos cristãos para construir um mundo e uma sociedade mais justos e solidários, maior autonomia para as Igrejas locais, conceitos mais democráticos e participativos, como colegialidade e corresponsabilidade, abertura ecumênica e dialogante com o homem atual, atenção às diversas minorias étnicas, sexuais, feministas, ecológicas, Benedetti (1999a) constata que, no bojo do refluxo restauracionista, em pleno retorno do clericalismo, esses desafios pouco significam para as novas gerações de presbíteros.

Benedetti (ibidem, p.123) também utiliza as análises de Goffman (1987) para descrever o seminário católico, visto como uma instituição total. Afirma que a primeira coisa que o processo formativo centrado no modelo do seminário tradicional opera é afastar o candidato do mundo do trabalho. Primeira condição para ser padre: "largar tudo" (a Igreja paga 80% das despesas do seminarista com estudos e moradia; Conferência Nacional dos Bispos do Brasil, 1995a). Além disso, estar muito distante do mundo urbano ainda contribui para aguçar um *espírito de casta*: recebe-se o que se tem por direito, depois de renunciar e sacrificar a própria vida. O seminarista vai interiorizando o *habitus*, disposições duradouras e inconscientes que governam sua vida pessoal e social. O seminário, lugar de moradia, estudos e lazer, que engloba totalmente a vida do seminarista, é também o lugar do controle, pois os futuros padres são isolados para ser melhor controlados.

O seminário aparece desse modo como um tempo de provação. As mudanças nessa instituição antiga são consideradas por Benedetti (1999a) apenas acidentais, pois o "espírito" ainda seria o mesmo. Nós o vemos mais sofisticado, mas concordamos que seus efeitos são os mesmos. A vida do candidato ao sacerdócio é vigiada, investigada exaustivamente, caso pairem dúvidas sobre sua idoneidade. Os critérios para avaliação são claros e bastante detalhistas. A comunidade e os próprios pares também vigiam o seminarista.

Benedetti (1999a, p.126) conclui:

> Pode-se, *grosso modo*, dizer que o seminário é a mesma instituição substancialmente. Um mundo autossuficiente, centrado sobre si mes-

mo. Mas é o mesmo na medida em que, no contexto, a vocação não aparece como o desabrochar de uma opção amadurecida, adulta, livre, brotada de um engajamento no interior de uma comunidade cristã a serviço do mundo, mas sim como a "avaliação" objetiva (por parte da instituição eclesiástica) dos requisitos institucionais que o seminário deve aperfeiçoar. Ele aparece como o tempo da prova e do controle.

De modo semelhante aos nossos resultados, Benedetti (1999b, p.11) reconhece que "o seminarista suporta o seminário, ele aguenta. Podemos até dizer que não é assim, mas é isso que acontece". Preocupado, por um lado, com a "ausência de inquietação" entre os seminaristas, o autor constata que, por outro, eles têm certeza e pressa de ser padres, aspecto favorecido pelo seminário:

> Porque no Seminário você pode se esconder de seus formadores como você quiser. Basta entrar no ritmo da instituição, basta se anular, obedecer a horários, ritos, normas. Isso sempre foi assim, não estou fazendo juízo de valor. Agora o que deveria ser a vocação presbiteral? Não deveria ser um momento do desabrochar de uma vocação pessoal, livre, responsável? Mas não é isso que acontece. Quem quer enganar 4 ou 5 anos, engana. Porque basta cumprir horários, basta entrar no ritmo da instituição. E onde é que está a opção livre, responsável, desafiadora? (ibidem, p.33-4)

Ora, não são quaisquer meios que podem produzir determinados fins. Costa-Rosa (2000, p.165) afirma que "a subjetivação singularizada e a interlocução não podem jamais ser buscadas com base em estratégias verticais e corporativistas de organização institucional". Ademais, ao situar as instituições no Processo de Estratégia de Hegemonia (PEH), observamos claramente o seu papel de peças estratégicas e elementos para a manutenção do Modo Capitalista de Produção (MCP). É esse conhecimento que nos possibilita uma inserção profissional crítica nessas instituições, permitindo-nos ainda um posicionamento ético congruente com a lógica da produção de subjetividade singularizada, ao ocuparmos as brechas disponíveis na conjuntura atual.

5

A PRODUÇÃO DA SUBJETIVIDADE NO CONTEXTO INSTITUCIONAL DO SEMINÁRIO CATÓLICO

Na comunidade do seminário que pesquisamos, encontramos uma sociedade em miniatura. Fenômenos sociais em estado nascente, mais ou menos desenvolvidos, puderam ali ser apreciados: a circulação da informação, o exercício da autoridade e seus efeitos disciplinares, as variações do "clima ambiental e do moral", a resistência à mudança, as pressões, os mecanismos adaptativos dos indivíduos, a tensão entre interesse geral e satisfação de necessidades individuais, o conflito entre as necessidades do estabelecimento e a preservação dos particularismos individuais e da espontaneidade criadora, as normas, os códigos, as crenças, a linguagem comum, as comemorações, a hesitação entre a tolerância e o ostracismo em relação aos desviantes (sobretudo sexuais) e as "panelinhas", que enfraquecem a unidade coletiva, o antagonismo das personalidades dominantes, geralmente reforçado pelos grupos correspondentes ("exus" e "comando rosa"), as relações de força oscilando nos eixos maioria-minoria-unanimidade, os bodes expiatórios, os suspeitos, os heróis, os braços fortes, os subalternos, os delatores, os perseguidos e os algozes. Nesse microcosmo experimental, poderíamos estudar *in vivo* vários problemas de Filosofia Política, Sociologia dos Grupos, História e Psicologia Social.

Do ponto de vista psicológico, a comunidade do seminário pode ser estudada como um laboratório para outras experimentações: além da perspectiva institucional, dos objetivos confessos, das tarefas cumpridas em comum, podemos ver como o grupo, no contexto institucional, se configura no encontro de pessoas, de sujeitos, como um local de confronto e de laços afetivos. As oposições e as afinidades de caráter florescem na comunidade. Os desejos individuais, sempre presentes, na surdina, esperam passivamente ou reclamam com violência sua realização: apelo à ajuda, proteção, vontade de poder, exibicionismo, ataque que denigre, curiosidade, rivalidade, admiração, idolatria. O narcisismo de cada um nela experimenta doces vitórias e também feridas amargas: os outros são reduzidos a objetos de desejo ou a narcisismos alheios que infligem feridas sem querer (e, às vezes, propositalmente), apenas por sua própria existência.

O seminário católico é um estabelecimento que tem por objetivo a formação de sacerdotes, de padres para a manutenção dos quadros hierárquicos da Igreja Católica, encarregados do serviço pastoral, profético e sacramental à comunidade católica. Em seus estatutos e regimentos, este estabelecimento oferece uma formação que se divide em seis campos: vida comunitária, dimensão humano-afetiva, formação espiritual, dimensão intelectual, formação pastoral e dimensão vocacional. Este é o projeto institucional oficial do seminário (Conferência Nacional dos Bispos do Brasil, 1995b).

Mas em nosso estudo do seminário católico detectamos uma série de procedimentos utilizados pelo estabelecimento na formação dos candidatos ao sacerdócio. A vida comunitária implica a reclusão no claustro do seminário e, aparentemente, o próprio estabelecimento é considerado um instrumento formativo em si mesmo, com monitoração das saídas e ausências; considera-se que viver na instituição forma o seminarista. A convivência, porém, é tensa, caracterizada pelos diversos fenômenos típicos do enclaustramento totalitário (Goffman, 1987; Foucault, 1999b).

Os relatórios semestrais de avaliação do processo vocacional de cada seminarista são percebidos como um instrumento de controle nas mãos dos formadores. O relatório confeccionado pelo reitor juntamente com os demais membros da equipe dirigente é um poderoso e efetivo instrumento da tecnologia microfísica que concentra os três elementos básicos que constituem o poder disciplinar: é um amálgama da vigilância escalonada e hierárquica, da sanção normalizadora e do exame. Seus efeitos visam à normatização e à uniformização disciplinar do seminarista enquanto um eu ideal.

Para confeccionar tal relatório, a equipe dirigente utiliza-se básica e principalmente da observação do comportamento e da conduta visível do seminarista. Estão previstas entrevistas-interrogatório semestrais, raros e escassos encontros formais entre formadores e seminaristas, nos quais os primeiros exigem transparência e abertura dos formandos. Os seminaristas podem conhecer ou não o conteúdo do relatório a seu respeito. Isso não é um direito que possam exigir, mas, quando ocorre, é uma concessão generosa por parte da equipe dirigente.

Os bispos, de posse dos relatórios, entrevistam, interrogam e admoestam os respectivos seminaristas por seu desempenho no processo formativo. O boletim de notas escolares também é conferido e utilizado como parâmetro de avaliação. Como são os bispos que pagam a formação, recebida gratuitamente pelos seminaristas, desejam ver seus investimentos bem aproveitados.

A equipe de formadores desempenha claramente o papel de interditor/promotor dos seminaristas no processo formativo. Um bom relatório é condição indispensável para a permanência na instituição e o prosseguimento nas diversas e graduadas etapas da formação, rumo ao sacerdócio.

Podemos, portanto, considerar o seminário católico uma instituição tipicamente disciplinar cujo principal mecanismo e operador microfísico é o relatório, instrumento de efeitos ambíguos, parâmetro de normalidade, "vocacionalidade" e de produção dos duplos "anormais" da figura do seminarista: o jovem assexuado reprimido, o homossexual, o beato perverso. Os demais "complementos" formativos de ordem pedagógica e psicológica acabam funcionando como uma cobertura que se sobrepõe a esta tecnologia disciplinar, produzindo efeitos pouco consistentes no cotidiano institucional, a ponto de se contraporem aos pretendidos.

Os seminaristas permanecem em contato com seus colegas e formadores, expostos a uma observação constante, o que Goffman (1987) denomina exposições contaminadoras físicas, sociais e psicológicas. O "circuito", técnica de vigilância, promove a interligação de todas as esferas da vida do seminarista no contexto institucional, monitorando-as e avaliando a "vocação autêntica" do candidato por meio da sua conduta.

Constatamos outros elementos específicos de uma tecnologia disciplinar funcionando efetivamente no seminário: a tiranização, produtora de infantilização social, por exemplo mediante a obrigação de pedir permissão; o processo de arregimentação, que se expressa na obrigação de executar a atividade regulada em uníssono com grupos de outros seminaristas; a campainha onipresente; o sistema de autoridade escalonada, em que padres formadores, professores, colegas, todos vigiam a todos; o sistema de privilégios, que inclui os seguintes elementos: graduação em Filosofia, alto padrão de vida oferecido pelo estabelecimento, que parece produzir um "desclassamento" e um aburguesamento nos seminaristas, os dias livres para saídas do seminário; uma relação de tutela informal e cobertura incompleta das necessidades dos seminaristas com o alívio de responsabilidades econômicas e a exigência de dedicação exclusiva à formação para o sacerdócio; processos de desligamento secretos e sumários de seminaristas do estabelecimento. Esses procedimentos não estão previstos dessa forma nos objetivos oficiais (Conferência Nacional dos Bispos do Brasil, 1995b). Eles foram detectados quando olhamos para as práticas cotidianas desenvolvidas no contexto institucional; podemos dizer que eles são o que a instituição não diz, mas faz.

A vida no contexto institucional parece ter sua especificidade para além ou à revelia dos objetivos oficiais dos formadores. A vida no claustro produz uma série de fenômenos entre os seminaristas, caracterizando o processo de confraternização (Goffman, 1987, p.159), problemas de contaminação num contexto em que "o inferno são os outros", rivalidades, possibilidades de delação, gozação coletiva, divisão em grupos menores: panelinhas, casais. No seio da comunidade reinam o conflito, a "guerra fria", a resistência velada dos seminaristas. Esses fenômenos são notoriamente conhecidos por todos os envolvidos e tacitamente ignorados; são voluntariamente desconhecidos, renegados. Este modo de lidar com o processo de confraternização não deixa de ser enigmático, se não sintomático.

A fofoca e os boatos que surgem e circulam entre os seminaristas, nos diversos grupos primários de referência que se formam espontaneamente, parecem funcionar como a rede de vigilância hierárquica escalonada: todos se vigiam, se policiam, normalizando-se pessoalmente; vigiam e policiam os demais, normalizando-os. Os agentes da equipe de formadores não precisam fazer praticamente nada. A máquina vigilante funciona automaticamente, controlando a todos, espalhando "poder" em todos os sentidos e direções: "Fulano e sicrano saem muito juntos... devem ter um caso." "Parece que beltrano e fulano estão namorando." "Todo dia o nome do sicrano está no quadro que indica as saídas à rua." "Fulano de tal não vai à missa faz duas semanas."

Comenta-se sobre detalhes da vida alheia à boca pequena nos pátios, corredores e grupinhos, tecendo a crônica institucional dos amores, traições, invejas, ausências, escapadelas, futricas, rivalidades. Palavras maldosas que envenenam, que destroem reputações, que produzem uma normalização cujo combustível é o medo, o terror da *foice que corta cabeças*, expressão institucional que indica a expulsão, vergonha escandalosa.

A fofoca, expressão verbal da agressividade no cenário institucional, produz comportamentos corretos, participação responsável nas atividades, cumprimento pontual das tarefas e dos deveres. Os próprios grupos diocesanos elegem um seminarista como coordenador que assume o posto de um autêntico "reitorzinho", reproduzindo as mesmas relações autoritárias com seus pares, subordinados que se deixam governar, obedientes. O coordenador coloca indivíduos na berlinda nas reuniões quinzenais do grupo diocesano, chama seus membros à ordem, corrige-os em público, cobra explicações e critica comportamentos individuais que pareçam inadequados e prejudiciais à boa imagem do grupo, pois "o critério de sobrevivência é cuidar da imagem". Por isso tais reuniões são desagradáveis, segundo os seminaristas.

Trata-se assim de uma sociedade transparente, visível em cada um de seus componentes, onde "cada um, do lugar que ocupa, possa ver o conjunto ... que os olhares não encontrem mais obstáculos, que a opinião reine, a de cada um sobre cada um ... cada camarada torna-se um vigia" (Foucault, 1999c, p.215).

"Estar na mídia", ser alvo dos comentários dos membros da instituição, é algo percebido como perigoso pelos seminaristas, por isso devem apresentar uma fachada pública inatacável, ou então posicionar-se com firmeza diante da fofoca destrutiva dos "camaradas". A opinião se erige como instância de julgamento, que busca até impedir que os seminaristas possam agir mal, pois se percebem envolvidos num campo de visibilidade total no qual a opinião dos colegas, seus olhares e discursos funcionam como um controle disciplinar normativo: o medo da opinião tende a impedi-los de realizar comportamentos, gestos, atitudes, hábitos, discursos inadequados (quando e se o fazem, procuram ocultá-lo cuidadosamente).

Se as pessoas são vistas por um tipo de "olhar piramidal", imediato, coletivo e anônimo, temos aí a efetuação de um poder que se exerce simplesmente porque as coisas serão sabidas, descobertas. O seminário é descrito por seus habitantes como "bastidores" e "caixa de ressonância" da realidade eclesial. O olhar vigilante produz a interiorização, sem utilizar violências físicas, coações materiais. "Um olhar que vigia e que cada um, sentindo-o pesar sobre si, acabará por interiorizar, a ponto de observar a si mesmo" (ibidem, p.218). O seminário, portanto, se erige como um "aparelho de vigiar" (idem, 1999b, p.145).

Notamos uma espécie de má-fé, de desconfiança tácita e recíproca entre os seminaristas, entre estes e a equipe de formadores, entre esta e os bispos responsáveis pelo estabelecimento, e vice-versa, nesses mesmos níveis. Parece que o seminário exemplifica bem a constituição "de um aparelho de desconfiança total e circulante, pois não existe ponto absoluto. A perfeição da vigilância é uma soma de malevolências" (idem, 1999c, p.221).

O seminário é também um estabelecimento que, ao impor a lei do celibato compulsório aos candidatos ao sacerdócio, utiliza mecanismos aparentemente repressivos para controlar a sexualidade dos seminaristas, mas o que realmente faz é incitá-la: ao proibi-la, acaba por fomentá-la (idem, 1982). Ao encerrar os seminaristas como um grupo monossexuado no claustro totalitário, acaba por vê-la emergir perversa e polimorfa. Sobre a "formação humano-afetiva" (Conferência Nacional dos Bispos do Brasil, 1995b), denominação assepsiada da sexualidade no jargão eclesiástico, pouco se fala. Sobre sexo, há um enorme silêncio oficial. Educação para o celibato? Há apenas balbucios, ou enormes lacunas no discurso. Porém, se sobre isso não se fala, "isso" fala, numa intensificação dos afetos e impulsos dos corpos, num intenso erotismo que, passando pelo flerte, a paquera, se configura eventualmente em relacionamentos, em "casos", em prováveis namoros, na formação de casais apaixonados, em amores secretos, nem sempre discretos, platônicos ou intensamente carnais. Assim sendo, dentro dos muros do seminário católico, sob o interdito do celibato compulsório, encontramos o frescor do desejo e uma sexualidade fervilhante. Parece que a vida no claustro tende a produzir uma exacerbação, uma intensificação e passagens ao ato das eventuais possibilidades neuróticas e perversas dos jovens vocacionados.

O seminário é atravessado pelo poder disciplinar que predomina na sociedade moderna, encarnado no estabelecimento mediante técnicas, procedimentos, estratégias, tecnologias produtivas que visam ao controle, ao adestramento e à modelação dos corpos que ali são enclausurados. Não se trata de reprimi-los nem de pura e simplesmente mutilá-los, mas de agir sobre eles, produzindo sujeitos (Foucault, 1999b).

De acordo com Foucault (1982) o "biopoder", no gerenciamento da vida, criou o dispositivo de sexualidade, elemento estratégico de organização da coletividade humana, produzindo efeitos de poder e saber, erigindo instituições para sua aplicação e difusão por todo o tecido social. Pensamos que a instituição social da religião e a organização da Igreja Católica desempenharam um papel específico no controle e na produção da sexualidade humana tal como ela se configurou ao longo do tempo (Foucault, 1982; 1999b; 1999c). O estabelecimento seminário nos proporciona uma noção experimental desse processo.

O seminário católico, pesquisado da perspectiva de Goffman e Foucault, pode ser pensado como uma instituição típica das sociedades disciplinares. Sua técnica básica é o confinamento e seu modo de funcionamento se baseia na lógica do "Panopticon" (idem, 1984b, 1999b; 1999c) – visibilidade, vigilância hierárquica, exame, sanção normalizadora –, mas avança em direção às táticas características da "sociedade de controle".

Os processos de subjetivação que se produzem na instituição engendram sujeitos que procuram escapar aos saberes constituídos (teorias sobre a formação eclesiástica e pedagógica que produziram o objeto "seminarista") e aos poderes dominantes (práticas individualizantes, submetedoras, normatizantes). Os sujeitos que ali emergem parecem possuir uma "espontaneidade rebelde" (Deleuze, 1992, p.217), são novos tipos de acontecimentos, evanescentes em sua desterritorialização: corpos, carne sem nome, sem sexo específico, desejo em uma materialidade brutal, intensidades e instâncias que não se submetem à moral, aos deveres, ao poder, ao saber, distanciando-se e diferindo do que já deixaram de ser.

Em relação a esse aspecto, um acontecimento institucional de grande importância na vida da comunidade nos chamou a atenção: tratava-se de uma festa à fantasia. Preparada com esmero e grande investimento de energia por parte de muitos seminaristas, ansiosamente esperada, constituía-se no ponto alto do ano para os rapazes. Nas festas, usualmente, muitas das restrições cotidianas são suspensas e reina um clima de abertura no qual é possível liberar-se com espontaneidade.

Os seminaristas realizavam um autêntico "carnaval", brecha para respirar da seriedade dos papéis desempenhados pelos diversos atores no contexto institucional do estabelecimento. O tema "Halloween" era, obviamente, apenas um adequado pretexto: uma festa das bruxas permite um amplo espaço para o exercício da criatividade e da expansividade dos seminaristas. O objetivo era a integração da comunidade por meio de um tempo de diversão com comida, bebida, música, dança e alegria.

Durante a festa, realizou-se também o "Oscár", uma satírica entrega de prêmios a diversos membros da comunidade, indicados, à revelia da instituição, pela equipe organizadora. O "Oscár" era um grande boneco de plástico, pintado de dourado, oferecido como prêmio aos ganhadores. Os seminaristas encarregados da organização escolhiam os indicados a partir de traços característicos pessoais, gafes, manias ou incidentes comunitários que haviam marcado determinados rapazes, tudo com fina ironia e muito bom humor. Preparada e divulgada a lista de candidatos, havia votação secreta para a premiação. É claro que os padres formadores (inclusive e principalmente o reitor) não foram poupados da "gozação coletiva", tendo sido premiados nos dois anos consecutivos em que assistimos ao evento. Os apresentadores, vestidos como um casal de atores famosos de *Hollywood*, falavam um inglês improvisado, divertidíssimo, com direito a tradução ao vivo.

O ambiente era cuidadosamente preparado: o refeitório tornou-se semelhante a um salão de baile, com uma decoração apropriada: morcegos de papel no teto, melancias transformadas em "abóboras de Halloween", com buracos para olhos, boca e vela aromática em seu interior; as cores eram fortes, pesadas: preto e roxo. Máquina de "gelo seco", música ambiente, som de discoteca completavam o ambiente.

Os seminaristas se superavam em sua capacidade de organização, trabalho conjunto e criatividade. Na preparação da festa, não eram nada dependentes, infantis, desanimados, submetidos. Pelo contrário, mostravam-se capazes de auto-organização, responsabilidade e dedicação espontânea e incansável.

Como um autêntico analisador institucional[1], esta festa anual superava com folga a comemoração da festa da Páscoa, data maior dos católicos e também a do aniversário do estabelecimento. Ela surgiu espontaneamente como um dispositivo que nos parece ex-

---

1 Analisador institucional: dispositivo natural ou construído que propicia a explicitação dos conflitos institucionais e sua resolução. Trata-se de uma montagem que torna manifesta as forças que constituem a organização. "Um analisador natural é produzido espontaneamente pela própria vida histórico-social, libidinal e natural, como resultado de suas determinações e margem de liberdade" (Baremblitt, 1998, p.152).

plicitar eficazmente o conflito relativo à produção de subjetividade no contexto institucional do Seminário Católico e sua resolução: manifesta o jogo de forças, os desejos, interesses e fantasmas dos diversos atores institucionais, culminando na explicitação de potências que parecem invisíveis ou sufocadas no cotidiano ordinário. Mas de qualquer forma ela parece não registrar sua presença e seus efeitos, mais do que como ritos de exceção, nesse contexto, facilmente recuperados a serviço do instituído.

O seminário funciona como uma máquina para produzir uma "identidade sacerdotal" nos seminaristas, conforme se pode ler nos documentos oficiais o sentido dos enunciados: "plasmar", "formar", "modelar", "inculcar". Mas isso não cola, dizem os seminaristas, que resistem ao processo de sobrecodificação, de modelagem. Eles são espertos, capazes mesmo de nos ensinar que a questão identitária é apenas um jogo. Eles jogam, mas não colam no modelo. Talvez seja o modelo mesmo que não cole em sujeitos pós-modernos.

A "Festa de Halloween" é um baile de máscaras, de fantasias. Os seminaristas se fantasiaram: o refeitório decorado ficou cheio de curiosos tipos farsescos, pois ali circulavam "padres", "bispos", "frades franciscanos" improváveis, "dráculas", "monstros corcundas", "anjos" e diversas personagens "femininas", é claro: "freiras" inacreditáveis, "bruxas", "fadas". Havia também convidados de fora, pessoas de algum modo ligadas ao seminário, homens, mulheres, moças e rapazes. Alguns vieram a rigor para a ocasião. Os seminaristas, fantasiados ou não, se soltavam na pista de dança, no embalo das músicas correntes mais animadas, demonstrando conhecimento das coreografias que eram moda na televisão. Os "exus" ficavam no seu canto, sentados à mesa, tomando cerveja e reclamando da "baixaria" dos companheiros fantasiados, escandalizados com sua ousadia e seu barulho.

Ao longo desse trabalho, temos demonstrado a irreverência e a autocrítica de que são capazes os seminaristas. Essa festa era um enigma para nós. Não podíamos entender como ela era possível ali no estabelecimento. Ficávamos presos ao seu aspecto lúgubre, numa crítica à invasão cultural de mais um modismo americano.

Ora, os seminaristas, sob o pretexto da festa, expressavam o modo do próprio processo de produção de subjetividade, jogando, divertindo-se com a seriedade das personagens do seu mundo clerical. Eles resistiam aos assaltos das estratégias dos poderes disciplinares e dos saberes subjetivantes, normalizadores, que pretendiam se apropriar dos seus corpos e produzir uma subjetividade serializada.

O baile de fantasias revelava que os seminaristas reservavam uma resposta debochada, usavam inclusive da leveza do humor, indo até a grosseria da farsa, como contra-armadilha ao projeto sobrecodificador e a sua pesada seriedade, baseada no mau humor e na coação pelo medo. Durante a festa, era a equipe de formadores que estava destituída do seu usual papel de mando, exposta ao riso e rindo junto com os seminaristas.

A festa expressa a espantosa capacidade dos seminaristas de transmitir algo fundamental: uma mestria no afastamento de si mesmo, em devir outro, em rir de si, dos outros, revelando apenas e novamente uma máscara, não um rosto. Um seminarista fantasiado revela alguém que habita provisoriamente o núcleo vazio de um sujeito desprovido de toda interioridade, personalidade ou identidade, algo que respira e pulsa em sua plena processualidade, distante de qualquer microfacismo.

A especificidade da subjetividade produzida no seminário

Acreditamos que de fato o seminário católico produz uma subjetividade diferenciada em seu contexto institucional. A institucionalização da vida do indivíduo produz um tipo de subjetividade específica, trabalhando na sua formação mediante práticas sociais que incidem diretamente na sua constituição subjetiva, mobilizando suas diversas possibilidades. O seminário católico pesquisado pode ser adequadamente entendido com base na categoria de instituição total (Goffman, 1987), e nele encontramos muitos dos instrumentos que nesses estabelecimentos totalitários modelam a subjetividade dos internados.

Constatamos que os relacionamentos dentro do grupo dos seminaristas internados são predominantemente conflitivos e obscuros, marcados pela rivalidade fraterna, chegando ao extremo das delações e perseguições pessoais.

As relações entre o grupo dos seminaristas/internados e a equipe dirigente/formadores são caracterizadas pela ambiguidade: o tipo de liderança exercido pela equipe de padres formadores se pretende democrático, participativo, colegial e com insistência num regime de transparência, mas esse discurso é posto em xeque quando práticas nitidamente autoritárias de dominação e controle começam a funcionar, ocasionando tensões, desgastes, expulsões de membros da comunidade. O processo decisório está realmente nas mãos da equipe de formadores, que apesar de sua boa vontade geralmente se vê presa do modo de funcionamento próprio das instituições totalitárias.

A comunicação, como vimos a propósito das assembleias comunitárias, padece de interessantes fenômenos que já comentamos. Há todo um jogo de esconde-esconde entre os dois grupos principais no estabelecimento, seminaristas e equipe de formadores guardam segredos uns dos outros. Facções dentro do grupo dos seminaristas internados também ocultam informações e segredos uns dos outros. Podemos dizer que uma das formas predominantes de administração dos conflitos é a sua negação, o seu não reconhecimento.

A subjetividade do seminarista diocesano é construída por meio dos diferentes processos que descrevemos ao longo desta análise. Suspeitamos que o seminário não está utilizando instrumentos que realmente lhe permitiriam atingir seus objetivos. Parece que, de fato, a vida concreta no cotidiano do estabelecimento produz resultados contrários aos objetivos institucionais oficiais.

Partimos da hipótese de que o candidato à ordem sacerdotal renuncia livremente a importantes aspectos da sua vida corrente ao ingressar no seminário: há perda de autonomia pessoal, da liberdade para ir e vir, agir e decidir; ele começa sua "carreira moral" (ibidem, p.111) como internado num processo caracterizado pela segregação, pelo esquadrinhamento e pela uniformização normatizada. Agora podemos apontar alguns dos efeitos da vida no contexto institucional do seminário católico na subjetividade do seminarista: ele é retirado do mercado de trabalho e inserido numa vida tutelada e tiranizada que fomenta nele comportamentos de dependência excessiva, ao reduzi-lo a uma condição de menoridade; o celibato compulsório interdita a sexualidade do seminarista, mas ele deve viver integrado num grande grupo monossexuado, exposto a todas as vicissitudes do polimorfo desejo humano; sobretudo, a contradição detectada entre um aparelho de dominação microfísica e o discurso ideológico que proclama "liberdade com responsabilidade e participação" parece produzir uma modalização subjetiva no seminarista, que apresenta características marcadas pela clivagem do eu e da realidade e pela renegação (coexistência no eu de duas atitudes opostas para com a realidade, sem que elas se influenciem mutuamente, evitando seus efeitos conflitantes e angustiantes).

Parece que as instituições totais, e o seminário enquanto uma delas, têm mesmo "razões" que a equipe dirigente com seus objetivos oficiais desconhece (Maduro, 1981); acabam produzindo indivíduos diferentes do que pretendiam. Estamos constatando que provavelmente são mais formadoras e modeladoras da subjetividade as práticas sociais reais que se desenvolvem na vida institucional do que seus projetos oficiais.

Como os seminaristas reagem a práticas sociais que instrumentalizam sua formação no contexto institucional do seminário? Quais os efeitos desses procedimentos de modelagem da subjetividade nos seminaristas?

Por intermédio das entrevistas, vimos que os seminaristas costumam sentir o enclaustramento como perda da liberdade; utilizam o quarto individual como refúgio e espaço de privacidade e autonomia pessoal; o alívio parcial e incompleto das necessidades econômicas em uma relação de tutela informal, na qual não se pode trabalhar para obter dinheiro, expõe os seminaristas a situações humilhantes e paradoxais: sentem-se pressionados pela gratuidade da sua vida na instituição a responder com bom desempenho nas várias atividades formativas; a cobrança produz neles uma sensação de inferioridade e pouca valia pessoal; o tempo é experimentado como rotineiro, bastante controlado e vigiado; desligamentos misteriosos de colegas produzem ansiedade, pânico, persecutoriedade e sentimento de ser descartável; lançam mão dos ajustamentos secundários, por meio de ações que mostram sua resistência à modelagem subjetiva e de diversos processos adaptativos (conversão, colonização, sobretudo a estratégia da "viração" e da dissimulação) para burlar o processo normatizador institucional ao qual estão submetidos; os seminaristas lidam com a informação de um modo renegatório, e a fofoca parece ser o principal indicador desse mecanismo. A vida no contexto institucional pode ser experimentada pelos seminaristas como algo altamente aversivo, experiência que não se deseja mais repetir. A percepção da diferença entre o discurso oficial formativo e a prática concreta do aparelho repressivo parece corroer as bases da convivência comunitária, minando a confiança e a segurança dos seminaristas.

Os seminaristas expressam, em geral, com tons bastante agonísticos, os modos como repercutem neles as práticas institucionais desse seminário, e sobretudo a contradição observada entre elas e um certo imaginário do seminário como uma espécie de microparaíso, e entre elas e o próprio discurso institucional oficial. Isso volta ou manifesta-se em angústia, crítica e autocrítica, rancor, revolta velada e às vezes declarada, somatizações e renegações (percebo, mas esquecerei).

De nossas análises emerge a hipótese de que os seminaristas parecem viver um tempo e circunstâncias que devem, *a priori*, ser varridos da sua história, e que, embora sejam condição inevitável para sua ordenação sacerdotal, são ao mesmo tempo algo que se suporta, fundado na certeza de que será esquecido. Constatamos nos seminaristas entrevistados que a experiência desse tempo de formação vivido no seminário coexiste com a esperança redentora do recalque.

Vimos que a equipe dirigente se põe no papel de interditor e vigia dos seminaristas; sente o peso e o desgaste de administrar a instituição e reclama dos seminaristas, considerando-os eternos insatisfeitos, melindrosos, ingratos, que sempre pressionam e desafiam os formadores de modo mais ou menos velado. Reclama que os seminaristas são demasiado problemáticos, indóceis e se escondem, vivem no anonimato e distantes dos formadores. Percebe que há um clima pesado na instituição, ocultado por uma fachada de bem--estar e tranquilidade. Detecta que algo não funciona como devia no seminário, sobretudo porque os padres novos que ali se formaram têm apresentado problemas. Ela vê a instituição como algo que deve ser aperfeiçoado mediante uma luta que conquiste melhores condições de formação para os seminaristas.

Se o objetivo do seminário é formar sacerdotes, trabalhando a subjetividade dos seminaristas internados pelo processo formativo descrito no Regimento Interno, discurso oficial no qual figuram os objetivos da instituição, constatamos no entanto que são realmente mais formadoras e modeladoras da subjetividade dos seminaristas internados as *práticas sociais* e as relações intersubjetivas que se desenvolvem no contexto institucional. As alterações que realmente ocorrem parecem não ser as desejadas pela equipe dirigente. Os seminaristas parecem se submeter e deixar-se educar e reorganizar subjetivamente, mas eles se defendem da "reforma" normatizadora imposta utilizando-se dos ajustamentos secundários, habituando-se a costumes contrários ao discurso formativo da instituição e também se valendo da estratégia de "dançar conforme a música". Os sujeitos entrevistados parecem pretender esgotar os efeitos do exercício dessas práticas renegatórias no tempo de permanência no seminário, porém tudo indica que elas deixam marcas mais indeléveis em sua subjetividade do que eles supõem.

Acreditamos que o processo formativo oferecido pelo estabelecimento seminário, por padecer das mazelas estruturais das instituições totais, apesar da sua especificidade e das diferenças já apontadas, e por funcionar a partir de um dispositivo tipicamente disciplinar, segrega, esquadrinha e submete os seminaristas, que procuram resistir como podem ao processo. Entendemos que os efeitos repressivos desse aparelho institucional impedem que a formação oficialmente buscada seja alcançada.

O processo formativo no seminário filosófico não faz o que diz ou, se faz, faz de modo sofrível, segundo os seminaristas. Mas, pelo contrário, também faz o que não diz, e o faz muito bem. As várias dimensões do processo formativo são implementadas de modo pelo menos sofrível, produzindo efeitos e resultados com essa mesma consistência. Já o que se faz sem dizer parece operar com profundidade no processo formativo, implementando uma série de procedimentos "ocultos", "desconhecidos", não intencionais, mas extremamente eficazes. Essa "programação oculta" no funcionamento institucional não pode produzir os resultados que se esperaria dos objetivos oficiais. Desse ponto de vista, esses mecanismos "desconhecidos" produzem o que podem: sujeitos (de)formados, (des)educados na simulação, na hipocrisia, acostumados a rivalidades, delações, vinganças, demonstrando o que não são e escondendo o que realmente são. Aprendem a viver cindidos: "sou assim, mas me mostro do jeito que desejam me ver"; "rezo segundo seu catecismo mas, ocultamente, adoro meus próprios deuses"; "danço conforme sua música, mas meu baile é outro"; "uso a máscara que você quiser". Terminam por acreditar que devem negar a realidade e conviver com ela, viver "um faz de conta", sabendo que o que realmente importa é outra coisa.

O processo formativo no seminário pesquisado busca normatizar os comportamentos, pensamentos e sentimentos dos seminaristas. A relação formativa entre a equipe dirigente e os seminaristas internados se apresenta plena de contradições. Por um lado, há um discurso que proclama a participação, a iniciativa, a "liberdade com responsabilidade", conjugadas com um chamado a que o seminarista assuma a tarefa formativa como uma responsabilidade pessoal no estabelecimento. Ao mesmo tempo, o seminarista se sente pressionado a se conformar com as normas, deve aderir e formar consenso ao redor do projeto eclesiástico proposto pela organização. Detectamos o funcionamento de controles autoritários, explícitos e implícitos no contexto institucional, além do controle exercido pelos pares. O ideal visado parece ser a internalização do controle: o autocontrole.

Acreditamos que o modo de funcionamento desse seminário católico, as práticas sociais desenvolvidas, para além do discurso formativo de caráter participativo, numa política contraditória, pode

PESCADORES DE HOMENS 305

estar produzindo nos seminaristas internados comportamentos bastante próximos da atitude perversa. Os seminaristas se põem no papel de vítimas impotentes diante de um aparelho repressivo, lançando mão do uso de mecanismos de defesa tipicamente perversos: a clivagem e a renegação, que consistem na divisão tanto do eu como da realidade, e na coexistência, no eu, de duas atitudes contraditórias para com a realidade, em que ambas persistem e não se influenciam mutuamente, o que parece permitir-lhes poupar-se da angústia e do sofrimento dos conflitos. Reconhecem e simultaneamente desconhecem a realidade de uma percepção traumatizante. Aparentemente, as contradições internas no processo formativo desse seminário católico estudado estariam produzindo ou ao menos selecionando e modelando seminaristas com uma subjetividade caracterizada pelo cinismo, pela astúcia, pela agressividade e pela ambição.

Esse seminário católico, por seu irrevogável caráter de instituição total, parece deixar muito remotas as ações instituintes, tanto pela desvalorização como pela coerção de ações coletivas de contra-hegemonia. Nessas condições, parecem possíveis apenas ações, individuais ou coletivas, fundadas na negação clandestina da ordem, ou ocorrências de atos perversos ou mesmo psicopáticos – levar a cabo clandestinamente ações contra as normas da ordem institucional –, sustentando ao mesmo tempo a afirmação do respeito a ela, por meio, por exemplo, dos diversos ajustamentos secundários. Eis, deste prisma, mais uma vez o desenho da renegação como atitude subjetiva marcante. As ações aparentemente mais genuínas, como as realizadas durante a citada festa, acabam sendo facilmente assepsiadas e recuperadas a favor do instituído, dado seu caráter de "ritual de exceção".

O seminário, funcionando a partir da lógica das instituições totalitárias, despoja o indivíduo de autonomia, responsabilidade, capacidade de reflexão crítica, procurando transformá-lo em massa dócil, moldável, obediente e submissa. Como opera por subtração, retira o vocacionado da vida civil corrente para torná-lo um "seminarista", personagem habitante de um mundo clerical. É preciso examinar constantemente o seminarista, considerado tacitamente um transgressor em potencial: vindo das camadas populares, de onde é arrancado, deve, no processo formativo institucional, socializar-se e identificar-se com o poder clerical dominante, alinhado com as forças hegemônicas sociais.

O seminarista é posicionado como o "súdito", aquele que deve obediência ao seu "Senhor", membro do clero, seu padre formador. Um dia, o seminarista será possivelmente ordenado padre, quando passará a ser "Senhor", constituído em autoridade e dignidade. Por ora, no seminário, ele é infantilizado e vive na contraditória situação de submissão e humilhação, sem poder questionar.

O jovem candidato ao sacerdócio não pertence à classe social dominante, seja ela clerical ou mundana, mas será levado a pactuar com ela. Suas condições reais de classe são mantidas no processo formativo: submissão, dependência, menoridade tutelada, marginalidade institucional que exige vigilância permanente. Oprimidos nas suas condições de vida tanto social como institucional no Seminário, tornam-se opressores nas relações fraternas com seus pares.

A passagem do "súdito" para o "Senhor" a partir da ordenação sacerdotal parece uma consequência "natural" desse processo: oprimido/opressor, súdito/Senhor. É como uma carta de baralho: duas figuras invertidas que constituem apenas uma e mesma personagem.

Embora haja uma série de "brechas" que aparentemente suavizam o caráter totalitário do seminário (a contínua possibilidade de deixar de ser seminarista, por uma decisão pessoal do jovem, as saídas para a cidade, as atividades pastorais fora da instituição etc.), tendemos a pensar que tais aspectos apenas tornam a estratégia disciplinar mais difusa, invisível e capilar: onde quer que esteja, o seminarista é alvo de uma vigilância onipresente: dos pares, da comunidade mais ampla etc., tal como discutimos acima, em sintonia com as análises de Benedetti (1999a; 1999b). Ao comentar a entrevista com o padre reitor, também afirmamos que a flexibilização pedagógica da "grande disciplina" parece mais um aperfeiçoamento da tecnologia disciplinar, apontando para a sofisticação de uma "sociedade de controle" (Deleuze, 1992).

Conclusões e perspectivas

Com base nos estudos que realizamos, entendemos que o descompasso e a contradição entre o plano estabelecido em seus estatutos e as práticas implementadas em seu projeto cotidiano são um elemento das instituições em geral. Essa cisão formal encontra seu sentido no fato de que o sucesso de uma instituição depende do seu aparente fracasso como organização formal que se dispõe a realizar alguns objetivos específicos.

Foucault (1999b) ressalta que a principal função das instituições no estrato sócio-histórico da sociedade disciplinar é de normalização, com a implementação de práticas classificatórias, hierarquizantes, de distribuição de lugares. Desse modo, o atual campo enunciativo que possibilita "ver" e "falar" algo (remetendo às práticas) aprisiona e aliena ambos os polos (agentes institucionais dirigentes e clientela). O objetivo de uma instituição é controlar os desvios dos sujeitos enquanto indivíduos, esquadrinhando seus comportamentos e efetuando sobre eles uma vigilância constante. Quase poderíamos dizer que os diversos atores institucionais "não sabem o que fazem", afinal, é o seu ser social que determina a sua consciência e as suas práticas (Maduro, 1981). Sabemos que a sua ação é historicamente condicionada e determinada pelas condições sociais gerais de produção e reprodução da existência.

No seminário investigado, constatamos e demonstramos essa dissociação ideológico-prática. É provável que os diversos atores institucionais possam não percebê-la conscientemente, mas experimentam graus variáveis de sofrimento nesta "máquina de vigiar" institucional. Numa reunião do corpo docente do curso de Filosofia, ouvimos o padre reitor afirmar que o seminário não tinha ainda um projeto pedagógico explicitamente pensado e elaborado, mas apenas um Regimento Interno formulado já havia anos. Pensamos que se não há um plano institucional intencionalmente articulado, há um que funciona na prática, de modo empírico e automático, no qual prevalece a função normalizadora.

Também é verdade que se uma instituição cumprisse o que se propõe a realizar, ela se dissolveria. E as instituições tendem a resistir aos processos de dissolução, por isso gastam grande parte das suas energias em esforços de automanutenção. Mas temos o direito de exigir das instituições o cumprimento do "contrato simbólico" (Costa-Rosa, 2000; 2002), questionando até que ponto os instrumentos utilizados têm alguma conexão com a possibilidade de elas cumprirem suas promessas.

Podemos afirmar que a institucionalização da vida do indivíduo produz um tipo de subjetividade específica trabalhando na sua formação por meio de práticas objetivantes e subjetivantes que incidem diretamente na sua constituição subjetiva, promovendo a explicitação, ou mesmo a acentuação, de várias das suas possibilidades neuróticas, psicóticas e perversas.

Na sociedade capitalista, as instituições metabolizam a contradição principal (capital/trabalho) mediante diversas estratégias. As relações de poder são escamoteadas e interpretadas de um modo funcionalista: tendência a uma psicologização interiorizante e individualizante, ou a uma sociologização que universaliza os interesses da equipe dirigente (representante das forças hegemônicas sociais e institucionais), negação das contradições sociais reais e um processo de naturalização que elude a historicidade dos fatos (Albuquerque, 1986).

Acreditamos que é necessário pensar as relações de poder situadas no conjunto de práticas sociais que produzem os sujeitos como corpos dóceis, adestrados e seres desejantes (Foucault, 1999b). Uma articulação pertinente dos fenômenos emergentes no contexto institucional pode ser elaborada num processo de análise institucional, em busca de superar posicionamentos funcionalistas ingênuos.

Pensamos que as dificuldades e os problemas das instituições totais (incluído o seminário) não se modificariam apenas com novos métodos e técnicas de gerenciamento institucional. A inércia do instituído tende a mover os atores institucionais na direção de receitas que prometam soluções mágicas e rápidas para seus impasses e conflitos. Assim, buscam-se reformas para manter tudo como está, produzindo modificações em aspectos secundários que geram somente efeitos paliativos (Baremblitt, 1998).

Seria preciso ousadia para modificar o eixo central das discussões: teríamos que problematizar o objeto institucional das diversas instituições totais, desnaturalizando, "despsicologizando", "dessociologizando" o homem que aí é processado, tomando-o como um sujeito infinitamente mais complexo e multifacetado do que a caricatura empobrecida que faz dele um personagem habitante do universo institucional totalitário.

Consideramos que é necessário analisar as diversas práticas institucionais (formativas, educativas, pedagógicas, terapêuticas, correcionais, socioeducativas), problematizando seus pressupostos subjacentes, procurando detectar como e até que ponto tais ações funcionam como filtros de transformação seletiva e deformante de qualquer proposta inovadora.

Trata-se mesmo de promover uma revolução conceitual: dependendo de como vemos determinado objeto, partimos da consideração de sua suposta natureza essencial para a produção de saberes e técnicas para trabalhá-lo. Os meios e os fins seriam então decorrentes dessa natureza presumida do objeto. É por isso que acreditamos na importância de uma análise das práticas, daquilo que fazemos no contexto institucional. O fazer embute em si uma teoria, um objeto, saberes e técnicas: produz subjetividade, modos de existência, sujeitos, universos de materialidade social. Tal processo pode se submeter ao sentido do processo hegemônico de produção de subjetividade, mas também pode orientar-se no sentido de produções singularizadas.

Investigamos neste trabalho as condições sócio-históricas a partir das quais um certo conjunto de práticas e discursos institucionalizaram o seminário como agência de formação do padre católico. Percebemos que a figura do seminarista, ser dotado de uma presumida vocação sacerdotal, habitante de uma instituição específica, tende a ser reificada e dotada de características imutáveis e universais. O tema do seminarista vocacionado é objeto de uma construção histórico-discursiva, embora permaneça imerso ainda no essencialismo do discurso teológico e das ciências humanas das quais este lança mão – sobretudo a Pedagogia e a Psicologia – para circunscrever tal figura.

A literatura teológica sobre o seminarista – suporte de uma vocação sacerdotal transcendental – é tecida ao mesmo tempo que se institui um local específico que o acolhe e o nomeia, identificando determinado jovem como seminarista e vocacionado: o seminário católico, instituição criada pelo Concílio de Trento (1554-1563). Podemos dizer que a formação sacerdotal atingiu, a partir desse concílio, um estatuto de problema e o seminário foi a instituição criada para a metabolização dessa demanda social, lugar onde saberes e poderes se articularam para sua produção.

Historicamente, tem predominado na cultura eclesiástica o modelo segregativo clássico do seminário como instituição na qual se cultiva e se desenvolve a vocação sacerdotal nos candidatos (Cabras, 1982; Ferraz & Ferraz, 1994; Tagliavini, 1999; Rocha, 1990). Nossa pesquisa revelou as funções de internação, de custódia e de coação que são produzidas nesse equipamento educativo, com uma rica e vasta difusão de mecanismos capilares de controle social no estabelecimento. Detectamos também a dificuldade de adequação das práticas formativas (métodos de trabalho formativo) aos princípios abstratos (teológicos e doutrinais) que regem, no plano do saber, a formação sacerdotal.

No século XX, a teologia da vocação e o seminário foram invadidos e colonizados pelos saberes das ciências humanas, especialmente por saberes e práticas da Psicologia e da Pedagogia nascentes, produzindo um modelo normatizador e totalizante ao elaborar saberes sobre seu objeto: o sujeito vocacionado. Hoje, temos um discurso teológico-psicopedagógico sobre a vocação sacerdotal que trata o seminarista vocacionado como um indivíduo dotado de características ideais, a-históricas, como se esta figura, que emergiu dos discursos teológicos e práticas eclesiais, estivesse desde sempre na história – como se fosse um objeto natural.

Realizar uma genealogia do seminário e do seminarista exigiu identificar os saberes que atravessam determinadas práticas institucionais, delimitando redes de saber-poder nas quais se produziu o sujeito em questão como um problema. Consistiu, portanto, na análise de um espaço onde se entrelaçam práticas discursivas e práticas não discursivas, ou seja, as instituições e as relações de poder que tornam possível um certo conjunto de saberes e produção de subjetividade. Trata-se efetivamente de uma "análise histórica das condições de possibilidade dos discursos" (Machado, 1981, p.188), de enunciados com estatuto de verdade que produzem sujeitos.

Estudar a produção da subjetividade no contexto institucional de um seminário católico significou a elaboração de uma história voltada para o presente, de uma crítica do presente: nosso objetivo era utilizar o conhecimento para promover uma reflexão sobre a prática, uma contribuição que permita possibilidades de modificar as condições políticas vigentes. Os saberes que configuram o seminarista estavam em consonância com os objetivos históricos e políticos que regeram tal ordem de saber em suas relações com as estruturas de poder. Uma história genealógica significa, portanto, detectar de que maneira práticas discursivas e não discursivas produzem objetos específicos e determinados sujeitos sociais. Provavelmente, sem tal conhecimento, ambos dificilmente poderiam ser modificados.

Entre as instituições totais, há diferenças no modo de recrutamento: o espectro vai da coerção legal ao ingresso espontâneo. Um indivíduo, quando ingressa num seminário, o faz espontaneamente, sem coerções legais nem restrições, mas mediante seu esforço ativo, movido inclusive por um chamado vocacional. Estar nesse seminário pesquisado, de acordo com os dados, significa também uma importante ocasião de promoção social e cultural para a maior parte dos seminaristas internados. Essa é uma diferença importante entre o seminário e outras instituições totais mais opressivas, como os manicômios e as prisões. Embora não apresente o rigor explícito destas, constatamos nesse seminário o funcionamento de mecanismos mais ou menos sutis que visam à modelagem subjetiva. É preciso ressaltar que, embora o indivíduo seja livre para ingressar no seminário, uma vez constituído membro dessa comunidade, ele passa a estar sujeito a toda uma série de pressões e coerções sociais informais, implícitas nas obrigações que adquire, já que estas se convertem no caminho para chegar às recompensas da formatura ou da ordenação sacerdotal.

Como a entrada no seminário acontece a partir da vocação, em muitos casos esta parece ser sentida como um chamado inexorável, como um chamado inarredável ao qual não se pode deixar de responder. Ao seu modo, com sua especificidade, esse seminário possui elementos importantes que nos permitem entendê-lo como uma instituição total, com base nos dados que coletamos.

Apresentaremos resumidamente os aspectos mais relevantes que detectamos em relação à situação dos seminaristas no processo formativo:

Os seminaristas provêm, em sua maioria, das classes populares oprimidas: trabalhadores braçais e jovens empregados no setor de serviços, que são retirados do mercado de trabalho.

Ingressam no seminário ainda jovens, muitos com razoável experiência de trabalho, quando desfrutavam relativa autonomia pessoal.

Entram na instituição desconhecendo a especificidade do processo formativo sacerdotal. A realidade se lhes apresenta algo chocante no seminário menor e no propedêutico.

Os seminaristas estão submetidos ao poder discricionário da autoridade episcopal e da equipe de formadores que os acolhe no processo formativo. O correlato de tal poder é o medo silencioso do grupo dos seminaristas, indivíduos que custam caro para a instituição, mas que podem ser descartados a qualquer momento pela equipe dirigente ou pelo bispo.

Em troca de sua liberdade e de sua autonomia, de seu pensamento crítico, de sua atividade sexual e de sua capacidade produtiva, os seminaristas recebem casa, comida, roupa lavada e estudos gratuitos, bem como um padrão de vida de classe média alta, em regime de internato, por mais ou menos oito anos.

A submissão à hierarquia é algo que não pode ser contestado pelos seminaristas: posturas de liderança, rebeldia, contestação ou corporativismo são entendidas como afronta e ameaça potencial futura que devem ser eliminadas precocemente, cortando o mal pela raiz, com a dispensa de tais candidatos.

Os seminaristas sabem que devem ser obedientes e submissos ao clero, sofrem tudo calados. A regra é a do silêncio durante o processo formativo. Mas, quando "tiverem a estola no pescoço", quando se tornarem padres, então nada nem ninguém mais poderá ameaçá-los. Alcançarão um *status* superior à lei, ingressando num tempo e numa etapa de vida em que sua arbitrariedade poderá campear impunemente. Imaginam-se o próprio grande Outro encarnado e comportam-se como tal.

Os seminaristas submetem-se ao regime disciplinar institucional e às suas punições e penalidades. O regime disciplinar é "oficioso", suas regras básicas não estão formuladas de modo explícito e evidente. O que parece ser liberalização e flexibilização da "grande disciplina" na verdade funciona de modo inverso: há um regulamento difuso que penetra e funciona de modo sutil, tornando a vigilância e o controle mais capilares, eficientes e onipresentes.

Entendemos que se produz uma relação do tipo perversa, renegatória, um reconhecimento/desconhecimento tácito da dimensão instituída, disciplinar e normalizante do seminário e do processo formativo que nele se realiza. Tanto a equipe dirigente como os seminaristas internados se dilaceram no processamento dessa maquinaria kafkiana totalitária – o que, por outro lado, parece indicar que não é assim tão bem consolidado o mecanismo de renegação dos conflitos e contradições em que se está imerso.

A tutela informal e incompleta põe os seminaristas numa situação desconfortável e incerta, na qual podem experimentar humilhações, dependência e privações. Essa situação parece corresponder à desconfiança institucional tácita quanto à idoneidade e à vocação dos candidatos. Como cobrir todos os gastos se não é possível ter certeza plena do retorno do investimento aplicado?

Os estudos filosóficos, mesmo que meramente considerados uma obrigação no limite do suportável para a maioria dos seminaristas, os tornam mais críticos, extremamente duros com a equipe dirigente. Acirram-se as contradições, os conflitos e as lutas, que permanecem ardendo em surdina, caldo explosivo que ferve no silêncio, implicando altos custos que se traduzem em maior tensão nas relações intrainstitucionais cotidianas, mas principalmente em ônus subjetivo.

A tensão crescente no ambiente institucional é aliviada pelas festas constantes, nas quais se come e bebe exageradamente: há festas dos aniversariantes do mês, saídas para comer com padres visitadores das dioceses, confraternizações de turma por classe, por grupo diocesano, aniversário da instituição etc. São uma forma clara de aumentar os "rituais de exceção" ao cotidiano difícil de suportar e metabolizar.

Há um intenso erotismo permeando a vida no claustro, mesmo apesar do interdito do celibato, e talvez também por causa dele. Parece que o celibato é entendido pelos seminaristas apenas como uma regra disciplinar que necessariamente não os impede de experimentar diversas práticas amorosas, tanto heterossexuais como homossexuais, seja fora ou dentro dos muros do estabelecimento. A questão que emerge no contexto institucional poderia ser formulada mais ou menos assim: "Como ser celibatário sendo sexuado, capaz de afetar e ser afetado pelos demais? Como um ser desejante, faminto de amor e sexuado, pode viver uma vida celibatária?"

Detectamos no processo formativo no seminário católico uma forte contradição entre um aparelho disciplinar e um discurso participativo, entre as práticas e o discurso institucional. Chegamos à conclusão de que o estabelecimento está organizado a partir do mecanismo da renegação[1]: esta situação ambígua parece estar (re)produzindo nos seminaristas uma modalidade específica de subjetividade que nos parece caracterizada por comportamentos predominantemente de tonalidade perversa. Eles parecem viver um tempo e circunstâncias que devem *a priori* ser varridos da sua história. A formação é um tempo que se suporta, fundado na certeza de que será esquecido. Portanto, tudo se passa como se uma parte da consciência reconhecesse a realidade conflitiva e a outra parte, simultaneamente, não reconhecesse a sua existência. Uma corrente psíquica funda-se na realidade, a outra no desejo.

Se não podemos afirmar que o seminário católico produz sujeitos perversos, pensamos que a sua oferta no contexto social e os seus modos de ser no cotidiano provavelmente atraem indivíduos assim constituídos e que podem ter grande sucesso na carreira eclesiástica. Por outro lado, fomentar uma vida na qual se ignora o que se faz, apesar de fazê-lo, pode produzir ou incrementar uma modalidade específica de subjetividade de tonalidade perversa: "percebo, mas será esquecido".

Levantamos também a hipótese de que um projeto de vida celibatária pode ser também muito atraente para sujeitos de estrutura histérica, com forte inibição sexual diante da mulher, indivíduos com grandes possibilidades de atuações homossexuais, acompanhadas de intensa angústia.

Em termos de *performance* ética, pensamos que o seminário católico, dispositivo de formação eclesiástica da Igreja Católica, caracteriza-se mais pela (re)produção das relações sociais dominantes,

---

1 Renegação: mecanismo psíquico de defesa que se caracteriza pela recusa (não reconhecimento de uma realidade percebida como traumatizante) e pela clivagem (coexistência no eu de duas atitudes para com a realidade, em que ambas persistem e não se influenciam) (Laplanche, 1996, p.436-8). "Dividir-se diante da realidade e, ao mesmo tempo, reconhecê-la e recusá-la corresponde à renegação no sentido estrito do termo" (Bourguignon, 1991, p.58).

(re)produzindo uma subjetividade predominantemente serializada. Verificamos que há uma encomenda institucional no seminário investigado: deve preparar "profissionais do sagrado" e administradores paroquiais, membros qualificados do quadro hierárquico eclesiástico. Pudemos observar uma "escolarização" do processo formativo, quase fazendo equivaler formatura acadêmica e preparação propriamente sacerdotal.

Detectamos também uma demanda[2] na instituição: o seminário seria o lugar para o qual se dirigem rapazes que buscam uma experiência mística: sentem-se chamados a seguir Jesus Cristo, pobre, casto e obediente, rei, sacerdote e profeta, tornando-se sacerdotes na Igreja Católica. A pergunta que nos fazemos é a seguinte: como ser místico no século XXI, seguindo Jesus Cristo? Essa talvez seja a oferta (plano instituinte) que o seminário oferece, mas tem evidente dificuldade em proporcionar.

A partir de nossa investigação, pudemos perceber que o seminário se apresenta como um estabelecimento que encarna o poder disciplinar e os diversos procedimentos que esse tipo de poder implementa. As relações de formação entre formadores e seminaristas são centralizadas autoritariamente nos primeiros, elemento que nos parece privilegiado na constituição do seminário enquanto agência de produção de subjetividade. Produz sujeitos individualizados, que funcionam, sobretudo, por meio do mecanismo da renegação, capazes e adestrados para atuações de caráter perverso, como, por exemplo, pregar dogmas e verdades que, no fundo, tendem a não aplicar a si próprios.

---

2 "A demanda é a falta em sentido amplo: conjunto das pulsações produzidas pelo antagonismo das forças em jogo no espaço socioeconômico e cultural. A encomenda é uma espécie de contraface da demanda, o modo como a demanda aparece empiricamente nos pedidos. A demanda só pode traduzir-se em encomendas através da sua mediação imaginária e ideológica. Ou seja, a tradução da demanda social em pedidos depende dos modos de representação do que seja 'falta' e o que se deseja; da representação das ofertas à disposição no campo, capazes de 'responder'; bem como do reconhecimento por parte de quem solicita, das ofertas à disposição no espaço sociocultural" (Costa-Rosa, 2002, p.1).

Acreditamos que esse tipo de processo formativo que se realiza no seminário provavelmente tem uma incidência direta no tipo de prática social desenvolvida pelos padres, que depois de formados passam a ocupar lugares proeminentes na liderança de setores relevantes da população.

As generalizações são sempre perigosas, mas concluímos este estudo com uma interrogação bastante incômoda: Será que o seminário que investigamos é um caso único entre as instituições do gênero? Pensamos que os seminários que se organizam de acordo com a lógica totalitária do poder disciplinar provavelmente não se distanciarão muito das cartografias que traçamos.

Realizar esta pesquisa significou reconstruir e apropriarmo-nos do sistema de regras que institui o processo formativo eclesiástico. Ao estudar seu aparecimento e funcionamento, pudemos entender, agora a uma certa distância e com o auxílio de um instrumental estratégico, como ele se organiza e o que pode produzir nas atuais circunstâncias.

Entender o que vivenciamos em nosso próprio corpo e em nossa história pode ser imensamente libertador: trata-se realmente de um vasto e complexo sistema instituído por poderes e saberes, enunciados e práticas, construído historicamente, que produz e reproduz sujeitos de modo eficaz. Uma enunciação pode ter estatuto e efeitos de verdade, mas nos apropriarmos dela, descobri-la como apenas enunciação, pode ser imensamente libertador. Então, produzindo outras enunciações, podemos vislumbrar a possibilidade de construir e habitar outras experiências e realidades, de produzir outros sentidos para a própria vida.

Quando iniciamos este estudo, não sabíamos onde iríamos chegar. Surpreendentemente, o resultado não foi apenas teórico, nossa vida também se modificou. Mas a aventura ainda não terminou. Depois de estudar o seminário filosófico, seus atores institucionais e a etapa da formação sacerdotal que ali acontece, a sequência lógica de nosso trabalho é ir investigar o seminário teológico, procurando verificar nossas hipóteses atuais e, se possível, estudar o ator social criado por essas instituições: o padre, o sacerdote católico em pleno exercício do seu ministério.

REFERÊNCIAS BIBLIOGRÁFICAS

ABBAGNANO, N. *Historia de la filosofía*. Barcelona: Hora, 1994. v.1, 602p.

AGOSTINHO, S. *Confissões*. Trad. J. Oliveira Santos; A. Ambrósio de Pina. São Paulo: Abril Cultural, 1973. 318p. (Os Pensadores).

ALBUQUERQUE, J. A. G. *Instituição e poder*: a análise concreta das relações de poder nas instituições. 2.ed. Rio de Janeiro: Graal, 1986. 163p.

ALVES-MAZZOTTI, A. J.; GEWANDSZNAJDER, F. *O método nas ciências naturais e sociais*: pesquisa quantitativa e qualitativa. 2.ed. São Paulo: Pioneira, 1999. 206p.

AMARANTE, P. (Org.). *Psiquiatria social e reforma psiquiátrica*. Rio de Janeiro: Fiocruz, 1994.

_____ . *Loucos pela vida*: a trajetória da reforma psiquiátrica no Brasil. 2.ed. Rio de Janeiro: Panorama/ENSP, 1998. 136p.

_____ . *O homem e a serpente*: outras histórias para a loucura e a psiquiatria. Rio de Janeiro: Fiocruz, 2000a. 142p.

_____ . *A loucura da história*. Rio de Janeiro: LAPS/ENSP/Fiocruz, 2000b. 498p.

ANTUNES, J. L. F. *Hospital*: instituição e história social. São Paulo: Letras e Letras, 1991. 168p.

BAREMBLITT, G. F. (Org.). *O inconsciente institucional*. Petrópolis: Vozes, 1984. 164p.

320 SÍLVIO JOSÉ BENELLI

BAREMBLITT, G. F. (Org.). *Compêndio de análise institucional e outras correntes*: teoria e prática. Rio de Janeiro: Record/Rosa dos Tempos, 1998. 235p.

BENEDETTI, L. R. O "novo clero": arcaico ou moderno? *Revista Eclesiástica Brasileira (Rio de Janeiro)*, n.59, p.88-126, 1999a.

_____. O "novo clero": arcaico ou moderno? *Revista Eclesiástica Brasileira (Rio de Janeiro)*, n.60, p.9-34, 1999b.

BENELLI, S. J. A produção da subjetividade no contexto institucional de um seminário católico. In: CONGRESSO DE INICIAÇÃO CIENTÍFICA DA UNESP, 13, 2001, Bauru. *Resumos do XIII Congresso de Iniciação Científica da Unesp*. Bauru: UNESP, 2001. p.208.

_____. O internato escolar como instituição total: violência e subjetividade. *Revista Psicologia em Estudo (Maringá)*, v.7, n.2, p.19-29, 2002.

BENELLI, S. J.; COSTA-ROSA, A. Modalizações da subjetividade no contexto institucional de um seminário católico. In: ENCONTRO NACIONAL DA ASSOCIAÇÃO BRASILEIRA DE PSICOLOGIA, 11, 2001, Florianópolis. *Anais do XI Encontro Nacional da ABRAPSO*. Florianópolis: ABRAPSO, 2001. p.1.

_____. Vigiar e punir no manicômio, na prisão e no seminário católico. In: RESUMOS DO ENCONTRO DE PSICOLOGIA E IV ENCONTRO DE PÓS-GRADUAÇÃO EM PSICOLOGIA, 17, Assis/SP. *Resumos do XVII Encontro de Psicologia e VI Encontro de Pós-Graduação em Psicologia*. Assis/SP: UNESP, 2002a. p.109-10.

_____. O seminário católico como instituição total produtora de subjetividade. In: REUNIÃO ANUAL DA SBPC, 54, Goiânia. *Anais/Resumos da 54a. Reunião Anual da SBPC*. Goiânia: UFG, 2002b. (1 CD-ROM).

_____. A produção da subjetividade no contexto institucional de um seminário católico. *Estudos de Psicologia*, Campinas, v. 19, n.2, p.37-58, 2002c.

BENELLI, S. J.; SAGAWA, R. Y. Observação da relação mãe-bebê pertencentes à classe trabalhadora durante o primeiro ano de vida. *Estudos de Psicologia (Campinas)*, v.17, n.3, p.22-32, 2000.

BENITO, San. *La santa regla*. Buenos Aires: Paulinas, 1984. 119p.

BEOZZO, J. O. *A Igreja do Brasil*: de João XXIII a João Paulo II, de Medellín a Santo Domingo. Petrópolis: Vozes, 1993. 432p.

BLEGER, J. *Temas de psicologia*: entrevista e grupos. São Paulo: Martins Fontes, 1980. 113p.

BOFF, C. M. Uma análise de conjuntura da igreja católica no final do milênio. *Revista Eclesiástica Brasileira*, n.221, p.125-149, 1996.

BOURGUIGNON, A. *O conceito de renegação em Freud*. Rio de Janeiro: Jorge Zahar, 1991. 219p.

BRANDÃO, M. *Psicologia e formação religiosa*. São Paulo: Paulinas, 1984. 164p.

CABRAS, A. *Os anjos querem ser homens*: um estudo sobre a laicização de padres no Brasil. São Paulo, 1982. 250p. Dissertação (Mestrado em Ciências Sociais) – Faculdade de Filosofia, Letras e Ciências Humanas, Universidade de São Paulo.

CASTEL, R. *A ordem psiquiátrica*: a idade de ouro do alienismo. Trad. M. T. C. Albuquerque. Rio de Janeiro: Graal, 1978. 329p.

CONFERÊNCIA NACIONAL DOS BISPOS DO BRASIL. *Situação e vida dos seminaristas maiores no Brasil*. São Paulo: Paulinas, 1984. 102p. (Estudos da CNBB, 40).

_____ . *Situação e vida dos seminaristas maiores no Brasil*. São Paulo: Paulinas, 1995a. 162p. (Estudos da CNBB, 74).

_____ . *Formação dos presbíteros da igreja no Brasil*: diretrizes básicas. São Paulo: Paulinas, 1995b. 127p.

COSTA-ROSA, A. *Saúde mental comunitária*: análise dialética de um movimento alternativo. São Paulo, 1987. 546p. Dissertação (Mestrado em Psicologia) – Instituto de Psicologia, Universidade de São Paulo.

_____ . *Práticas de cura nas religiões e tratamento psíquico em saúde coletiva*. São Paulo, 1995. 192p. Tese (Doutorado em Psicologia) – Instituto de Psicologia, Universidade de São Paulo.

_____ . Modo psicossocial: um novo paradigma nos tratamentos psíquicos na saúde coletiva. *Revista Vertentes*, n.5, p.11-22, 1999.

_____ . O modo psicossocial: um paradigma das práticas substitutivas ao modo asilar. In: AMARANTE, P. D. C. (Org.). *Ensaios de loucura e civilização*: 1. Rio de Janeiro: Fiocruz, 2000. p.141-168.

_____ . *A instituição de saúde mental como dispositivo de produção de subjetividade*. Assis/SP: UNESP, 2002. (Mimeogr.).

CRUZ, S. G. F. P. *Herói ou bandido?*: um estudo sobre a produção de identidade em policiais militares. São Paulo, 1989. 168p. Dissertação (Mestrado em Psicologia Social) – Pontifícia Universidade Católica.

_____ . *A produção da subjetividade em grupo de crianças em situação de risco pessoal e social e adolescentes em conflito com a lei*. Marília, 2001. 230p. Tese (Doutorado em Educação) – Universidade Estadual Paulista.

DELEUZE, G. *Foucault*. Trad. C. S. Martins. São Paulo: Brasiliense, 1988. 143p.

_____ . *Conversações*. Trad. P. P. Pelpbart. Rio de Janeiro: Ed. 34, 1992. 226p.

DREYFUS, H.; RABINOW, P. *Michel Foucault, uma trajetória filosófica*: para além do estruturalismo e da hermenêutica. Trad. V. P. Carrero. Rio de Janeiro: Forense, 1995. 299p.

FERRAZ E FERRAZ, M. G. C. *Religare*: uma cartografia da fé. São Paulo, 1994. v.1, 128p. Tese (Doutorado em Psicologia) – Pontifícia Universidade Católica de São Paulo.

FIGUEIREDO, G. R. *A evolução do hospício no Brasil*. São Paulo, 1996. 238p. Tese (Doutorado) – Escola Paulista de Medicina.

FINKLER, P. *O formador e a formação*. Trad. L. R. S. S. Malta. São Paulo: Paulinas, 1990. 317p.

FLICHE-MARTIN. *Historia de la iglesia*: 1: XIX. Valencia: EDICEP, 1976. 697p.

FOUCAULT, M. *O nascimento da clínica*. Rio de Janeiro: Graal, 1977. 241p.

_____ . *A vontade de saber*. Trad. M. T. C. Albuquerque. 4.ed. Rio de Janeiro: Graal, 1982. 152p. (História da sexualidade, 1).

_____ . *A verdade e as formas jurídicas*. Trad. Roberto Cabral de Melo Machado; Eduardo Jardim Morais. Rio de Janeiro: PUC, 1984a. 158p.

_____ . *O uso dos prazeres*. Trad. M. T. C. Albuquerque. Rio de Janeiro: Graal, 1984b. 232p. (História da sexualidade, 2).

_____ . *O cuidado de si*. Trad. M. T. C. Albuquerque. Rio de Janeiro: Graal, 1985. 246p. (História da sexualidade, 3).

_____ . O sujeito e o poder. In: DREYFUS, H.; RABINOW, P. *Michel Foucault, uma trajetória filosófica*: para além do estruturalismo e da hermenêutica. Trad. V. P. Carrero. Rio de Janeiro: Forense, 1995. p.231-49.

FOUCAULT, M. *Resumo dos cursos do Collège de France (1970-1980)*. Rio de Janeiro: Jorge Zahar, 1997. 134p.

_____ . *História da loucura na idade clássica*. 6.ed. São Paulo: Perspectiva, 1999a. 551p.

_____ . *Vigiar e punir*: nascimento da prisão. Trad. R. Ramalhete. 21. ed. Petrópolis: Vozes, 1999b. 288p.

_____ . *Microfísica do poder*. Trad. R. Machado. 14.ed. Rio de Janeiro: Graal, 1999c. 295p.

FRANÇA, S. A. M. *Diálogos com as práticas de saúde mental desenvolvidas na rede de saúde pública*. São Paulo, 1994. 146p. Tese (Doutorado em Psicologia Clínica) – Pontifícia Universidade Católica de São Paulo.

FREITAG, B. *O indivíduo em formação*: diálogos interdisciplinares sobre educação. São Paulo: Cortez, 2001. 112p.

GABRIEL, K. *Exercício do poder na igreja de hoje à luz das teorias de poder nas ciências sociais*: M. Weber, M. Foucault e H. Arendt. Revista Concilium (Petrópolis), v.3, n.217, p.37-46, 1988.

GIORDANI, B. *Resposta do homem ao chamado de Deus*: estudo psicológico sobre a vocação. Trad. A. Cancian. São Paulo: Loyola, 1990. 165p.

GOFFMAN, E. *Estigma*: notas sobre a gestão da identidade deteriorada. Trad. M. B. B. Leite Nunes. Rio de Janeiro: Jorge Zahar, 1975. 158p.

_____ . *Manicômios, prisões e conventos*. Trad. D. M. Leite. 2.ed. São Paulo: Perspectiva, 1987. 319p.

GÓMEZ, J. A. *Historia de la vida religiosa*. 2.ed. Madrid: Publicaciones Claretianas, 1996. v.1, 587p.

GUIMARÃES, A. M. *Vigilância, punição e depredação escolar*. Campinas: Papirus, 1985. 161p.

GUIRADO, M. *Instituição e relações afetivas*: o vínculo com o abandono. São Paulo: Summus, 1986. 213p.

_____ . *Psicologia institucional*. São Paulo: EPU, 1987. 87p.

HESSE, H. *Narciso e Goldmund*. Trad. M. M. Spiritus. 4.ed. São Paulo: Brasiliense, 1970. 247p.

_____ . *Menino prodígio*. Trad. A. Cabral. 5.ed. Rio de Janeiro: Record, 1980. 196p.

IGREJA CATÓLICA. *Compêndio do Vaticano II*: constituições, decretos, declarações. Petrópolis: Vozes, 1982. 743p.

_____ . *Código de direito canônico*. Trad. Conferência Nacional dos Bispos do Brasil. 12.ed. São Paulo: Loyola, 1983. 829p.

_____ . *Ratio fundamentalis institutionis sacerdotalis*. Madrid: Loyola, 1985. 93p.

_____ . *Catecismo da Igreja Católica*. Trad. Conferência Nacional dos Bispos do Brasil. São Paulo: Loyola, 1992. 744p.

JOÃO PAULO II. *Sobre a formação dos sacerdotes*: pastores dabo vobis. São Paulo: Paulinas, 1992. 220p.

JORGE, M. A. C. Discurso médico e discurso psicanalítico. In: CLAVREUL, J. *A ordem médica*: poder e impotência do discurso médico. Trad. J. G. Noujaim et al. São Paulo: Brasiliense, 1983. 274p.

LAPIERRE, J-P. *Regras dos monges*: Pacômio, Agostinho, Bento, Francisco, Carmelo. Trad. M. C. M. Duprat. São Paulo: Paulinas, 1993. 190p.

LAPLANCHE, J. *Vocabulário da psicanálise*. Trad. P. Tamen. São Paulo: Martins Fontes, 1996. 552p.

LARROSA, J. Tecnologias do eu e educação. In: SILVA, T. T. (Org.). *Os sujeitos da educação*: estudos foucaultianos. Petrópolis: Vozes, 1994. p.35-86.

LAUTRÉAMONT, C. *Cantos de Maldoror*. Trad. C. Willer. São Paulo: Max Limonad, 1986. 303p.

LEFÈVRE, F. et al. *O discurso do sujeito coletivo*: uma nova abordagem metodológica em pesquisa qualitativa. Caxias do Sul: Edusc, 2000. 138p.

LEVINSON, D. J.; GALLAGHER, E. B. *Sociología del enfermo mental*. Buenos Aires: Amorrortu, 1971. 283p.

LIBÂNIO, J. B. *A volta à grande disciplina*. São Paulo: Loyola, 1984. 180p.

_____ . *Cenários da igreja*. São Paulo: Loyola, 2000. 131p.

LÓPEZ, S. *Psicologia e vida consagrada*: maturidade, sexo e "eu". Trad. E. C. Silva. 2.ed. São Paulo: Paulinas, 1985. 199p.

LOURAU, R. *A análise institucional*. Trad. M. Ferreira. Petrópolis: Vozes, 1995. 294p.

LOYOLA, I. *Exercicios spirituales*: autografo español. Madrid: Apostolado de la Prensa, 1956. 206p.

LOYOLA, I. *Exercícios espirituais*. Trad. Joaquim Abranches. São Paulo: Loyola, 1985. 222p.

MACHADO, R. *Ciência e saber*: a trajetória arqueológica de Michel Foucault. Rio de Janeiro: Graal, 1981. 218p.

MADURO, O. *Religião e luta de classes*. Petrópolis: Vozes, 1981. 193p.

MESCHLER, M. *Explanación de las meditaciones del libro de los ejercicios de San Ignacio de Loyola*. Madrid: Razón y Fé, 1957. 733p.

MORO, C. A *formação presbiteral em comunhão para a comunhão*: perspectivas para as casas de formação sacerdotal. Aparecida/SP: Santuário, 1997. 463p.

MUSIL, R. *O jovem Törless*. Trad. L. Luft. Rio de Janeiro: Rio, 1986. 198p.

NICÁCIO, F. *O processo de transformação da saúde mental em Santos*: desconstrução de saberes, instituições e cultura. São Paulo, 1994. 193p. Dissertação (Mestrado em Ciências Sociais) – Pontifícia Universidade Católica de São Paulo.

OYAMA, T. O código de conduta criado pelos detentos do Carandiru. *Revista Veja*, ano 33, n.46, p.86-9, 2000.

PAULA, J. R. M. *Valores e pós-modernidade na formação do clero católico*. São Paulo, 2001. 219p. Dissertação (Mestrado em Psicologia Social) – Instituto de Psicologia, Universidade de São Paulo.

PERRONE-MOISÉS, L. (Org.). *O Ateneu*: retórica e paixão. São Paulo: Brasiliense/Edusp, 1988. 263p.

POMPEIA, R. *O Ateneu*. São Paulo: Publifolha, 1997. 224p.

REGO, J. L. *Doidinho*. 18.ed. Rio de Janeiro: J. Olympio, 1979. 178p.

RIBEIRO, C. R. *Uma narrativa foucaultiano-institucional dos processos de exclusão escolar*. São Paulo, 2001. 207p. Dissertação (Mestrado em Educação) – Faculdade de Educação, Universidade de São Paulo.

RICHARDSON, R. J. *Pesquisa social*: métodos e técnicas. São Paulo: Atlas, 1985. 287p.

ROCHA, C. L. R. *Muitos são os chamados mas poucos escolhidos*: um estudo sobre a vocação sacerdotal. Campinas, 1991. 190p. Dissertação (Mestrado em Antropologia Social) – Instituto de Filosofia, Letras e Ciências Humanas, Universidade Estadual de Campinas.

ROTELLI, F. et al. Desinstitucionalização, uma outra via. In: NICÁCIO, F. (Org.). *Desinstitucionalização*. São Paulo: Hucitec, 1990. p.17-59.

RULLA, L. *Psicologia do profundo e vocação*: a pessoa. São Paulo: Paulinas, 1977a. 280p.

_____ . *Psicologia do profundo e vocação*: as instituições. São Paulo: Paulinas, 1977b. 206p.

SCHERER, O. P. *Curso para formadores de seminários*: menor, propedêutico, filosofia, teologia. São Paulo: Arquidiocese de São Paulo, 2001 (Mimeogr.).

SZASZ, T. *O mito da doença mental*. Trad. I. Franco; C. R. Oliveira. Rio de Janeiro: Jorge Zahar, 1979. 258p.

TAGLIAVINI, J. V. *Garotos no túnel*: um estudo sobre a imposição da vocação sacerdotal e o processo de condicionamento nos seminários. Campinas, 1990. 482 p. Dissertação (Mestrado em Ciências Sociais) – Instituto de Filosofia, Letras e Ciências Humanas, Universidade Estadual Paulista.

TÜCHLE, G.; BOUMAN, C. A. *Nova história da Igreja*: Reforma e Contrarreforma. Trad. W. P. Martins. 2.ed. Petrópolis: Vozes, 1983. 531p.

TREVISAN, J. S. *Em nome do desejo*. 2.ed. São Paulo: Max Limonad, 1985. 200p.

VEYNE, P. *Como escrever a história*. Brasília: Universidade de Brasília, 1982. 198p.

YASUI, S. *A construção da reforma psiquiátrica e seu contexto histórico*. Assis/SP, 1999. 248p. Dissertação (Mestrado) – Universidade Estadual Paulista.

SOBRE O LIVRO

Formato: 14 x 21 cm
Mancha: 23,7 x 42,5 paicas
Tipologia: Horley Old Style 10,5/14
Papel: Offset 75 g/m^2 (miolo)
Cartão Supremo 250 g/m^2 (capa)
1ª edição: 2006

EQUIPE DE REALIZAÇÃO

Produção Gráfica
Anderson Nobara

Edição de Texto
Maurício Balthazar Leal (Copidesque)
Luciene A. B. de Lima (Preparação de Original)
Marcelo Donizete de Brito Riqueti e
Sandra Garcia Cortés (Revisão)
Oitava Rima Prod. Editorial (Atualização Ortográfica)

Editoração Eletrônica
Oitava Rima Prod. Editorial

Impressão e acabamento